アメリカ連邦図書館立法の歴史

―1956 年図書館サービス法の成立から
2010 年図書館サービス技術法への変遷―

橋本麿美［著］

創 成 社

目　　次

図表一覧

第 1 章

序　論

　本書は，アメリカ連邦政府が履行する図書館立法を通史として分析し，その成立と変遷を解明する。本書においてアメリカ連邦政府の図書館立法とは，ナショナル・レベルの行政機関である連邦政府が，全国の公共図書館の発展を支援することを規定する連邦制定法を指す。合衆国憲法では，公共図書館行政を含む教育行政の権限を州政府に留保している。しかし連邦政府は 1956 年以降，連邦制定法に基づく補助金の交付を通じて各州の公共図書館に対する財政支援を行っている。

　アメリカ連邦政府の図書館立法はどのような変遷を経て 60 年に渡り継続されたのだろうか。連邦補助金支出の根拠となる連邦制定法が，1956 年に成立した図書館サービス法（Library Service Act，公法 84-597）である。同法は 1964 年に図書館サービス建設法（Library Services and Construction Act，公法 88-269），1996 年に図書館サービス技術法（Library Services and Technology Act，公法 104-209）へと法律題名を変更しつつ 2019 年現在まで継続されている。以下，この 3 つの法律を総称する際には「アメリカ連邦図書館立法」と表記する。

　本書では，アメリカ連邦図書館立法の成立と変遷を通史として明らかにするため，1956 年から 2016 年までを対象とした調査を行い，当該立法の実態と課題について考察を行う。本章では，研究背景，研究の目的と方法を示し，用語の定義，先行研究，研究の意義，構成と概要について述べる。

1.1　研究背景

　アメリカにおいて公共図書館の運営の主体となるのは地方自治体である。州

政府は公共図書館行政に関する責務を負う。連邦政府は機会均等の保証および卓越した教育の追求に関わる公共図書館支援の役割を担う。連邦政府の公共図書館支援政策を法制度面で支える根拠となるのが図書館サービス法，図書館サービス建設法，図書館サービス技術法である。これら3つの法律は，連邦議会において成立した連邦制定法である。またこれらの法律は5年間の時限立法である。図書館サービス法は1964年に法律題名を図書館サービス建設法に，1996年には図書館サービス技術法に変更されて今日まで継続されている。またこの間に，法律の内容は時代の変化に応じ繰り返し改正が行われてきた。

　本節では，アメリカの公共図書館に関する法制度，アメリカ連邦図書館立法の概要，歴史的背景を示す。

1.1.1　アメリカの公共図書館に関する法制度

　本項では，アメリカの公共図書館行政における連邦，州，地方の法制度について述べる。

　アメリカにおける公共図書館行政は，連邦，州，地方自治体の三段階に区分される。公共図書館行政を含む教育行政は州の所管とされている。根拠となるのは合衆国憲法修正第10条で，"この憲法によって合衆国に委任されず，また州に対して禁止されていない権限は，それぞれの州または人民に留保される"[1]と定められていることによる。そのため，社会教育機関である公共図書館の行政については，基本的に各州の制定法に基づき実施される。また，州は州の下部組織である各地方自治体（郡，市，町村など）に対して，公共図書館の設置運営に関する許可を与える権限を持つ。これは一般に，当該公共図書館の管理運営に必要な財源のための徴税に関する許可の付与，各自治体において公共図書館運営を管理するための機関の設置および徴税の際の制限について定められる。

　各地方自治体等の公共図書館設置団体は，州制定法の定める範囲で固有の条例や市民憲章で補完しつつ，自律的に自らの公共図書館の設置および運営を行っている。またその運営のために住民から徴税を行う。ほとんどの自治体では，一般財源からの配分もしくは固定資産税による税収によって図書館が運営

される。以上のとおり，公共図書館の運営に係る行政は，州政府の下に地方自治体か行う。

　図書館行政を含む教育行政への連邦の関与は，合衆国憲法第 1 条第 8 節 "連邦議会は，次に掲げる諸権限を有する。合衆国の債務の弁済，共同の防衛および一般の福祉の目的のために，租税，関税，輸入税，消費税を賦課徴収すること"[2] という一般福祉条項を根拠とする[3]。当該条項を根拠に，連邦政府はアメリカ連邦図書館立法に基づく補助金交付事業を通じ，州や地方の公共図書館行政を財政面で支える。しかし，連邦政府が州や地方の権限を妨げることのないよう，図書館サービス法等の条項に "連邦政府は図書館サービスを実施する州と地方のイニシアチブおよび責任を妨げるものと解釈してはならない"[4] と規定されている。

1.1.2　連邦政府の公共図書館支援政策

　公共図書館行政に係る連邦政府の関与は「機会均等の保証」および「卓越した教育の追及」に限定される[5]。連邦政府による実際の図書館行政に関する一般業務としてマリリン・ゲル・メイスン（Marilyn Gell Mason）は次の 4 つを挙げている[6]。

　　　①データの収集と公布
　　　②補助金交付による財政支援
　　　③調査とデモンストレーション
　　　④計画立案と政策策定

　1938 年に連邦教育局に図書館サービス部（Library Services Branch）が設置されて以降，現在まで上記業務が行われてきた。とくに②補助金交付による財政支援は州，地方自治体の財源支出を確保する効果がある。さらに，補助金交付を受ける要件として，州の図書館行財政制度の整備を全国的に普及させた点においても，連邦政府による財政支援は重要な図書館振興の役割を持つといえる。

　この役割を具現化したのが1956年に制定された図書館サービス法である。同法は1964年に図書館サービス建設法，1996年に図書館サービス技術法と法律題名が変更されつつ，2019年に至るまで再授権（延長）され，継続されている。連邦政府による公共図書館への財政支援は，上記の法律に基づき1956年以降60年に渡り実施されている。

　アメリカ連邦図書館立法は立法機関である連邦議会において制定された連邦制定法である。アメリカ連邦図書館立法の目的は図書館サービスが受けられないかまたは不十分な状態にある地域および住民への図書館サービスの普及と改善を目指すことにあり，時代の変化に対応すべく改正が重ねられている。現在まで十数回の再授権が承認され，その間，あらゆる阻害要因による図書館利用の機会の制約を除去するために法律内容の修正が行われてきた。

　図書館サービス法は，人口1万人未満の農村地域を対象に図書館サービスの普及と改善を目的として制定された。また州の図書館行政機関の機能強化をも合わせて目的としていた。図書館サービス法に基づく連邦補助金受領の条件として，州行政組織内への担当部署の設置，州図書館サービス計画の策定，一定割合で州に財政負担を課すマッチング・ファンドが規定されたことで州政府レベルの図書館行政能力と財政支出の確保が図られた。

　図書館サービス建設法は1964年から1995年まで約30年間施行された。当初は図書館サービス法の成功を受け，対象事業の拡大と予算の増額が行われた。その後，法律の再授権と改正が繰り返されるなかで時代の変化に応じた図書館サービス支援事業が実施された。1996年に博物館図書館サービス法（Museum and Library Services Act）が成立し，この法律の第2編に図書館サービス技術法が置かれた。

　アメリカ連邦図書館立法に規定される図書館サービス支援事業の概要は次のとおりである。1956年の図書館サービス法成立時から図書館サービス技術法2010年改正法まで継続されているのが，全ての州および準州に対する補助金の交付である。当該立法の「第1編　図書館サービス」事業に基づき，各州および準州に対し定額交付金が配分される。アメリカ連邦図書館立法の予算の大部を占める主要事業である。「第2編　図書館建設」事業は公共図書館の建設

に対する補助金交付事業である。「第3編　相互協力」事業は広域サービス構築に対する連邦補助金交付事業である。「第2編　図書館建設」事業は1964年に，「第3編　相互協力」事業は1966年に開始されてから，1996年に図書館サービス技術法が成立するまでの間継続された。図書館サービス建設法の第4編に制定された各事業は改正の機会に見直しが行われ，新しい事業へと入れ替わりが行われてきた。

　先に述べたとおり，1996年に成立した図書館サービス技術法は博物館図書館サービス法の第2編に位置付けられる。第3編には博物館サービス法（Museum Services Act）が置かれる。1996年以降，連邦政府の図書館・博物館支援事業は博物館図書館サービス法の下で実施されている。また図書館サービス技術法は前身となる図書館サービス建設法に高等教育法（Higher Education Act）第Ⅱ編のBに基づき実施される奨学金・研究支援事業が加えられたものである。図書館サービス建設法からの主要な改正点として，通信技術を用いた情報の収集・アクセス提供に重点が置かれた点と，公共図書館に制限されず「あらゆる館種」の図書館が援助対象とされる点がある。

　アメリカ連邦図書館立法の履行担当部局は，連邦教育省に置かれた。図書館サービス法および図書館サービス建設法に関する行政事務は，主に連邦教育省内に設置された図書館サービス担当部署が所管した。初めて連邦行政府内に図書館関係部局が設置されたのは1938年の連邦教育局図書館サービス部である。図書館サービス部の任務は "図書館の分野における事実を収集し，実地調査を企画すること" であった[7]。

　1996年に図書館サービス技術法が制定され，同法に基づく事業の実施および予算執行の権限は，連邦独立行政機関[8]である博物館図書館サービス機構（Institute of Museum and Library Services）に置かれた。この組織は1996年に図書館サービス技術法を含む博物館図書館サービス法の成立によって新設されたものである。1996年度以降，連邦政府による全国の博物館と図書館を支援する法律および組織が統合された。博物館図書館サービス機構については，第7章で詳しく述べる。

1.1.3　アメリカ連邦図書館立法と 20 世紀以降のアメリカ社会

　図書館サービス法に始まるアメリカ連邦図書館立法は，いかなる時代背景のもとで成立し展開されてきたのかについて概観する。

　公共図書館に関する連邦援助の働きかけの端緒は 20 世紀初頭であった。アメリカ図書館協会の評議会において，公共図書館支援に関する連邦政府の介入を求めることについての承認が行われた[9]。以降 1956 年に図書館サービス法が成立するまでの期間，連邦政府や連邦議会に対する公共図書館への連邦援助を求める活動が展開された。当時連邦政府は公共図書館行政に関して無関心な状態であった[10]。しかし 1920 年代から 1930 年代にかけて起こった大恐慌およびニューディール政策の実施を通じた連邦政府の活動範囲の拡大が，公共図書館への連邦援助を求める社会運動に影響を与えた。いかにして公共図書館への連邦援助が政策課題化されたかについては第 2 章において詳しく述べる。

　1940 年代から 1950 年代は社会計画経済化によって連邦政府の直接関与が地方政府へと拡大した時期といえる。連邦政府がニューディール政策に基づく事業実施を通じて，州政府・地方政府とともに 1 つの問題を巡って協力するという協力的連邦主義と呼ばれる方法がとられた[11]。この時期に図書館団体は連邦議会に対し図書館サービス法案提出の働きかけを開始し，10 年以上の期間をかけた後 1956 年に図書館サービス法が成立した。

　1957 年，スプートニク・ショックを受けた連邦政府は，教育行政への関与を拡大させた。1961 年に，ドワイト・D. アイゼンハワー（Dwight D. Eisenhower）大統領の共和党政権から民主党ジョン・F. ケネディ（John F. Kennedy）大統領へと政権が移り，1964 年に図書館サービス建設法が成立した翌 1965 年には初等中等教育法，高等教育法，また医学図書館法が相次いで成立した。高等教育法の第Ⅱ編の図書館プログラムは，図書館サービス建設法とともに教育局図書館サービス課の担当業務となった。

　また 1963 年には民主党のリンドン・B. ジョンソン（Lyndon B. Johnson）大統領による「偉大な社会」計画による福祉国家政策が推進された。この時期は創造的連邦主義と呼ばれる。「偉大な社会」計画の実現にあたり，連邦政府主導でありつつも政策立案の当初から州・地方政府などすべてのレベルの政府の関

与を求めることからそう呼ばれたものである[12]）。

この時期には連邦補助金額が飛躍的に増大した。図書館サービス建設法1964年制定法および1966年改正法は，福祉国家政策を背景に連邦政府による公共図書館支援の役割が拡大された結果成立したといえる。しかしベトナム戦争の戦費支出によって連邦財政は悪化していった。

1970年代に入り，インフレーションによる経済状況の悪化を受けて連邦政府の補助金事業に対する見直しが行われた。共和党リチャード・M. ニクソン（Richard M. Nixon）政権期には行政府による図書館サービス建設法の予算支出停止措置がおこり，州が訴訟を起こす事態となった。連邦政府は肥大した連邦政府の補助金事業の見直しを行い，分野別補助金からブロック補助金（一般交付金）化の提案など方針の転換が行われた。

1980年代は，1970年代に起こった方針転換が「新保守主義」として実行に移された時期である。新保守主義とは新自由主義ともいわれ，小さな政府と自由競争社会の実現が目指された。共和党ロナルド・レーガン（Ronald Reagan）大統領は保守的信条のもとニューディール路線の政治からの転換を進めた[13]。なかでも州・地方に対する500程の連邦特定補助金事業のうちの90の補助金を3つのブロックに統合するという計画が注目を集めた[14]。図書館サービス建設法を含む教育分野の支出も，この期間に大幅な削減またはゼロ予算が大統領府から提案された。

1990年代に入りジョージ・H. W. ブッシュ（George・H. W. Bush）大統領へと共和党政権が引き継がれた頃は，情報通信技術革命前夜の状態であった。1992年の大統領選挙年にウィリアム・ジェファーソン・クリントン（William Jefferson Clinton）候補とアルバート・アーノルド・ゴア・ジュニア（Albert Arnold Gore, Jr）による情報スーパーハイウェイ構想やクリントン大統領就任後の全国情報基盤（National Information Infrastructure, 以下 NII）構想で示された公共図書館の位置づけが，図書館サービス建設法から図書館サービス技術法への転換に影響を与えた。また図書館サービス技術法の成立過程において博物館サービス法との統合が提案され，1996年に博物館・図書館サービス法が成立した。同法は，2003年と2010年に再授権され，2019年現在施行されている。

1.1.4 公共図書館への連邦補助金[15]

2013会計年度の全米公共図書館調査（2016）によれば，回答のあった全米の公共図書館9,901館の歳入に占める連邦政府からの資金の割合は0.4％であった。もっとも高い割合であったのは地方自治体の85.7％，次が州の7.0％，続いてその他の6.8％である[16]。

一方2012会計年度の州の図書館行政機関の歳入に占める連邦政府からの資金の割合は平均18.4％であった[17]。州からの予算は77.3％，その他が4.3％であった。連邦資金の割合が50％を超えたのはテキサス州の54.5％，ネブラスカ州の53.3％，コロラド州の52.6％，カリフォルニア州の51.4％，ルイジアナ州の50.2％であった。連邦資金の割合が低かったのは，コロンビア自治区とハワイ州およびメリーランド州を除くと，ウエストバージニア州の6.3％，ペンシルベニア州の8.1％，デラウェア州の8.9％，マサチューセッツ州とミネソタ州の9.2％，ロードアイランド州の9.3％であった。

このことから，連邦資金は地方よりも州の図書館行政においてより大きな役割を占めていることがわかる。州の図書館行政機関の歳入に占める連邦政府からの資金のうち，図書館サービス技術法に基づく資金の割合は86.9％である[18]。図書館サービス技術法に基づく補助金を含む州図書館行政機関の歳出内訳は平均して，図書館行政機関の管理運営に34.9％，図書館への援助として59.8％，その他5.4％である[19]。

連邦政府からの補助金が地方自治体の公共図書館の財政に占める割合は大きくはない。対して州の図書館行政経費に対する連邦資金は相対的に高い割合を占める。さらに，州財政と地方自治体財政からの支出分担が求められることから，各政府レベルの資金支出を引き起こす作用にもなる連邦補助金の役割は小さいものではない。

1.2 本書の目的と方法

本節では本書の目的，課題および研究方法を述べる。

1.2.1 本書の目的

　前節では，アメリカの公共図書館行政に関する主権は州政府にあり，設置および住民への公共図書館サービス提供は地方政府が担う形でこれまで発展してきたことを示した。次に，その上で 1950 年代以降の公共図書館サービスの拡大には連邦政府の関与が存在したことを述べた。連邦政府は，平等な情報アクセスの機会を提供するという役割のもと，補助金交付等を通じて全国の公共図書館を支援するという関与の方法を取っている。その方法を具現化したものが図書館サービス法に始まるアメリカ連邦図書館立法である。

　この構図は，公共図書館サービスの発展において，連邦・州・地方すべての政府レベルの関与が存在することを示しているが，本書では連邦政府の関与に着目する。連邦政府の公共図書館支援への関与とその根拠となる法制度的な枠組みを踏まえ，本書の目的をアメリカにおける公共図書館支援に関する連邦図書館立法に着目し，アメリカ連邦図書館立法を通史的に分析し，成立と変遷を解明することに設定する。本書では通史的にアメリカ連邦図書館立法の解明を試みることで，ナショナル・レベルの公共図書館支援制度が必要とされる理由の一端を明らかにする。アメリカ連邦図書館立法が 60 年に渡り再授権されているのは，公共図書館に関する全国的な連邦支援を要望し，活動するアクターがあることを示している。また同法は時代の変化に応じて法律内容の改正が行われており，このことは，連邦議会において継続的に法案の審議が行われていることを示している。

　このように，アメリカ連邦図書館立法はアメリカにおける 20 世紀後半以降の公共図書館の発展に関与してきた点で重要な研究対象であるにも関わらず，これまで図書館サービス法の成立過程や図書館サービス建設法の一部を範囲とした歴史研究は存在するものの，通史的なアメリカ連邦図書館立法の形成過程と変容過程の分析は行われてこなかった。またアメリカ連邦図書館立法の成立過程に関するアクターの活動については，図書館サービス法成立時および図書館サービス建設法成立時を対象としたオーラル・ヒストリー研究等が存在するが，1980 年代以降を対象としたものは管見の限り存在しない。

　アメリカ連邦図書館立法の成立と変遷を通史的に解明するためには，アメリ

カ連邦図書館立法の構成要因を明らかにする必要がある。そのために本書では3つのアメリカ連邦図書館立法の制定法および改正法を対象として立法過程を含む政策形成過程の分析を行う。この分析により，政策形成過程に関与するアクターとその活動内容を明確にする。またアメリカ連邦図書館立法の変遷を通史的に明らかにするため，当該立法の法律内容の改正経緯を分析する。

1.2.2　研究の課題と方法

　本書では，以上の研究目的に基づき，2つの研究課題を設定する。

研究課題1：アメリカ連邦図書館立法の形成過程とその形成に関与するアクター（大統領府・連邦議会・図書館団体等）の活動を明らかにする

研究課題2：図書館サービス法から図書館サービス技術法に至るアメリカ連邦図書館立法の改正経緯と法律内容の変遷を明らかにする

　上記2点の研究課題に基づき，次の調査a）～c）を行う。研究方法は文献調査とする。研究課題1では，アメリカ連邦図書館立法の形成過程とその形成に関与するアクターの活動を明らかにするために，立法過程を含めた政策形成過程の調査を行う。法律は政府の政策決定の意思として表明される[20]という金容媛の定義に基づけば，立法過程は政策形成過程の中に位置づけられる。つまりアメリカ連邦図書館立法を調査する上で政策形成過程を通した検討が必要となる。上記を踏まえて，アメリカ政治との関係，とくにアメリカ連邦図書館立法に影響を及ぼす連邦補助金政策との関連を視野に入れた検討を行う。

　調査a）図書館団体の政策形成過程への関与に関する調査
　調査b）連邦議会における立法過程の調査

　研究課題1と調査a），調査b）を行うにあたり，政策形成過程とその形成に関与するアクターについて整理する。最初に政策形成過程の分析方法につい

て述べる。本書では中村陽一による「政策過程の段階」(1999)[21] を参考に，連邦公共図書館支援政策が形成される過程を次の段階①から⑤の観点で分析する。①課題の設定：社会の行為者が政府に対する彼らの要求を表明し，政府の関係者にその満足を政府の課題として受け入れさせる段階。②政策案の段階：先の政治システムの行為者の要求を満たすための手段を講じること。その方法のひとつとして，中央政府による補助金交付がある。必要なものは実体的な専門法力，制度的能力，調整力が必要とされる。③政策の決定：議会での立法行為と成立後の予算配分行為を指す，アメリカにおいては，②と③に参加するアクターが多様・多数である。④政策の実施：政策の実施段階では，政策に盛られた指示を制約にしたがって，実際の行動がとられる。⑤政策の評価：行政部の内外で評価が行われる。本書では政策形成過程を対象とし，政策履行・政策評価は行わない。そのため研究課題１では政策過程段階の①から③を対象とした調査を行う。

　次に，政策形成過程に関与するアクターについて，定義，選択理由，分析の視点について述べる。アメリカ連邦図書館立法の成立に至る過程には官民含めさまざまな組織・機関がアクターとして関与する。アクターは「主体」，「行為者」と訳され，政治学では「公的決定の主体」とされる[22]。辻中豊 (2012) はアメリカ政治における代表的なアクターとして市民，利益集団，政党，メディア，議会，大統領・大統領府，官僚制，司法を挙げている[23]。金容媛 (2003) はアクターを「政策過程参加者」という表現を用いて，①公式参加者と②非公式参加者に類別している。①公式参加者は法的権限を持つ立法府，行政府および司法府等，②非公式参加者は "政策の執行よって直接的・間接的に影響を受ける政策対策集団，政党，利益集団，一般国民" としている[24]。金は政策過程参加者の役割を "公式参加者が政策過程に直接的・積極的に介入するのに対して，非公式参加者は間接的に介入し，とくに政策要求を創出・表現する際に重要な役割を果たす" と述べている[25]。

　アメリカ連邦図書館立法に関与するアクターに関し，デイビット・シャビト (Davit Shavit) は *The Politics of Public Librarianship* (1986) の中で，「政策立案者 (Policy Makers)」という表現を用い，連邦レベルの公共図書館に関する政

策立案者として連邦議会，連邦議会小委員会，大統領，連邦教育省，およびアメリカ図書館協会を挙げている[26]。連邦レベルの公共図書館政策の形成の段階において，これらの組織・団体が関与する程度は異なる。シャビトは同著で「アメリカにおける連邦レベルの公共図書館政策策定の参加者」として，連邦レベルの類別を表1-1のとおり示した。具体的には，立法府として連邦議会を，その下位組織（Subsystem）に公共図書館に関する立法を所管する連邦議会の教育関係小委員会を挙げている。次に行政府として大統領を，下位組織に大統領府の連邦教育省を挙げている。最後に専門的利益団体としてアメリカ図書館協会を挙げている。シャビトが示す「政策策定者」の活動は，法案提出から法律の制定（または不成立の決定）に限らず政策課題化，草案作成，ロビイング等が含まれている。その上でシャビトは，非公式参加者が政策決定に影響を及ぼす機会を提供するという点において，政治の下位組織の重要性を指摘した[27]。立法府および行政府において同一の組織に属するアクターを別に類別しているのは，上記の理由によるものと考えられる。たとえば，非公式参加者であるアメリカ図書館協会が連邦レベルの公共図書館政策の形成に関わる際に接触するのは，シャビトが下位組織に類別した連邦議会の教育関係委員会またはさらに下位の小委員会のメンバーである連邦議員である。本書の「アクター」の活動範囲も，上記と同様に捉える。なおシャビトは，政策履行の段階においては，連邦教育省および州図書館行政機関を主要なアクターとして挙げている。

表1-1　アメリカにおける連邦レベルの公共図書館政策策定の参加者

組織のカテゴリ	組織名称
立法府（General Legislative）	連邦議会
公共図書館に関する立法 （Public Librarianship Legislative）	連邦議会小委員会
行政府（Executive）	大統領
管理運営（Administrative）	連邦教育省
専門的利益団体 （Professional Interests）	アメリカ図書館協会

出典：Shavit, David. "Participants in Pulic Librarianship Policy Making（Table 1），" *The Politics of Public Librarianship.* Greenwood Press, 1986, p. 8. を基に筆者作成

　本書では，上記の定義および指摘を踏まえ，アクターの定義を「アメリカ連邦図書館立法の形成過程に公式または非公式に参加する組織や団体」とする。具体的には①大統領，②連邦教育省，③連邦議会，④連邦議会委員会および小委員会，⑤アメリカ図書館協会，をアメリカ連邦図書館立法の形成過程に関与する主要アクターと捉える。①から⑤に加えて，⑥アメリカ図書館協会ワシントン事務所と⑦州図書館行政機関長団体（Chief Officer of State Library Agencies）をアクターとして取り上げた。その理由として，⑥アメリカ図書館協会ワシントン事務所は，アメリカ図書館協会の連邦政府への関与の窓口として連邦議会へのロビイング活動を通じて直接的に政策形成過程に関与し，ニューズレターの発行や機関誌への情報掲載等を通じてアメリカ連邦図書館立法に関する情報を発信しているためである。⑦州図書館行政機関長団体は，アメリカ連邦図書館立法の草案作成段階における活動，および図書館団体の合意形成過程に関与しているためである。本書においては，第6章および第7章を中心に，図書館サービス技術法の成立に関わる同団体の活動に注目した。以下に各アクターの概要とアメリカ連邦図書館立法の形成への関与を示す。

①大統領[28]

　アメリカ合衆国大統領は行政府の長である。アメリカ合衆国憲法において，行政権はアメリカ合衆国大統領に属すると規定されている。任期は1期4年である。大統領の下に内閣，大統領府，行政委員会，独立行政機関，政府公社が置かれる。三権分立により，大統領には法案提出権がないが，"「必要かつ良策と考える施策について議会にこれを審議するよう勧告」することはできる（合衆国憲法第2編第3節）"とされている[29]。民主党政権時には，特別教書において図書館サービス建設法案の提案および延長勧告が行われているが，共和党政権時には反対に予算教書において図書館サービス建設法予算の削減が提案されている。政権政党により異なる方針が取られることが多い。

②連邦教育省

　アメリカ連邦図書館立法の施行にあたる連邦政府の担当部局である。組織の

設置と改編の概要は次のとおりである。1938年に連邦政府内に教育局図書館サービス部が設置され，図書館サービス法成立後は同法の施行を担当した。その後1964年に図書館サービス建設法が成立し，同時に保健・教育・厚生省教育庁図書館プログラム課が設置された。1983年には教育省が独立し，その下に図書館事業課が置かれた。1996年に図書館サービス技術法を含む博物館図書館サービス法が成立し，同時に新設された連邦独立行政機関の博物館図書館サービス機構が同法の施行を所管している。

③連邦議会[30]

　アメリカ合衆国憲法において，立法権が与えられている機関である。上院の定数は100名で任期は6年，下院の定数は435名で任期は2年である。上院と下院は，立法過程においてほぼ同じ権限を持つ。連邦議員は法案の作成・提出から上下両院の通過までを通して責任を持つ。法案の審議は上下両院の委員会，小委員会によって審議される。その際に公聴会が開かれ，関係者の意見を聞くこともある。連邦議会は立法や調査のために多くの専門スタッフを擁している。
　政党規律は弱く，各議員は高度の自立性を有しており，各議員が所属政党の垣根を越えて投票を行う交差投票（cross voting）が見られる[31]。

④連邦議会委員会[32]

　第114議会（2015-2016年）現在，連邦議会の常任委員会は上院で16，下院で20設置されている[33]。連邦議会議員によって上院または下院に提出された法案は，関係する委員会に付託される。付託された法案は，内部の小委員会での承認と委員会での承認を経て上院または下院の本会議に上程される。法案が上院または下院の本会議を通過すると，それぞれの議院に送付され，審議される。委員会は政策分野ごとに設置されるが，各委員会の扱う範囲は行政府の省庁とは必ずしも一致しない。
　アメリカ連邦図書館立法の管轄は，上院では保健・教育・労働・年金委員会（Committee on Health, Education, Labor and Pensions），下院では教育・労働委員会（Committee on Education and the Workforce）となっている。

⑤アメリカ図書館協会（American Library Association, ALA）

『図書館情報学用語辞典第4版』（2013）[34]によれば，アメリカ図書館協会は1876年に創設された世界最古かつ最大規模の図書館協会で，あらゆる館種を含み，個人会員と団体会員によって構成される。評議会，理事会のもとに部会，委員会，ラウンドテーブル，地域支部等が設置されている。連邦政府の図書館政策に関与する分野には現在，立法委員会（Committee on Legislation，以下COL）[35]がありその内に，図書館サービス技術法小委員会（Library Services and Technology Act Subcommittee）[36]が置かれ，また図書館サービス技術法の再授権に際し，他の図書館団体とともに図書館界全体の意見をまとめ連邦援助を働きかける活動等を行っている。

アメリカ図書館協会は図書館団体の中心アクターとして各年代を通じて連邦政府の公共図書館支援事業の根拠となる法律の形成過程に関与し続けている。合衆国政府間関係諮問委員会（U.S. Advisory Commission on Intergovernmental Relations）は，同協会を指してさまざまな政策形成過程において利益団体の主体的活動に秀でていたと述べている[37]。またレドモンド・キャスリーン・モルツ（Redmond Kathleen Molz）とフィリス・ダイン（Phyllis Dain）（1999）はアメリカ連邦図書館立法に関するアメリカ図書館協会の活動（発言，資料等）について"必ずしも公式に述べることのない連邦政府補助の役割に関する図書館専門職の考えるものをあらわしている"[38]と捉えている。本書においても，図書館団体の中心アクターとしてアメリカ図書館協会，同協会各委員会，次に述べる同協会ワシントン事務所の活動に関して検討を行う。

⑥アメリカ図書館協会ワシントン事務所（ALA Washington Office）

連邦政府および議会に対する図書館立法等に関する活動を実施するため，1945年にワシントンD.C.に開設された。現在は政府関係局（Office of Government Relations，以下OGR）と情報技術政策局（Office for Information Technology Policy，以下OITP）が組織されている。職責は政策策定の指導的役割，OGRおよびOITPの運営支援，広報活動に加えて，関連する諸団体との連携構築が挙げられている[39]。

⑦州立図書館行政機構長団体[40]

　各州の図書館行政機構の長を中心に組織された独立組織で，図書館サービス改善のための協働を支援することを使命としている。そのため州図書館機関どうしの連携，連邦政府および全国組織等との関係促進に取り組んでいる。

　ニクソン政権時に図書館サービス建設法に基づく州への交付金予算の削減が提案されたことを背景に 1973 年に組織化が構想された。つまり当初より連邦の公共図書館支援政策への関与を目的として創設された組織といえる。2016 年の時点では事務局のほか継続教育委員会（Continuing Education Committee），公共政策委員会（Public Policy Committee），ネットワーキング委員会（Networking Committee），調査・統計委員会（Research and Statistics Committee）が置かれている。

　本書におけるアクター分析の視点は，アメリカ連邦図書館立法に関する政策形成過程の各段階において中心となるアクターはどのように変化し，どのような活動するのかを検討することにある。

　調査 a）は，政策形成過程に関与するアクターとして，先に挙げたアクターを対象に，政策過程の段階①から③に関与する活動を把握するための調査を行う。具体的には連邦公共図書館支援政策に関する意見の表明，政策提案，草案作成，法案提出の働きかけ，公聴会での証言，法律の修正案の提示等の活動に関する調査を行う。

　調査対象とした資料は，アメリカ図書館協会の機関誌である *ALA Bulletin*，*American Libraries* のほか，*Library Journal*，*Wilson Library Bulletin*，図書館関係の年鑑である *Library and Book Trade Almanac* 等を対象に情報を収集した。この他に，アメリカ図書館協会ワシントン事務所の発行する *ALA Washington Office Newsletter* および *ALA Washington Office Newsline* を収集・調査した。また，州立図書館行政機構長団体（The Chief Officer of State Library Agencies，以下 COSLA）の会議録である *COSLA General Meeting Minutes* を収集・調査した。上記資料の内容から，図書館団体が意見をまとめ，草案を作成

し，連邦議会議員に法案提出を働きかける過程を分析する。

　調査 b）は，連邦議会における立法過程を把握するための調査である。法案の提出から議会での審議，法案の成立または廃案にいたる過程を分析し，何が論点とされ，それがどのような経過で決定されたのかについて実態に迫ることを試みる。連邦政府の公共図書館支援政策は社会状況や連邦政府の主要政策および経済政策の枠組みに位置し，これらの影響や関与を受けて形成される性質を持つ。またアメリカ連邦図書館立法は時限立法であることからおおむね 5 年ごとに立法過程が繰り返される。このことから，各章で論じる時代ごとの政策形成過程を分析することは重要である。

　本書に使用する史料・資料の主なものは次のとおりである。一次資料として，連邦議会議事録，委員会報告書，公聴会資料，行政機関が発行する年次報告書，会計報告書，事業計画書等の公文書を用い，各担当委員会，小委員会，公聴会，上下上院の本会議での議論の内容を検討する。

　立法過程の調査に用いる資料として，公聴会資料，委員会報告書，議会審議録がある。公聴会資料は，アメリカ連邦図書館立法を制定した目的の背景を調査するために有効な情報源である。ただし，立法府の意志を証拠づける資料としては限界がある。理由は，公聴会は法律制定者自身の意見よりも，むしろその法案に関心を持っている者の意見に焦点を当てているためである。公聴会の目的は新しい立法の必要性の測定，法案の準備および法律の制定に関する情報を議会に提供することである。委員会報告書は，法案を分析しその概要を述べており，議会の意志を理解するためのもっとも適切な典拠となる資料と考えられている。議会審議録には，法案の提出者による説明が載っており，あるいは，最終修正案を説明している唯一の資料である。

　本書では，上記の資料を用いることにより，アメリカ連邦図書館立法の形成過程を詳細に解明することを試みる。本書の課題であるアメリカ連邦図書館立法の形成過程を図 1−1 に示す。

　「研究課題 2：図書館サービス法から図書館サービス技術法に至るアメリカ連邦図書館立法の改正経緯と法律内容の変遷を明らかにする」では，図書館サービス法から，図書館サービス建設法，および図書館サービス技術法に至る法

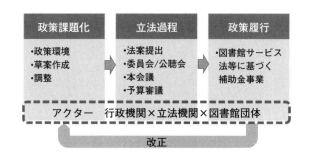

図1-1　アメリカ連邦図書館立法の形成過程図

律内容の変遷を明らかにする。アメリカ連邦図書立法を通史的に示すために
は，各時代においてどのような施策が実施されていたのか把握する必要があ
る。そのために，図書館サービス法成立以降の改正経緯の調査を行う。具体的
には，以下の調査を行う。

調査 c）アメリカ連邦図書館立法の改正経緯調査

　調査 c）では，図書館サービス法 1956 年制定法から図書館サービス技術法
を含む博物館図書館サービス法 2010 年改正法までを対象に，再授権時の改正
内容を時系列に調査し，法律内容の変化に関する調査を行う。法律内容につい
ては，上記の法律条文を対象に調査を行う。法案の情報はアメリカ議会図書館
（Library of Congress）作成の議会情報に関する一般国民向けホームページ
「Congress.Gov」に掲載されている法案情報のうち，「Bill Summery & Status」
欄から各法案の情報を用いた。各時代における施策内容については，連邦教育
省および博物館図書館サービス機構の発行する行政資料，報告書，またバウカ
ー年鑑等を用いて調査を行った。
　本書では，先に述べた通史研究としての継続性を重視するため，図書館サー
ビス法 1956 年制定法から現行法である図書館サービス技術法 2010 年改正法ま
でを対象とした調査を行う。その際に用いる時代区分については，次の通り検
討した。

　ポール・T. イェーガー（Paul T. Jaeger）他は「民主主義における図書館・政策・政治：4 つの歴史的出来事（Libraries, Policy and Politics in a Democracy: Four Historical Epochs）」と題した 2013 年の論稿において次の 4 つの時代区分を用いている[41]。

　① 〈地方の時代〉1830 年代から第一次世界大戦前まで
　② 〈戦時下の時代〉第一次世界大戦から第二次世界大戦にかけて
　③ 〈財政的支援の時代〉1950 年代から 1990 年代前半にかけて
　④ 〈革新の時代〉1990 年代後半以降

　本書は 1956 年以降のアメリカ連邦図書館立法を対象としており，当該論文の③と④の時代区分にあたる。③の「財政的支援」とは連邦政府によるものを指している。また④の「革新」とは図書館サービス技術法 1996 年制定法，電気通信法 1996 年改正法における E-Rate 事業に基づきインターネットの活用が規定されたことを指している。イェーガー他は 1950 年代以降における図書館と政策・政治の歴史的な画期として，連邦政府による財政支援の開始時期と図書館サービス技術法等の制定時期を区分している。

　エドワード・G. ホリー（Edward G. Holley）とロバート・F. シュレムサー（Robert F. Schremser）は著書『図書館サービス建設法：主要な参加者の視点による歴史的概観（*The Library Services and Construction Act: a historical overview from the viewpoint of major participants*）』（1983）において以下の時代区分を用いている[42]。ホリーとシュレムサーは，アメリカ図書館協会が公共図書館に対する連邦援助の要望を決定した 1920 年代から図書館サービス建設法の施行時期である 1981 年までの期間を対象としている。

　① 〈連邦図書館立法への初期の試み〉1920 年代から 1950 年まで
　② 〈図書館サービス法の出現〉1950 年から 1956 年まで
　③ 〈図書館サービス法の履行：予算と管理〉1956 年から 1960 年まで
　④ 〈図書館サービス法延長の論争〉1960 年

⑤〈ケネディ時代〉1961 年から 1963 年まで

⑥〈リンドン・ジョンソンと偉大な社会〉1963 年から 1968 年まで

⑦〈ニクソン時代から現代〉1969 年から 1981 年まで

　上記の時代区分では，①と②が図書館サービス法成立前史，③と④が図書館サービス法の施行期間，⑤から⑦は大統領の在籍期間を画期としている。これらの時代区分の原理は統一されたものではないが，アメリカ連邦図書館立法の変遷と大統領の変遷および連邦政府の主要政策と切り離せるものではないことを表している。

　本書においても，政治の変化を踏まえつつアメリカ連邦図書館立法の画期を時代区分として設定し，章の構成に反映した。表1－2「アメリカ連邦図書館立法の改正経緯（1956 年 – 2010 年）」に主な改正時期とその内容，および本書で記述する章を示す。

表1－2　アメリカ連邦図書館立法の改正経緯（1956 年 － 2010 年）

年	立法に関する事項	内　容	論文の構成
1956	**図書館サービス法（LSA）制定** 公法 84-597	人口1万人未満の農村地域を対象とした公共図書館サービスに対する連邦補助金制度開始	第2章
1960	LSA1960 年改正法 公法 86-679	5 年間の延長	
1964	**図書館サービス建設法（LSCA）制定** 公法 88-269	第1編「図書館サービス」地域制限を撤廃 第2編「建設」追加　図書館建設に対する補助金交付	第3章
1966	LSCA1966 年改正法 公法 89-511	5 年間の延長 第3編「図書館協力」 第4編A「収容施設に対する州の図書館サービス」 第4編B「身体障がい者に対する図書館サービス」	
1970	LSCA1970 年改正法 公法 91-600	5 年間の延長 第4編A,Bを第1編に統合． 大都市圏図書館の規定の整備および低所得家庭に対する図書館サービスの重点化	第4章

1973	LSCA1973 年改正法 公法 93-29	第 4 編「高齢利用者に対するサービス」追加	第4章
1974	LSCA1974 年 公法 93-380	限られた英会話能力しかもたない人たちが集中して住んでいる地域に対するサービスに高い優先順位を与える法改正	
1977	LSCA1977 年 公法 95-123	5 年間延長 都市部図書館の機能強化を重点化	
1981	総合予算調整法 公法 97-35	LSCA の第 1 編と第 3 編を 1984 会計年度まで延長	第5章
1984	LSCA1984 年改正法 公法 98-480	5 年間の延長 第 4 編「インディアン部族に対する図書館サービス」 第 5 編「外国語資料の購入」 第 6 編「図書リテラシープログラム」追加	
1990	LSCA1990 年改正法 公法 101-254	5 年間の延長 第 1 編，第 2 編，第 3 編で技術利用の強調 第 7 編「LSCA の評価」 第 8 編「図書館学習センター事業」追加	
1996	**図書館サービス技術法（LSTA）制定** 公法 104-208 博物館・図書館サービス機構（IMLS）設立	1997 年総合的歳出予算統合法制定 同法の第 7 編第 101 条 e 項「1996 年博物館図書館サービス法」の小編 B が「図書館サービス技術法」である	第6-7章
1997	LSTA1997 年改正法 公法 105-128	LSTA に関する技術的・適合修正 ・「図書館」の定義に「専門図書館（special library）」を加える ・予算配分割合の変更 ・「インディアン部族」を「ネイティブ・アメリカンズ」に変更 ・「ナショナル・リーダーシップ助成金または契約」を「ナショナル・リーダーシップ助成金，契約または協力協定」に変更	第7章
2003	LSTA2003 年改正法 公法 108-81	5 年間の延長	
2010	LSTA2010 年 公法 111-340	5 年間の延長 第 3 款 B 目に「ローラ・ブッシュ 21 世紀図書館員事業」追加	

出典：Molz, Redmond Kathleen and Dain, Phyllis『シビックスペース・サイバースペース：情報化社会を活性化するアメリカ公共図書館』[*Civic space/Cyberspace : the American Public Library in the Information Age*] 山本順一訳，勉誠出版，2013，p.118-120. を基に改正および延長に係る部分を要約し 2003 年以降を加筆.

　次に，各時代区分について述べる。第2章では，成立前史を含む「図書館サービス法の成立」を述べる。第3章では「図書館サービス建設法前期」として図書館サービス建設法1964年制定法と1966年改正法を対象に論じた。この期間は，のちに詳述する連邦公共図書館支援の主要3事業が設置され，事業拡大の時期であった。第4章は「図書館サービス建設法中期」として同法1970年改正法から1977年改正法までを対象に検討した。この期間は，各アクターによる新たな図書館関係立法が提案される中で，同法が継続されるという過程が見られた。第5章では，1981年総合予算調整法から図書館サービス建設法1990年改正法までを「図書館サービス建設法後期」に区分した。この時期は，1980年代以降連邦補助金事業の削減が進められる中で，同法は予算を維持し事業数を増加していた。第6章「図書館サービス技術法の成立」は，情報化社会の進展に伴う連邦政府の情報政策の展開を背景に，図書館サービス建設法から新たに図書館サービス技術法が成立する過程を検討した。第7章では「図書館サービス技術法の展開」として同法制定以降の変容をみていくものとした。本書の構成については本章の1.6節で詳述する。

　本書は，アメリカ連邦図書館立法の成立と変遷を解明するという研究目標に対して2つの研究課題を設定し，分析にあたった。図1－2に研究の構図を示す。アメリカ連邦図書館立法を通史として研究する際に，「研究課題1：アメ

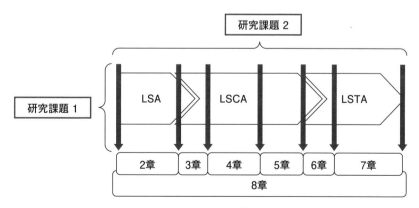

図1－2　研究の構図

リカ連邦図書館立法の形成過程とその形成に関与するアクター（大統領府・連邦議会・図書館団体等）の活動を明らかにする」では政策形成過程の検討を行い，各時代を垂直的な視点から分析する。「研究課題2：図書館サービス法から図書館サービス技術法に至るアメリカ連邦図書館立法の改正経緯と法律内容の変遷を明らかにする」ではアメリカ連邦図書館立法の改正経緯を通時的な視点から分析する。この2つの視点からアメリカ連邦図書館立法の成立と変遷を解明することを試みる。

1.3　用語の定義

　本節では，本論文で用いる用語の定義を示す。

（1）連邦制定法

　立法機関である連邦議会において制定された法および法典[43]。図書館サービス法，図書館サービス建設法，図書館サービス技術法は連邦制定法にあたる。
　憲法は，政府の基本的権限を確立し，限界づけ，そして画定し，またそれらの権限が安全かつ有益に行使されるよう政府各部門に配分する文書[44]とされる。本書において，図書館行政を含む教育行政に関する権限は，合衆国憲法修正第10条の "この憲法によって合衆国に委任されず，また州に対して禁止されていない権限はそれぞれ州または人民に留保される"[45]という部分が関係する。この条項により，アメリカでは，図書館行政を含む教育行政の主たる権限は州にあることが定められている。連邦政府の任務は機会均等の保証および卓越した教育の追及に限定される[46]。本書においては，この定義により州と連邦の関係を整理している。

（2）図書館政策

　図書館に関する政策目標と政策手段に対し，政府機関が公的に決定した基本方針や施策[47]をいう。政策とは，政府の目的や目標[48]，国家の目標価値および慣行（practices）の予定された事業[49]である。

　本書では，アメリカ連邦政府が決定した公共図書館の支援に関する政策を指して「連邦公共図書館支援政策」という語を用いる。当該政策に基づき連邦政府の役割を規定したものが，図書館サービス法を始めとする連邦図書館立法である。連邦図書館立法には，当該立法に基づき行われる事業，事務手続き，予算等が定められる。

（3）政策研究

　政府の公共の問題，その制約要因，形成・実施の過程，意思決定の技法，政策の社会的効果，政策評価などについて検討し考察する研究領域である。その研究対象は，政策そのものまたは政策の内容であり，政策の過程，すなわち政策の形成，決定，実行，効果，修正，終結の過程である[50]。

　本書では，連邦政府による公共図書館支援に関する政策である連邦図書館立法および同法の形成，決定，改正過程を研究対象とする。

（4）図書館

　本書において使用する「図書館」の定義については，図書館サービス法，図書館サービス建設法，図書館サービス技術法の定義に準ずる。図書館サービス法では，"公共図書館"，図書館サービス建設法では"公共図書館および一部の調査図書館"，図書館サービス技術法では"公共，学校，学術，調査，私立，専門図書館を含む"と規定されている。

1.4　先行研究

　本節では，各研究課題に対する先行研究を説明する。

1.4.1　連邦政府の公共図書館支援政策に関する先行研究

　連邦政府の公共図書館支援政策に関しては，各時期において論議されてきた。中でも図書館サービス法成立時を対象としたものと，図書館サービス建設法の改正前後に焦点を当てたものが多く存在する。図書館サービス法成立時を

対象とした代表的な文献に図書館サービス法の成立過程と制定後 5 年間を対象とした関係者自身による記録 *The Impact of the Library Service Act : Progress and Potential*（1962）[51] がある。関係者とはアメリカ図書館協会ワシントン事務所長，連邦教育省図書館サービス局職員，州・地方の公共図書館員，大学の研究者等である。この文献では，アメリカ図書館協会を始めとした関係者の活動が述べられているが，関係者自身による当時の状況の記録を目的とした資料となっている。

　日本においては川崎良孝（2015）による図書館サービス法の成立に至るまでのアメリカ図書館協会の活動および議論を対象とした論稿がある[52]。川崎は，1930 年代に連邦援助に賛成した州と反対した州の当時の公共図書館のサービスの状況を明らかにし，連邦援助の要求を決定するに至った経緯を明らかにしている。この文献では，アメリカ図書館協会の動きに焦点が当てられており，連邦議会での立法過程には触れられていない。また長倉美恵子（1966）は，米国学校図書館に関する連邦援助の歴史を行政面から分析している[53]。長倉は，学校図書館への連邦援助が開始される過程において連邦政府内への行政機関の設置や公共図書館への支援を求めた図書館団体の活動についても触れている。この論考により，公共図書館と学校図書館への連邦支援に関する立法の流れが考察されている。

　その後図書館サービス法成立から 20 年を迎えた 1976 年に『ライブラリー・トレンズ（*Library Trends*）』において連邦図書館政策が特集されている[54]。図書館サービス法の制定から 25 年目には，主要な関係者に対するインタビュー調査が行われた[55]。この調査は *The Library Services and Construction Act: An historical Overview from the Viewpoint of Major Participants*（1983）として連邦政府による公共図書館事業に関する支援の役割についてオーラル・ヒストリー研究としてまとめられた。この調査によりアメリカ図書館協会，連邦議員，連邦議会各委員会，連邦行政府職員といった政策形成に関与するアクターが明確にされ，その活動について明らかにされている。同文献はアメリカ連邦図書館立法に関与したアクターたちの活動を知る上で，重要な先行研究である。しかしながら 1981 年以降については明らかにされていない。

　図書館サービス法から図書館サービス技術法までを対象に，連邦政府の役割について概観したものにモルツとダインの文献（1999）[56]がある。同文献により，連邦政府が図書館サービス法を通じてこれまでに果たしてきた役割として，州機能強化とコンピュータ導入の際の資金源となったこと，アメリカ図書館協会の役割の拡大の過程が述べられている。また同協会ワシントン事務所における公共図書館部門の分離独立の検討という課題もあげられている。しかし州図書館行政機関長団体といったアメリカ図書館協会以外の図書館団体の活動への言及は行われていない。また図書館サービス技術法 2003 年改正法以降は対象とされていない。

　他に 1950 年から 2006 年の公共図書館における成人教育への関与を考察したブレンダ・ウィークス．コールマン（Brenda Weeks Coleman）による 2008 年の研究[57]，19 世紀から現代までをとおして図書館と政治の関連を考察したイェーガー他による 2013 年の研究がある[58]。日本においては，図書館サービス法（1960）[59]，図書館サービス建設法（1985）[60]，図書館サービス技術法（2004）[61]の各条文が翻訳され紹介されている。また図書館サービス法の成立期から 1980 年代前半の図書館サービス建設法を対象にした森耕一（1977）[62]，村上美代治（1980）[63]，山本順一（1986）[64]，稲川薫（1987）[65]の研究があり，各立法の成立過程が分析されているが，時期が限定されている。図書館サービス技術法制定以降では，菅野育子（2010）[66]による博物館図書館サービス機構および MLA 連携についての概説がある。また最近の図書館情報政策の体系化と諸外国の情報政策に関しては金容媛（2003）の文献がある[67]。

　上記のとおり，政策関与者，政策形成アクターである当事者によるオーラル・ヒストリーや講演録，各州への調査実施による報告書があるが，アメリカ連邦図書館立法の形成過程に関与するアクターの活動に焦点をあて，社会背景から政策策定，法律成立までを対象とした政策形成過程を分析した研究は多くはない。本書では，これまであまり検討されてこなかった 1980 年代以降の図書館サービス建設法から図書館サービス技術法 2010 年改正法までを含めた通史研究を行う。

1.4.2　連邦政府の公共図書館支援事業に関する先行研究

連邦公共図書館政策初期の活動を明らかにする研究に，図書館サービス建設法の「第 1 編　州図書館サービス」に基づく実施事業を対象に，連邦資金の影響を分析した文献（1969）がある[68]。当該文献により 1957 年度から 1964 年度までと，1964 年 7 月から 1968 年 6 月までを比較した州・地方の図書館サービスの変化が分析されている。この分析から，州・地方における図書館サービスの有効性は資金額，専門職員数，地域またはネットワークの会員に影響されることが示された。その他に政策の履行過程を対象としたシャビト（1984）の研究がある[69]。双方とも調査の範囲および期間が限定されている。本書では，先に述べた通史研究によって公共図書館支援政策に関する連邦政府の役割の変化を明らかにするため，継続性を重視し成立から現行法までを対象とした分析を行う。

1.5　研究の意義

図書館政策とは，金容媛（1994）によれば "図書館に関する政策目標と政策手段に対し，政府機関が公的に決定した基本方針や施策"[70] である。また政策とは，"政府の目的や目標[71]，国家の目標価値および慣行（practices）の予定された事業"[72] である。そして金は，日本において図書館情報政策の理論的裏付けとなる政策研究は始まったばかりの段階と位置付けている[73]。また後藤敏行（2015）は，2012 年度から施行された文部科学省令で定める図書館に関する科目の中で，以前の「図書館経営論」が「図書館制度・経営論」に変更され，法制度・政策についての内容が加わったことから，図書館経営の面においても法令・政策分野が重視されつつあることを指摘している[74]。

裏田武夫は 1979 年に『図書館雑誌』[75] で日本における図書館・情報政策策定の前提として①国の機関として中央図書館情報審議会（仮称）を設立すること，②図書館界および情報関係機関が短期・中期・長期の目標についてビジョンをもつことが必要であることを提示しているが，現時点で実現しているものは多いとはいえない。裏田は同論稿でアメリカ大統領の政策諮問機関である図

書館情報学国家委員会（National Commission on Library and Information Science）
やアメリカ図書館協会（American Library Association）が発表した「図書館シス
テムの基準」を例に取り上げ，日本における図書館・情報政策推進のための環
境整備の必要を述べている。

　さらに裏田は，1980年に日本の図書館法制定30年を迎えるにあたり，将来
の課題を提起している[76]。この中で裏田は国庫補助金の必要性を挙げ"アメリ
カのようにぼう大な補助金を州機関をつうじて，その主体性を尊重しながら配
布している場合もあるし，また公共図書館にかぎらず，アメリカには『医学図
書館援助法』のごとく，国内の図書館情報資源を全国的規模で活用するために
必要な国の補助金という方式を規定している場合もあり，今後の公共図書館法
制（たとえば，公共図書館振興法のごときもの）にとって有益な参考となるであろ
う"[77]とアメリカの図書館サービス法を念頭において事例を紹介している。

　日本の図書館情報政策策定に必要な要素として，裏田の指摘を整理すると，
次の3点となる。①国の機関として中央図書館情報審議会（仮称）を設立する
こと，②図書館界および情報関係機関が短期・中期・長期の目標についてビジ
ョンを持つ必要があること，③法制度の整備と国の財政支援が必要であること
である。これを踏まえてアメリカのナショナル・レベルの図書館政策に目を転
じると，上記の3点が存在し機能しているといえる。具体的に①は先に上げた
図書館情報学国家委員会（2008年からは全米博物館図書館サービス委員会（National
Museum and Library Services Board））が設置され，大統領の政策諮問機関とし
て活動していることである。②は図書館界の主要な専門職団体であるアメリカ
図書館協会が目標を掲げている。③は国の立法機関である連邦議会において当
該政策の実現のために図書館サービス法に始まるアメリカ連邦図書館立法を根
拠とする補助金交付が行われている。

　全国的な図書館政策の策定に必要な要素とされる恒常的な組織の設置，図書
館専門職で構成されるアメリカ図書館協会が図書館に関する目標を掲げている
こと，連邦制定法を根拠とした補助金交付が整備されかつ継続されているとい
う状況は，日本において図書館政策研究に取り組む際に，アメリカの図書館政
策の歴史的経緯を理解することの重要性を示している。本書でアメリカ連邦図

書館立法の政策形成過程を解明することにより，図書館政策研究における政策
履行および政策評価研究の理論的基盤を提示することが可能となる。ここに，
アメリカ連邦図書館立法の成立と変遷を研究する意義がある。さらに，アメリ
カ連邦図書館立法を通史で捉えた研究は，アメリカにおいても行われていな
い。現行法である図書館サービス技術法 2010 年改正法までを範囲とした研究
を行うことで，成立から現在に至るアメリカ連邦図書館立法の変遷を通史とし
て浮かび上がらせることができる。図書館情報学の研究分野においても，アメ
リカ連邦図書館立法の成り立ちと変遷の全体像は検討すべき課題といえる。

1.6　構成と概要

　本書は 8 章構成であり，各章の概要は次のとおりである。
　「第 1 章　序論」では，研究背景，研究の目的と方法，用語の定義，先行研
究および研究の意義について述べた。
　「第 2 章　図書館サービス法の成立」では，連邦政府の公共図書館行政への
関与の端緒となった図書館サービス法の形成過程および法律内容を検討する。
形成過程においてアメリカの社会状況，連邦政府の状況を踏まえつつ図書館団
体が描いた連邦政府の役割像とこれを実現するための活動について述べる。ま
た連邦議会における図書館サービス法の審議過程と成立した法律内容について
述べる。
　「第 3 章　図書館サービス建設法前期」では図書館サービス建設法前期を対
象に，法律の改正に係るアクターの活動と法律内容の変遷を明らかにする。図
書館サービス法から図書館サービス建設法への改正と連邦公共図書館政策拡大
の経緯を把握する。
　「第 4 章　図書館サービス建設法中期」では図書館サービス建設法中期を対
象に，法律の改正に係るアクターの活動と法律内容の変遷を明らかにするとと
もに，大統領府の提案した法案と図書館団体の提案に関する議論について述べ
る。
　「第 5 章　図書館サービス建設法後期」では図書館サービス建設法後期を対

象に，法律の改正に係るアクターの活動と法律内容の変遷を明らかにするとともに，レーガン・ブッシュ両大統領の経済政策による連邦補助金事業縮小が行われた中で図書館サービス建設法が継続された状況について述べる。

「第6章　図書館サービス技術法の成立」では，図書館サービス建設法1990年改正法が図書館サービス技術法1996年制定法に置き換えられた期間を連邦公共図書館支援政策の転換期に位置づけ，法案成立までの政策形成過程を分析した。

「第7章　図書館サービス技術法の展開」では，図書館サービス技術法1996年制定法，2003年改正法および2010年改正法を対象に，1996年以降の連邦公共図書館支援政策の変遷を検証した。

「第8章　結論　アメリカ連邦図書館立法の歴史的総括と展望」では，以上の研究をとおして明らかになった同法の形成過程と法律内容の変遷を示す。その上でアメリカ連邦図書館立法の実態と課題を考察する。

【注・引用文献】

1）初宿正典，辻村みよ子編『新解説世界憲法集　第3版』，三省堂，2014.7, p.84.
2）前掲1, p.76.
3）アメリカ教育学会編『現代アメリカ教育ハンドブック』東信堂，2010, p.65.
4）平野美恵子「2003年博物館図書館サービス法」『外国の立法』No.221, 2004.8, p.112.
5）塚原修一「米英の教育に関する政策評価制度」『国立教育政策研究所紀要』No.131, 2002.3, p.148.
6）Mason, Marilyn Gell. *The Federal Role in Library and Information Services.* Knowledge Industry Publications, 1983, p.1.
7）Ladenson, Alex『アメリカ図書館法』[*Library Law and Legislation in the United States*] 藤野幸雄監訳，山本順一訳，日本図書館協会，1988, p.130.
8）独立行政機関の設置目的について，次の資料を参照した．駒村圭吾『権力分立の諸相』南窓社，1999, p.135.「独立機関は，しばしば『領域横断的対応が求められる問題（cross-cutting-problem）』や『焦点化された政策課題（focused agenda）』に対処するために設置されるといわれる。（略）つまり，焦点化された政策課題は各官僚機構の管轄領域を横断して対応する必要が高いのが通常なのである。そこで，分散して付与されている諸権限を，焦点化された政策課題を担当する機関の管轄の下に統合して行使されることが望まれ，独立機関という制度形態が選択されることになるのである」とされる。

9）川崎良孝「図書館の偏在を求めて」『図書館トリニティの時代から揺らぎ・展開の時代へ』川崎佳孝編，京都図書館情報学研究会（発行），日本図書館協会（発売），2015, p.18-26.

10）前掲 7, p.129.

11）湯浅成大「連邦組織と地方政府」『事典現代のアメリカ』小田隆裕ほか編，大修館書店，2004, p.292.

12）前掲 11, p.293.

13）阿部齊「大統領」『事典現代のアメリカ』小田隆裕ほか編，大修館書店，2004, p.308.

14）川瀬憲子『アメリカの補助金と州・地方財政　ジョンソン政権からオバマ政権へ』勁草書房，2012, p.71.

15）川瀬憲子（前掲 14, p.15-16.）によれば，連邦補助金は大きく特定補助金とブロック補助金に分けられる。特定補助金はさらに，フォーミュラ補助金，分野（プロジェクト）別補助金，フォーミュラープロジェクト補助金に類型化される。これらの特定補助金は使徒が限定される。これに対しブロック補助金は使途の範囲が広くおおむね州に対する連邦補助金である。

16）IMLS. Total Operating Revenue of Public Libraries and Percentage Distribution of Revenue, by Source of Revenue and State: Fiscal year 2013, *Public Libraries in the United States Survey: Fiscal Year 2013*, IMLS, 2016.3, https://www.imls.gov/sites/default/files/fy2013_pls_tables_21_thru_31a.pdf, (accessed 2016-04-08).

17）IMLS. Amount and Percentage Distribution of Federal Revenue of State Library Administrative Agencies (SLAAs), by Type of Federal Program: Fiscal Year 2012, *State Library Agency Survey: Fiscal Year 2012; Supplementary Tables*, 2014.5, https://www.imls.gov/sites/default/files/legacy/assets/1/AssetManager/SLAA 2012T.pdf, (accessed 2016-04-08).　以下のデータも同資料による。

18）前掲 17.

19）前掲 17.

20）金容媛『図書館情報政策』丸善，2003, p.48.

21）橋立達夫，法貴良一，齋藤俊明，中村陽一『政策過程と政策価値』三嶺書房，1999, p.115-121.

22）辻中豊『政治学入門 公的決定の構造・アクター・状況』放送大学教育振興会，2012, p.120.

23）前掲 22, p.122.

24）前掲 20, p.37.

25）前掲 20, p.40.

26）Shavit, David. *The Politics of Public Librarianship*. Greenwood Press, 1986, p.8.

27）前掲 26, p.8.

28) 本項目は，次の資料を参考とした。久保文明「大統領」『アメリカの政治 新版』弘文堂，2013, p.56-57.

29) 武田興欣「議会」『アメリカの政治 新版』弘文堂，2013, p.82.

30) 前掲 29, p.70-74.

31) 国立国会図書館調査及び立法考査局『主要国の議会制度（基本調査シリーズ 5）』国立国会図書館調査及び立法考査局，2009, p.3.

32) 前掲 29, p.82-85.

33) ①上院委員会．http://www.senate.gov/committees/committees_home.htm, ②下院委員会．http://www.house.gov/committees/, (accessed 2016-10-29).

34) 日本図書館情報学会用語辞典編集委員会編『図書館情報学用語辞典　第 4 版』丸善，2013, p.4.

35) ALA Committee on Legislation. http://www.ala.org/groups/committees/ala/ala-lg, (accessed 2016-08-30).

36) ALA Library Services and Technology Act (LSTA) Subcommittee. http://www.ala.org/groups/library-services-and-technology-act-lsta-subcommittee, (accessed 2016-08-30).

37) Molz, Redmond Kathleen and Dain, Phyllis『シビックスペース・サイバースペース：情報化社会を活性化するアメリカ公共図書館』[*Civic Space/Cyberspace : the American Public Library in the Information Age*] 山本順一訳，勉誠出版，2013, p.127.

38) 前掲 37, p.113.

39) ALA Washington Office. http://www.ala.org/offices/wo#staff, (accessed 2016-08-30).

40) 州立図書館行政機構長団体については，次のウェブサイトを参考とした。

①Chief Officer of State Library Agencies. http://www.cosla.org/, (accessed 2016-08-31).

②COSLA's Organizational Plan for 2014-2018. http://www.cosla.org/documents/COSLAs_Organizational_Plan_20142018423.pdf, (accessed 2016-08-31).

41) Jaeger, Paul T. et al. "Libraries, Policy, and Politics in a Democracy: Four Historical Epochs," *Library Quarterly*. Vol.83, No.2, 2013, p.166-181.

42) Holley, Edward G. and Schremser, Robert F. *The Library Services and Construction Act: An historical Overview from the Viewpoint of Major Participants*. Greenwich, JAI Press, 1983, p.vii-viii.

43) 前掲 7, p.vii.

44) 前掲 7, p.vii.

45) 前掲 1, p.79.

46）前掲 5, p.148.

47）金容媛「図書館情報政策の形成に関する考察」『学術情報センター　紀要』No.6, 1994, p.37.

48）前掲 20, p.3.

49）前掲 20, p.3.

50）前掲 20, p.11.

51）Strout, Donald E. *The Impact of the Library Service Act : Progress and Potential*. Illinoi Union Bookstore. 1962, 120p.

52）前掲 9, p.18-26.

53）長倉美恵子「米国学校図書館行政史－連邦援助法を中心として－」『図書館短期大学紀要』図書館短期大学. 1966, No.1, p.81-88.

54）1976 年の *Library Trends*, Vol.24, No.1 において "The Impact of the Federal Library Services and Construction Act", "LSA and LSCA, 1956-1973: A Legislative History" 他連邦図書館立法に関する特集が組まれた。

55）前掲 42, 165p.

56）Molz, Redmond Kathleen and Dain, Phyllis. *Civic Space/Cyberspace: the American Public Library in the Information Age*. Cambridge, MIT Press, 1999, 259p.

57）Coleman, Brenda Weeks. *Keeping the Faith: The Public Library's Commitment to Adult Education, 1950-2006*. Mississippi, the University of Southern, 2008, 661p.

58）前掲 41, p.166-181. Jaeger, Paul T. et al. "Libraries, Policy, and Politics in a Democracy: Four Historical Epochs, *"Library Quarterly*. Vol.83, No.2, 2013, p.166-181.

59）① 「Library Services Act（図書館奉仕法）」『ひびや 東京都立日比谷図書館報』Vol.23, No.10, 1960, p.33-36.　② 「図書館サーヴィス法」『JLA Information Service New Series』Vol.1, No.2, 1960. 7, p.14-16.

60）苗代あおい「図書館のサービス及び建設法」『外国の立法』Vol.24, No.4, 1985, p.146.

61）前掲 4, p.87-114.

62）森耕一「アメリカ図書館振興法の成立」『図書館学会年報』Vol.23, No.3, 1977, p.97-103.

63）村上美代治「アメリカ公共図書館法の発展と法－LSA, LSCA の成立, 意義, 発展－」『ライブラリアンシップ』No.11, 1980, p.1-16.

64）山本順一「アメリカ連邦図書館立法に関する一考察」『図書館学会年報』Vol.32, No.1, 1986, p.1-10.

65）稲川薫「アメリカ図書館関係法の制定過程と行政」『現代の図書館』Vol.25, No.1, 1987, p.28-32.

66） 菅野育子「米国・欧州の政策と実践から見た MLA 連携」『図書館・博物館・文書館の連携』（シリーズ・図書館情報学のフロンティア；no. 10）日本図書館教法学会研究委員会編，勉誠出版，2010, p.25-42.

67） 前掲 20, p.9.

68） Mersel, Jules. [et al.]. *An Overview of the Library Services and Construction Act-Title I*. New York, R. R. Bowker, 1969, 373p.

69） Shavit, David. *The Impact of Federal Aid on State Library Agencies : Selected Case Studies*. University Microfilms International. 1984, 244p.

70） 前掲 47, p.37.

71） 前掲 20, p.3.

72） 前掲 20, p.3.

73） 前掲 20, p.3.

74） 後藤敏行『図書館の法令と政策』樹村房，2015, p.3.

75） 裏田武夫「図書館・情報政策の基本問題」『図書館雑誌』Vol.73, No.5, 1979.5, p.236-238.

76） 裏田武夫「序論－問題提起のために－」『図書館法研究　図書館法制定 30 周年記念図書館法研究シンポジウム記録』日本図書館協会，1980, p.24-28.

77） 前掲 76, p.25.

第2章

図書館サービス法の成立

　本章では，アメリカ連邦政府の公共図書館行政への関与の端緒を，図書館サービス法の形成過程および法律内容の分析から明らかにすることを試みる。

　図書館サービス法の形成過程と再授権の経緯を明らかにすることは通史研究を行う上で重要である。同様に図書館サービス法の内容を分析することは，公共図書館行政への連邦政府の関与を規定する出発点を明らかにすることである。また同法に基づき連邦財政の支出が規定されたことの意義は大きい。さらに同法の再授権は，図書館サービス建設法の成立へと繋がるものである。本章で分析対象とする期間を1940年代から1963年とした理由は，図書館サービス法が成立するまでの過程を分析することにより，連邦政府がどのように公共図書館行政に関与することとなったのか，また連邦政府の役割がどのように規定されたのかについて捉えることができるためである。また，図書館サービス法の再授権時の議論を検討することで，1964年に図書館サービス建設法の成立へとつながる経緯を明らかにするためである。

　そこで本章では，まず図書館サービス法の形成過程について述べる。次に同法の構成と事業内容を検討する。

2.1　図書館サービス法の形成過程

　本節では図書館サービス法の成立に至る過程を明らかにするために，この過程に関与したアクターの活動を分析し整理する。対象とするアクターは，アメリカ図書館協会を中心とした図書館団体，連邦議会の上下両院および関係委員会，大統領府および連邦教育省とする。

　最初に20世紀前半の公共図書館を取り巻く社会状況と連邦政府の活動を概観する。次にこれを踏まえて「連邦政府による全国の公共図書館への財政援助」を政策課題化するために行われた図書館団体の活動を分析する。そして連邦議員によって法案が提出されるものの成立に至らなかった1945年から1955年の経緯を整理する。さらに図書館サービス法成立に至る1955年から1956年にかけて第84, 85議会での法案審議の過程を分析する。

2.1.1　成立前史

　本項では，当時の公共図書館を取り巻く社会状況を概観する。19世紀前半から大都市において公共図書館は発達したが，農村部における公共図書館設置状況は，都市と比べて大きく立ち遅れていた。20世紀に入り，この差がさらに拡大した。この背景には資本主義の発展によって大都市での人口過密と同時に農村部での過疎が進んだという状況がある。さらに，所得格差の広がりが農村地域の経済的基盤の弱体化を招いた。その結果として自治体財政の弱体化や発展の遅延を生み，都市部と農村部の間に公共図書館サービスの有無を含む教育機会の不均等が起こった。

　このような社会状況の変化を踏まえ，次に1956年図書館サービス法が成立する以前の連邦政府の公共図書館に関する活動を概観する。1913年，連邦教育局による全国図書館実態調査が実施された。この報告書において所蔵冊数が1,000冊以上の無料公共図書館が3,062館あり，地域的にもばらつきがあることが報告された[1]。

　また1921年に，教育支援を目的とした公共図書館サービスの拡大のために連邦政府の資金を利用できるものとした法案が提出されている。不成立となったこの法案は，"学童の間に文盲を減少させ，そして教育を支援する公共図書館サービスを拡大するために連邦政府の資金を利用できる"[2]としたものであり，連邦政府による教育行政への介入の根拠となるものであった。1933年には，大恐慌を受け連邦政府の経済回復政策として図書館員の採用や図書館を新築するために連邦資金の支出が行われた。この政策は公共事業促進局と米国青少年局の協働によるものであった[3]。この他にテネシー峡谷開発計画に基づ

き，7つの州にまたがる地域で図書館サービス対象地域の拡大を目的とした地区図書館実験が行われた[4]。

　これらの政策について村上（1980）は"連邦政府と州の関係について問題がなかったことはないが，全体的にみれば，援助によって連邦政府の社会教育への推進が計られ，資本主義社会における連邦政府の介入の必然化を表したものとして注目されてよいであろう"[5] という見解を示している。村上のいう「連邦政府と州の関係」は，州を介さずに連邦が地方に直接補助金を支出していた状況を指すものと考えられる[6]。またこれらの事業はいずれも実施期間の限られたものであった。

　本書で対象とする図書館サービス法と前述の事業との違いは，事業の実施期間にある。図書館サービス法が時限立法でありながら時代の変化に応じた法改正を繰り返し今日まで継続されたのに対し，前述の事業は特定の社会状況に対応した公共事業に位置付けられており，目的達成の後に事業を終了している。しかし村上の指摘のとおり，連邦政府が公共図書館行政に関与したという点で後に図書館サービス法へとつながる先例となった。あわせて，アメリカ図書館協会がアクターとしての関与を成功させた経験となったことで，その後ロビイングの手段を洗練させていく先例ともなった。この2点において，前述の事業は図書館サービス法で構築された制度の土台を作ったといえる。

　連邦政府による公共図書館への財政援助，つまり補助金交付事業を通じた財政援助の要望の発端は，ルーズベルト大統領政権時における連邦の役割の拡大にある。連邦政府は1930年代に，公共の福祉に対する責任の大きな部分を引き受けることとなった経緯がある。具体的には，"大恐慌による経済混乱を収拾するため，連邦政府はそれまで州の領域であった公共事業や地域開発政策に介入し，経済の再興を図ろうとした。また，ニューディール政策の展開過程では，労働運動の盛り上がりを受けて全国的な労働立法や社会政策も連邦政府の手によって整備されていった。さらに第二次世界大戦後は，都市における貧困，失業の悪化，そして公民権運動の展開が，連邦政府に積極的な政策対応を要請"[7] された状況であった。

　これ以前に公共図書館への連邦援助要求の声を上げ始めたのは図書館界の指

導者たちであった。1919 年にアメリカ図書館協会の評議会で連邦政府の関与を求める方針が定められた[8]。1929 年に，アメリカ図書館協会事務局長であったカール・H. マイラム（Carl H. Milam）は同協会評議会に対し，図書館の連邦への関与を強めるよう提言した[9]。1930 年代，ルーズベルト大統領時代に創設された「アルファベット救済機関（Alphabet Relief Agencies）」を通じた各種公共政策への連邦援助の拡大は，図書館界の指導者たちに全国の公共図書館に対する連邦補助金を是認することとなった。

　1935 年にアメリカ図書館協会が『全国図書館整備計画（A National Plan for Libraries）』[10] を公表したことは，計画化社会の理念が全国的にもてはやされるなかでの直接的産物のひとつであった[11]。モルツとダイン（1999）は同計画の中で "各州の間の税の不均等の埋め合わせに不可欠な要素としての連邦政府補助金の要求"[12] をすることが明確に示された点を指摘し，同協会が連邦政府の関与を要望することが明らかになったとした[13]。さらに，同計画の草案者らが当時存在していた全米の 1 万館の図書館の間に相互協力が存在していないことを認識し，その点を開発するために図書館の間の協力を促進する「図書館システム」を提案し，その必要のため税金による支援の不平等を綿密に精査すること[14] となったと述べている。

　アメリカ図書館協会の「全国図書館整備計画」を受け，カールトン・B. ジェッケル（Carleton B. Joeckel）は当時の公共図書館の設置状況およびサービス内容に関する調査を行った。この調査は，アメリカ図書館協会の援助と，カーネギー財団の支援を得た社会科学研究評議会の指導および，ロバート・D. リー（Robert D. Leigh）の指導[15] を受けた。レイデンソン（1983）は "この大規模な調査により，公共図書館は一個の社会制度として検討された"[16] と述べた。この調査の結果，図書館サービスが偏在している現状が明らかにされ，"各州の間の税の不均衡の埋め合わせに不可欠な要素としての連邦政府補助金"[17] が要求されたことが明確に示された。

　1936 年には，カーネギー財団の招待によるウィルヘルム・ムンテ（Wilhelm Munthe）の図書館視察調査の結果，当時合衆国の人口の 5 分の 2 は図書館のない地域に住んでいることが報告された。のちに 1939 年に出た結論として，こ

の状況を地方行政のみの力および財源で解決するのは不可能であり，連邦の補助が必要であることが報告された。

　公共図書館サービスに関する州間格差について，川崎（2015）[18] による 1935 年の統計データにもとづく分析がある。1935 年 6 月下旬にデンバーで開催されたアメリカ図書館協会年次大会で，連邦援助に明確に反対したコネチカット州図書館協会，ニュージャージー州図書館協会，マサチューセッツ図書館クラブは，州全域サービスを展開しており，それぞれ 99.1％，95％，100％ の州民がサービスを受けていた。

　一方連邦援助に強く賛成したイリノイ，ニューヨーク，ウィスコンシン各州の 1935 年の図書館状況として，未図書館サービス人口がそれぞれ 25％，13％，30％ 存在しており，かつ都市部よりも村落部の人数が多く含まれていることを示した。そのうえで川崎は，連邦に援助を求めることに賛成した州は "州図書館委員会，州図書館協会の活動も活発で，州全域サービスへの意識も高く，また具体的な活動を早くから実践していた。そうした点で公立図書館の設置がかなり進んでいるが，村落部へのサービスが不十分であり，州での支援に限界を感じていた"[19] と分析している。

　上記で述べたように，公共図書館行政への連邦の関与の要望は図書館界の指導者から起こった。一方多くの図書館員たちは連邦の関与を干渉と捉えたことで，反発が起こった。しかし図書館専門職たちは，団結が必要であるとの認識を持っていた。

　1938 年には連邦教育局図書館サービス部が創設され，連邦政府が図書館事業を実施する際の組織が整備された。初代部長はラルフ・ダンバー（Ralph Dunbar）であった。ダンバーは以前にアイオワ州立図書館で副館長（Associate Librarian）の職にあり，図書館員や協力者との広い関係があった。またダンバーは部長就任後 20 年に渡りその職にあり，部の職務であった統計調査や図書館事業の促進を通じ全国の図書館の状況についての理解があった[20]。

　1945 年にはアメリカ図書館協会がワシントン事務所を開設し，連邦議会との関係構築を開始した。続く 1946 年には上下両院で公共図書館振興法案（Public Library Demonstration Bill, S.1920, H.R.5742）[21] が提出された。この法案は，

ルイジアナ州で成功を収めたプロジェクトを雛型としたもので，公共図書館サービスが十分に行われていない地域を対象としたモデル事業を行うための資金を連邦と州で供出するという内容であった。この法案は，連邦補助金の必要性や州の行政機関における図書館担当部局の設置の必要性を謳っており，この法案において，連邦の資金援助と州の図書館行政機関の整備の必要性が示された。しかしこの法案は廃案となった。

州政府の役割の重要性は，1948 年にジェッケルが発表した『全国図書館サービス計画（*A National Plan for Public Library Service*）』[22] においても強調された。その中で，州政府の負う任務として，州内に図書館行政組織を設置することが挙げられ，そのための立法の必要性が述べられた。さらに，図書館運営の計画指導のための機関設立や，州補助金による地域の公共図書館の水準引き上げが挙げられた。

これらは，図書館サービス法成立に向けたアメリカ図書館協会および図書館専門職の世界のリーダーたちによる一連の活動の成果であった。同じ 1948 年には，アメリカ図書館協会で「図書館の権利宣言　1948 年改訂（Library Bill of Rights）」が採択された。この宣言によって，図書館サービスについてその必要性が認識され，後の図書館サービス法成立に影響を与えた。

図書館団体は，公共図書館行政への連邦政府の関与について政策課題化するために，全国調査による図書館サービスの偏在の現状を示し，連邦政府への関与の勧告を行い，連邦政府内に行政組織の受け皿を設置し，図書館政策を具現化するための法律作成と連邦議会に働きかける環境整備を進めた。次項で，図書館サービス法成立に至るまでの法案提出の経緯を述べる。

2.1.2 連邦議会への法案提出

本項では，1956 年に図書館サービス法が成立するまでの期間に行われた法案審議の経緯を述べる。まず，図書館サービス法以前の連邦の図書館立法を概観する。次に図書館サービス法へとつながる法案の審議過程を分析する。あわせて政策課題化に関与するアクターの活動を検討する。アクターは法案提出者の連邦議会議員，法案の付託を受ける上下両院の委員会および小委員会，ロビ

イング活動を行うアメリカ図書館協会ワシントン事務所[23]を対象とする。図書館サービス法の成立過程については，森耕一（1977）による先行研究がある[24]。森は連邦議会での各議員の発言から図書館サービス法の賛否に関する議論の焦点を浮き彫りにしている。

　アメリカ連邦図書館立法に関するもっとも初期の提案が，1930 年代に行われたが，図書館専門職によるものではなかった。ロス・アレクサンダー・コリンズ下院議員（Ross Alexander Collins, 民主党，ミシシッピ州選出）が，1930 年代に議会図書館の地域分館（regional branches）の設置に関する法案を提出した。この法案では，一隻の駆逐艦のコストで，いくつかの分館を設置することができると述べられた[25]。1940 年代に入るころから，連邦議会への公共図書館法案提出が活発化した。

　1939 年と 1940 年に，農村地域の図書館への補助金交付を含んだ教育に関する法案が提出されたが，連邦議会での審議には至らなかった。その後は，第二次世界大戦[26]により図書館支援に関する法案の審議は延期されることとなった。1944 年，アメリカ図書館協会によって，陸軍の余剰図書，用品，備品を州に移管するという法律の草案が準備された。この草案には，後の図書館振興法案および図書館サービス法と同じ内容の条項が多く含まれた。

　連邦議会への草案提案にあたり，当時アメリカ図書館協会の事務局長であったマイラムは，連邦教育局図書館サービス課長（Division）であったダンバーの職務の範囲内での協力を得て法案提出者となる連邦議員を探した。そしてアルバート・D. トーマス上院議員（Elbert D. Thomas, 民主党，ユタ州選出）と，グラハム・バーデン下院議員（Graham Barden, 民主党，ノースカロライナ州選出）に法案の提出者となることを打診したが，受諾されなかった。戦時活動下において公共図書館に関する法案が議会の関心を得ることは困難であった。

　公共図書館への連邦援助に関する法案が連邦議会への提出に至らなかった理由として，アメリカ図書館協会自らが次の 2 点を挙げている。1 点目は，政策の焦点を誤ったことである。連邦援助を引き出す方法として戦後の過剰物品に焦点をあて，この処理を通じた州への支援制度から同法案が考案された。しかしこの方法は連邦議員に受け入れられなかった。2 点目に，ワシントン

D.C. に同協会の担当者を常駐させていなかったために連邦議会へのロビイング活動がうまく行われなかった点を挙げた[27]。

　そして翌 1945 年 10 月 1 日にアメリカ図書館協会ワシントン事務所が開設された。初代局長には，アメリカ図書館協会連邦関係委員（ALA Federal Relations Committee）の会長を務め，のちに内務省図書館長となるポール・ハワード（Paul Howard）が就任した。ハワードの任務は事務所補佐と公共関係補佐とともに，全国組織化すること，他の全国組織の支持を得ること，州立法委員会の設置を進めること，連邦議員との連絡調整の体制を構築することであった。ハワードは，まず議会図書館の議会調査局が書いた原案に手を加えて，公共図書館振興法案の草案を作成した。

　この時期の連邦議員にとって図書館員および図書館は関心の対象外であったことをジャーメイン・クルテク（Germaine Krettek）は指摘した[28]。その理由は次のとおりである。図書館員は政治的な影響力がなく，図書館は高齢者と子どものための施設と認識されていた。また図書館サービスは全国的な政策課題とされていなかった。加えて連邦の支援に対して連邦議会では潜在的な反対意見があった。そして連邦支援を求める多くの他団体が存在した。さらに，図書館に関することは州と地方政府の関与の下にあり，連邦に責任のある分野ではないという意識があったことである。

　1945 年以降，第 79 議会から図書館サービス法が成立する第 84 議会までの全会期を通じて図書館サービス法案が提出された。第 79 議会（1945 – 46 年）で，イリノイ州選出のエミリー・タフト・ダグラス下院議員（Emily Taft Douglas, 民主党，イリノイ州選出）が法案提出者となり，下院に公共図書館振興法案が提出された。下院では小委員会の承認を受けたが委員会での承認を得ることはできなかった。同時期にリスター・ヒル上院議員（Lister Hill, 民主党，アラバマ州選出）が，当時アラバマ州立図書館員であったロイス・グリーン（Lois Green）の要請を受け同様の法案を上院に提出した。法案は労働・厚生委員会で全会一致し報告書が提出されたが，本会議での審議には至らなかった。1946 年 3 月 12 日，上下両院で再度法案が提出されたが，第 79 議会の期間内での成立には至らなかった。第 80 議会（1947 – 48 年）で同様の法案が再提出さ

れ，1948 年 2 月に上院で可決されたが，下院では委員会通過後本会議での審
議に至らず議会は閉会した。

　図書館サービス法案は数回の会期を経る過程で連邦議会内に協力者を増やし
ていった。トマス・ジェンキンス下院議員（Thomas Jenkins，共和党，オハイオ
州選出）が提出した図書館サービス法案は小委員会で全員の賛成を得た。当初
ジェンキンス下院議員は連邦の公共図書館事業について無関心であったが，オ
ハイオ公共図書館の理事を務めていた彼の仲間からの依頼で同法案の提出を引
き受けた。しかし，同法案の公聴会でジェンキンスの意識が変化した。ニュー
ヨーク州のラルフ・グウィン（Ralph Gwinn）委員の「州の役人は法案の支援に
ついての責任は負えない」との発言にジェンキンスは憤慨した。そして，図書
館拡張のための連邦支援の確固たる支持者となった。ヒル上院議員とともに法
案提出者となったジョージ・D. エーケン上院議員（George D. Aiken，共和党，
ヴァーモント州選出）はヴァーモント州の農村地域でのブックモービルの活動を
認識していた。

　1950 年代に入り，アメリカ図書館協会のワシントン事務所で図書館サービ
ス法案に関する担当がハワードからジュリア・ベネット（Julia Bennett）に引き
継がれた。ベネットは精力的に議員に対して法案の成立を働きかけた。第 81
議会（1949 – 50 年）では，下院のインディアナ州選出民主党のレイ・J. マッデ
ン下院議員（Ray J. Madden，民主党，インディアナ州選出）議員他から 4 本の法案
が提出された。下院の教育労働委員会（Committee on Education and the Workforce）
においても承認の報告が行われた。しかしその後 5 時間に及ぶ議論の末，下院
本会議において賛成 161 票，反対 164 票の 3 票差で否決された。上院では再び
3 名の共同提出者によって図書館振興法案が提出されたが進展はなかった。

　第 82 議会（1951 – 52 年）では，これまでの法案内容が変更された。法案の目
的に基づく活動に対し州に大きな裁量が与えられ，振興策の方法は制限されな
かった。法律題名が「図書館サービス法案」となり，最大経費の限度額の定め
が含められた。新しい法案は可変を考慮した算定方法が取られた。具体的に
は，全米の農村地域人口の合計数と各州の農村地域人口の割合を用いること
と，各州別の支払い能力を割り出すことであった。下院から 8 名の議員が同じ

内容の法案を提出した。上院ではヒル，エーケン，ダグラス上院議員の3名が法案を提出した。そして，上院の委員全員と下院の小委員会による承認を得た。しかし上下両院とも本会議での審議には至らなかった。上院における図書館サービス法の立法活動は日本でも伝えられた[29]。

第83議会（1953–54年）では，13名の下院議員と9名の上院議員から法案が提出された。しかし上下両院の委員会で，教育に対する連邦支援補助金に関するすべての立法が棚上げされた。これは，1955年6月に発表される『ケステンバウム報告（*Kestenbaum Report*）』を予想してのことであった。この報告書は連邦政府間関係委員会（U.S. Commission on Intergovernmental Relations）による，教育に関する連邦政府の役割に関する調査報告書であった。この報告書において"公共図書館が我々の教育システムにとって重要な位置を占めており，図書館の活動と拡張は保障されなければならないが，図書館の支援は州と地方の責務であり，連邦政府が国益のために関与するようなことではない"[30]と述べられた。この報告を受け，第83議会での成立は見送られた。

それまでの約10年に渡る法案提出を通じて，連邦議会での図書館サービス法案は徐々に支援者を増やした。次項において，第84議会での図書館サービス法の形成過程を述べる。

2.1.3 図書館サービス法1956年制定法の立法過程

本項では，第84連邦議会（1955–56年）での図書館サービス法形成過程を分析する。最初に成立までの概要を述べる。

第84連邦議会で上院18名，下院27名の議員から同一内容の図書館サービス法案が上程された。同法案成立までの審議過程は次のとおりである。図書館サービス法案（H.R.2840法案）は1955年7月29日に下院教育労働委員会で可決され，1956年5月8日に下院本会議で可決された。上院でも労働委員会においてS.205法案が1956年5月29日に承認され，上院に上程された。

上院では，1956年5月23日にS.205法案および下院を通過したH.R.2840法案に関する公聴会が開かれた。公聴会は上院労働厚生委員会教育小委員会によって実施された。ニュージャージー教育省州図書館，アーカイブズ，歴史部

（The Division of the State Library, Archives, and History in the New Jersey Department of Education）のロジャー・H. マクドナー（Roger H. McDonough）が証言者として立った[31]。

　マクドナーはまず，無料の公共図書館サービスがアメリカの公教育において欠かせないものであり民主主義の基礎となるものと述べ，公共図書館を公教育の機関として位置づけた。次に統計データを用い，とくに農村地域において公共図書館サービスが不十分である状況を述べた。そして，公共図書館サービスの主たる責務が地方自治体にあることが下院の公聴会でも強調されたことを挙げた。その上でマクドナーは，連邦援助が必要であると述べた。マクドナーはその事例として，大都市部を擁するニュージャージー州の例を挙げた。ニュージャージー州の多くの自治体では，独力で十分な図書館サービス[32]を提供することは困難な状況にあった。その理由として①学校や他の公共サービスとの予算配分における競合があること，②州税・地方税の上昇に対する一般的な嫌悪があること，③図書館の価値に関する公衆の理解の欠如があることの3点を挙げた。

　このような状況が起こることについて，自身の職務上の経験から，図書館サービスが不十分な地域の多くは，それまでに良い図書館サービスに触れてこなかったために，図書館の価値について正しい判断が行われず，根本的に，理解なしには評価をすることは不可能であると述べた。そして，連邦政府による一定期間の援助を通じて公共図書館サービスが広まることで，5年間の連邦資金提供の後は，他の資金源が取って代わり，図書館サービスが継続されると確信していると証言した。マクドナーはニュージャージー州の図書館員であると同時に州図書館行政機関の代表としてもS.205法案の成立を後押しすると述べた。

　マサチューセッツ州フィッチバーグ（Fitchburg）公共図書館員であるジョージ・ロドニー・ウォリス（George Rodney Wallace）は，マサチューセッツ州の公共図書館に関する財政状況について，1人あたりの予算配分額は全米平均より高いが大都市圏と農村地区には配分額の格差がある現状を伝えた。そして農村地区の活性化には図書館サービスが有効であり，連邦の財政援助が必要であ

ると述べた[33]。

　また，図書館サービス法案の予算要求額である年度あたり750万ドルについては，ジェット爆撃機1機分にあたる額であるとした。あわせて，学校給食に対する連邦援助に1億904万4,000ドルが1954会計年度に充てられたことを挙げ，図書館サービス法案の750万ドルは農村地区の人口1人あたり28セントで2,700万人が精神的な満足を得られると述べた。ウォリスの証言は，図書館サービス法案に基づく事業が規模の小ささに比して広く効果が得られる効率的な政策であることを強調したものであった。

　テネシー州ジョンソン市ワトーガ地域図書館（Watauga Regional Library）の図書館員であるキャサリン・C. カルバートソン（Katheryn C. Culbertson）[34] はブックモービルで人口75名から100名ほどの地域を回っていた時のことについて述べた。カルバートソンは停車した先々の住民との交流を通じて"我々はどんな地域にいる誰のためにでも，あらゆる主題の本を調達することができる（We can get any book for any person from any place on any subject)"を自らのブックモービルのスローガンとすることを決めたと語った。ヒル上院議員がブックモービルの経費を訊ね，カルバートソンは6,500ドルと回答した。

　連邦議会での審議過程において賛成と反対の双方の意見が出された。図書館サービス法案に対する反対意見として次のことが挙げられた[35]。1946年から1955年の間の公共図書館の設置数は，連邦が補助をしていなくとも増加している事実があった。公共図書館未設置数は，1946年は661郡であったが，1956年には404郡に減少していた。つまり，公共図書館の問題は州と自治体で改善可能なことを証明しているとみなされた[36]。さらに，公共図書館未設置の404郡のうち，338郡は12州に集中しており，さらに268郡は7州に集中している。つまり，問題を抱えているのはいくつかの州に特定される，という意見が挙がった[37]。

　また，合衆国憲法修正第10条において，公共図書館に関する行政は連邦政府が関わることではないことが指摘された[38]。具体的には当該条項において，公共図書館は"本憲法によって合衆国に委任されず"，また"各州に対して禁止されなかった"事項に該当するとの主張であった。つまり公共図書館行政は

州の行うべき仕事であり，連邦による図書館サービス法の制定は，州に対する干渉となるという意見が出された。加えて，時限立法であっても，連邦の恒久的な事業になる恐れがあるとの意見も出された[39]。

　さらに，州によって不公平が生じる点も指摘された。経済的に豊かな州にとっては，納める税額に対して補助金として受け取る額が低くなる事態となる。該当事例としてニューヨーク州の試算が示された。ニューヨーク州が1ドルの連邦補助金を受けるために，州は6ドルを支出しなければならない。受け取る1ドルは人口割りによる州への補助金配分額で，支出する6ドルは連邦に収める税金と連邦補助金を受けるための州財源の負担額であるとされた[40]。

　賛成意見としては次のことが挙げられた[41]。図書館の普及の現状について，公聴会での証言から，当時図書館サービスを受けていない国民が2,700万人おり，さらに5,300万人が不十分なサービスしか受けていないという状態にあること，約3,000郡のうち，404郡が図書館未設置であることが挙げられた。また，この法案が成立したとしても，予算額は少額であり1956年当時の連邦財政において年間750万ドルが支出できない状況ではないこと，軍事予算の大きさに比べて，教育予算が少なすぎるという意見を主張した。さらにあくまで時限立法であることが強調された。

　1956年6月6日に上院本会議でS.205法案が可決された。同年6月19日アイゼンハワー大統領の署名により，最初の法案提出から10年を経て，図書館サービス法（公法84-597）が成立した[42]。同年8月1日には，適用対象地域にグァムが加えられる改正が行われた（公法84-896）。

　連邦議会が同法を承認するにあたり2つの認識が示された。ひとつは，公共図書館は教育機関であり，あらゆる関心を持つ，またはあらゆる学習レベルにある個人やコミュニティ・グループへの学習機会や情報を提供する役割を担うという認識であった。もうひとつは，すべての国民に対して十分な公共図書館サービスの利用を可能にすることと，図書館サービスの行われていない地域は文化的貧困状態であるという認識であった。

　図書館サービス法に基づく連邦政府の役割は機会均等の保障に見出された。そのための政策として，図書館サービスが行われていない地域を文化的貧困状

態と認識し，補助金事業によって州政府を通じサービス地域の拡大が実施され
ることとなった。一方で，アイゼンハワー大統領は，図書館サービス法の成立
にあたり，5年の期限を迎えたのちには連邦政府はその役割を終え，州と地方
自治体の努力によって事業が継続されるものであると述べた。このように，連
邦援助を継続的な事業とは位置づけていないというのが当初の連邦政府の見解
であった。

　図書館サービス法成立と同じ 1956 年に「公共図書館協会（Public Library
Association）」の「公共図書館基準の修正に関する委員会（Committee of Revision
on the Public Library Standards）」が新しい基準を発行した。新しい基準では
「システム」というコンセプトが提案された。コンセプトの内容は，人口 10 万
人程度を単位として単一の行政区域ではなくより広範囲での図書館サービスの
提供をシステム化することであった。あわせてその実現のために州と連邦から
の資源提供を求めることが明記された[43]。図書館界では，新たな連邦援助が要
望されていた。

2.1.4　図書館サービス法の延長

　図書館サービス法の終了期限は 1960 年 9 月 30 日であった。期限の到来に先
立ち，1958 年 1 月号の『アメリカン・ライブラリー・アソシエーション・ブ
ルティン（*ALA Bulletin*）』で図書館サービス法の継続への協力が呼びかけられ
た[44]。アメリカ図書館協会連邦関係委員会委員長（Chairman of the ALA Federal
Relations Committee）のロジャー・マクドナー（Roger McDonough）は 1959 年 1
月の同協会評議会で図書館サービス法延長支援の決議に取りかかった。評議会
での議論は割れたが，最終的には支援することが承認された[45]。

　マクドナーは，図書館専門職の間で図書館サービス法の延長に反対する意見
が存在する理由として①規則や組織の整備に時間がかかったため事業開始が遅
れた，②州に対する周知が不十分であり，また多くの州の予算日程と一致せ
ず，さらに州に対する説明会が 2 度しか行われなかった，③ 750 万ドルが満額
配分されなかった点を挙げた[46]。しかしこれらの理由は事業開始当初の混乱し
た状況下での問題であり，期限の到来を迎える頃には，図書館サービス法の継

続は図書館団体の最重要課題となっていた[47]。

1959 年，連邦議会の歳出予算公聴会において，ヒル上院議員とジョン・フォガーティ下院議員（John Fogarty，民主党，ロードアイランド州選出）双方が図書館サービス法の延長に関する発言を行った。両議員とも事業の成功を強調し，同法の延長を提案した。フォガーティ議員は〝我々は非常によい事業を行い，また，我々はこの法律の拡張を希望し，後退することを望まない。私は，この事業は未だ強いニーズがあると考えている。まだ何かこの立法の拡張に熟慮する必要があるでしょうか〟[48] と述べた。

1960 年に入り，連邦議会第 86 議会の第 2 会期において上下両院で多くの議員から図書館サービス法の延長に関する法案の提出が行われた。1 月 6 日，カール・エリオット下院議員（Carl Elliott，民主党，アラバマ州選出）は期限が満了したのちに 5 年間この法律を拡張する最初の法案を提出した。また予算について，これまでと同じ年額 750 万ドルの歳出承認額を要求した。法案は下院の教育労働委員会特別教育小委員会に付託された。これに続いて 52 名の下院議員から図書館サービス法の延長を支持する法案が追加提出された。上院では，ヒル議員と 52 名の共同提出者が S.2830 法案を提出し，下院同様図書館サービス法の延長を提案した[49]。同法は 1960 年 8 月 31 日成立し，5 年間の延長が承認された。

図書館サービス法が延長された 1960 年以降，連邦政府に対する継続的な援助と農村地域以外への援助拡大へと要求が展開された。社会状況の変化が公共図書館に求めるサービスの内容にも影響を与えた。同時に民主党政権下において教育に関する立法が成立し，連邦補助金政策も拡大傾向にあった。このような状況の変化が，1964 年の図書館サービス建設法の成立につながることとなる。詳細を第 3 章で述べる。

2.2　図書館サービス法の内容

本書では，図書館サービス法に始まる連邦政府の公共図書館支援政策の変遷を検討することを研究課題 2 として挙げている。本節では図書館サービス法

1956年制定法および1960年改正法を対象とした検討を行う。そして1956年から1963年の間に取り組まれた公共図書館支援政策を明らかにする。具体的には，以下の項において図書館サービス法の構成を述べ，次に事業の内容を整理する。

2.2.1　図書館サービス法の構成

図書館サービス法（公法84-597）は9ヵ条で構成される。日本では1960年に条文が翻訳され，紹介されている[54]。この資料を参考に図書館サービス法の構成を述べる。

最初に同法の目的である「農村地域に公共図書館サービスを振興させること」が掲げられている。第2条は「方針の宣言」として（a）で，各州で公共図書館サービスを受けていないかまたは受けていても不十分なサービスしか受けていない農村地域を対象に拡大させる目的を再掲している。次に（b）でこの法律の規定が州および地方の自主性と責任に干渉するものと解釈してはならないことを述べ，同法に基づく補助金の使徒は州および地方の行政担当部局が決定することを規定している。

第3条から第6条は予算に関する規定である。第3条は「支出の認可」を定めている。1957会計年度を含む5年間に対し毎年度750万ドルの支出を承認している。またこの受領条件として，州はサービス拡張計画を提出し，連邦教育事務官によってその計画が承認されることを定めている。

第4条は各州への割当を定めている。（a）で，割当金は4万ドルを各州に，1万ドルを米国領バージン諸島[55]に割当て，残りの金額を農村地域人口に対する各州の農村人口に比例して各州に割り当てられることが定められる。（b）では繰越した場合について規定される。

これに加えて残額を直近の国勢調査による合衆国の農村地域人口に対するその州の農村人口に比例して各州に割り当てられるものとする。また一会計年度の中で，各州への割当金支出額に残金があった場合は，翌会計年度の終わりまで支払うことができる。なお一会計年度の割当額は前年度分が全額使い果たされるまで支払われない。連邦が負担する補助金の支出割合は，各州が実施する

事業毎に異なる。理由は州ごとに定められた連邦負担割合が異なるためである。

　第 5 条 (a) は州計画に含められる要件について定められる。①州計画の管理運営は州法に規定される権限を持つ行政機関において履行されること，②同法に基づく資金管理が州会計官によって受取り，保管されること，③同法に基づく交付金の使用に関する運営方針および方法を規定すること，④教育事務官への支出報告義務，⑤州計画に基づくサービスは無料でなければならないことを州の規則に定めることがその要件である。第 5 条 (b) は，教育事務官は (a) 項の規定を満たす州計画を承認することを規定する。第 5 条 (c) は地域での図書館サービスが不十分であることの決定は州の図書館行政機関が行うことが定められる。

　第 6 条は州への交付に関する規定である。第 6 条 (a) では，連邦補助金の支出要件として，州計画に基づく必要経費のうち州および地方からの支出財源が確保されていることが規定される。第 6 条 (b) は教育事務官の経費見積もり事務が定められる。第 6 条 (c) では連邦負担割合が示される。州の負担割合は 100% から連邦負担割合分を除いたものとなる。連邦負担割合は，各州 1 人当たりの所得額の，アラスカを除く全州の 1 人当たり所得額の割合と同率で，50% に対する割合を出す。ただし連邦負担割合の範囲は 33 ～ 66% とする。ハワイに対する連邦負担率は 50%，アラスカ，プエルトリコ，および米国領バージン諸島は 66% とする。連邦負担割合は，各偶数年の 7 月 1 日から 8 月 31 日の間の各州およびアラスカを除く全州の最近 3 年の 1 人当たり所得額の平均額を基礎として算出される。その後教育事務官によって交付されるこの割合が，次の 7 月 1 日に始まる 2 年の会計年度において適用される。

　第 6 条 (d) は各州に対する連邦負担割合の公布に関して規定される。第 6 条 (e) は建設または土地建物購入に対する支出禁止規定である。第 6 条 (f) は非農村地域への支出禁止規定である。ただし，農村地域の公共図書館サービス拡張を目的とした非農村地域の図書館への支出を禁ずるものではないと述べられている。

　第 7 条は同法の必要条件に従わないことがあった場合の支出停止規定であ

る。第8条は施行に関する定めである。教育事務官は保健・教育・厚生長官の指揮監督の下で本法を施行すること，本法の任務遂行に必要な行政経費が支出されることが規定される。第9条は (a) 州，(b) 州図書館行政機関，(c) 公共図書館，(d) 長官，(e) 農村地域についてそれぞれ定義される。以上が図書館サービス法 1956 年制定法の概要である。

　図書館サービス法の第一の目的は，農村部への公共図書館サービスの向上を図り，全国的な公共図書館サービス水準を引き上げることにあった。加えて，州や地方の行政機関における公共図書館行政に対する責任と指導性の向上と，州や地方の財源支出を促すという目的があった。これは，連邦補助金を受領するための要件として条文中に定められた。

　図書館サービス法の成立当初はモデル事業としての性格が強かった。また同法に基づく補助金交付が行われる5年の間に，各州で図書館行政機関の設置および図書館サービス実施のための財源の確保が行われることが意図された。そして同法の期限到来後には，各州が独立して図書館サービスを充実させていくことが期待された。

2.2.2　図書館サービス法の事業内容

　本項では，図書館サービス法の成立を受けて実施された事業を整理する。そして，連邦公共図書館支援事業の原形を明らかにし，以降の変遷の分析の基礎とする。

　図書館サービス法が該当するのは連邦政府の補助金事業の類別のうち，特定の目的に対し支出される特定補助金にあたる。さらに特定補助金のうちの分野（プロジェクト）別補助金であり，使途が限定される。特定の目的とは，全国の人口1万人以下の農村地域で図書館サービスを受けていないかまたは不十分なサービスしか受けていない地域や人々への図書館サービスの普及と向上を図ることである。

　ではこの目的のためにどのような事業が実施されたのか，1960 年に連邦厚生・教育・福祉省（U.S. Department of Health, Education, and Welfare）の教育局図書館サービス課（Office of Education, the Library Services Branch）が発行した

『*State Plans under the Library Services Act Supplement 2, A Progress Report the First Three Years: Fiscal Years 1957, 1958, 1959*』(以下，報告書) を基によとめた[50]。

　この報告書では各州の計画に基づき実施された事業等が次の9項目にまとめられている。以下にその概要を述べ，図書館サービス法開始当初の事業内容を分析する。

(1) 管理運営組織形態

州図書館行政機関の強化

　州図書館行政機関の強化のために，職員の増強が必要とされた。職種は，管理職，課題に対する専門家 (Subject Specialists)，フィールド・ワーカー (Field Workers)，技術者，事務職であった。中でも需要が高かったのはフィールド・ワーカーおよびコンサルタントであった。図書館サービス法に基づき，全国で約90名のフィールド・ワーカーが州行政機関に雇用された。その結果，フィールド・ワーカーの職員数は以前より80%以上増加した。採用人数が多い州はニューヨーク州の7名，次にヴァーモント州の6名であった。なお，上記報告書において新規に雇用された職員は統計上「フィールド・ライブラリアン (Field Librarians)」「その他の専門図書館員 (Other Professional Librarians)」「事務員および運転手 (Clerks and Drivers)」「その他 (Others)」に分類されている。フィールド・ワーカーおよびコンサルタント，フィールド・スタッフは「フィールド・ライブラリアン」に含まれる。

　上記報告書におけるフィールド・ライブラリアンの活動事例として，ニューハンプシャー州ではフィールド・ワーカーによる複数地域の公共図書館意向調査が行われていた。ケンタッキー州では，地域で利用する総合目録と参加する郡への簡素でかつ内容が十分な広域の総合目録の構築支援といった目録の作成支援が報告された。これらの事例から，図書館サービス法の予算を利用したフィールド・ライブラリアンの活動は広域に渡る調査活動や目録の構築にあったといえる。

郡・地域図書館の新設と強化

多くの州計画で郡・地域図書館システムのデモと実施が展開された。その結果，全国で 400 を超える郡とニュー・イングランド州のタウンがブックモービル・サービスに参加した。また 70 以上の郡の地域図書館システムが新設もしくは改善された。もっとも効率よく図書館サービスを利用する方法としてブックモービル・サービスが挙げられた。200 台におよぶブックモービルが，図書館サービス法によって増加した。しかし，より多くのブックモービルが必要であり，すべての農村地域でのサービス展開が必要であるとされた。

連携協力プロジェクト

州図書館行政機関と図書館，または地方自治体の図書館の間における連携協力に対して，1957 年 6 月に図書館サービス部が協定書様式の参考例を作成し，各州図書館拡張機関に送付された。

（2）図書館資源と読者サービス

多くの農村地域で図書館サービス法の事業を開始する際に不足していたのは，基本的な参考資料や新刊本であった。同法によって約 500 万冊が農村地域サービスのために購入されたが，さらに多くの資料の購入が要求された。州がとくに重点を置いたのは科学分野の本，フィルムの購入と利用促進であった。ニューイングランド州，メイン州，ニューハンプシャー州，およびバーモント州では州間フィルム貸出プロジェクトが行われた。

新しい方法としてミズーリ州ではテレタイプを利用した相互貸借を行い，年間 4,000 点が利用された。ニューメキシコ州では，スペイン語を話す住民のために，二か国語ファイルがブックモービルに備え付けられた。今後の課題として，新しく始められたばかりのこれらのサービスは，まだ検証段階にないことが述べられた。

（3）公的情報プロジェクト

連邦資金はまた，公共図書館の役割や活動を人々に伝え広める手段として，

パンフレットの作成やフィルム，テレビ・ラジオ番組を通じた広報を行う際の
財源となった[51]。他にも州図書館行政機関によるニュースレターの発行が行わ
れた。これらの資料がアリゾナ州，コロラド州，アイダホ州，マサチューセッ
ツ州，ペンシルバニア州，ユタ州で発行された[52]。またニューハンプシャー州
とバーモンド州が共同で『ノース・カントリー・ライブラリーズ（*North Country
Libraries*)』と題した公的な雑誌を発行した。

（4）処理手続きの集中化

「処理手続き」は目録作業および通常の資料準備業務を指す。業務を集中化
することで財政と人的資源を節約し，より多くの資料を迅速に処理することを
目的とした。1959 年度の時点で 30 を超える処理手続きセンターが存在し，
500 館以上が当該業務の提供を受けた。

（5）職員と研修

250 名を越える専門職が採用されたが，重要な職位は依然空席状態であっ
た。研修については，複数の州によるワークショップの開催，図書館サービス
部と図書館学校等の政府または非政府機関との研修指導が多数実施された。と
くにフィールド・コンサルタントの重要性が高く，図書館サービス法に基づき
雇用された多くの未経験者を対象として，州フィールド・コンサルタントサー
ビス振興機構（The Institute on State Field Consultant Services）による支援が実
施された。この試みはアメリカ図書館協会公共図書館部図書館サービス法に関
する調整委員会（The Coordinating Committee for the Library Services Act of the
ALA's Public Libraries Division）および同協会総務部人事管理部門（The Section
on Personnel Administration of the ALA's Library Administration Division）の後援に
よって，1958 年 1 月 24 日から 26 日にかけてシカゴで実施され，116 名が参加
した。

またサウス・カロライナ州等 5 つの州では職員採用のために 350 ドルから
3,000 ドルの奨学金事業が行われた。

（6）調　査

　各州の要望を明らかにするために，多くの州で調査が行われた。例として，ケンタッキー州では期限付きで図書館コンサルタントを雇用し，州立法参考委員会とともに州行政機関と図書館法制を含む公共図書館サービスに関する調査が行われた。

（7）基　準

　図書館サービス法成立と同じ 1956 年にアメリカ図書館協会が公共図書館の新しい基準を発表したことで，同法に基づく州計画の多くに目標と基準が記載された。

（8）課　題

　連邦厚生・教育・福祉省教育局図書館サービス課によって，次の課題が挙げられた。まず，教育・文化サービスに関する連邦の関与を変化させていくためには時間を要することが述べられた。とくに予算が課題とされた。連邦の支出額が歳出承認限度額に達しなかったことは，応分額を支出する州にとって財政拡大の障害となった。次に，同法の期限到来後の財源も課題とされた。ミネソタ州とオレゴン州では，あらかじめ 1957 年から 1959 年で終了する州図書館サービス計画が策定されていた事例を挙げた。一方で多くの州では図書館サービス法と同様の施策が計画されるであろうという見通しが述べられた。他の領域として，人口の増加と都市への集中化，図書館サービスコストの高騰等を考慮する必要が挙げられた。

　以上の内容から，連邦厚生・教育・福祉省教育局図書館サービス課による図書館サービス法 1956 年制定法に基づく連邦公共図書館支援政策の分析が示された。まず，全国の農村地域で図書館サービスが開始されたことは一定の成果であり，さらに今後拡充の必要が認められると述べられた。また連邦議会で図書館サービス法の延長が審議された際，ブックモービルを利用した図書館サービス提供人口の増加が評価された。財政的な側面からみると，予算配分額に比して事業の有効性の高さが評価された。

　各州の図書館サービス法の実施状況は，1 年目となる 1957 年度には，36 州の公共図書館サービス計画が承認された。他の州はサービスが一部有料制であるなど，図書館サービス法の要件に反していたため，その改善に要する時間が必要だったケースがあった。1958 年度には 50 州から州計画が提出された。ワイオミング州とデラウェア州は 1960 会計年度開始から州計画が作成された[53]。

2.2.3　図書館サービス法に基づく補助金交付のプロセス

　本項では，図書館サービス法に基づく連邦補助金交付のプロセスを概観し，予算面から図書館サービス法の制度を明らかにする。本項を以降の章における補助金政策分析の基盤とする。

　連邦補助金を受領するための手続きは次のとおりである。まず，教育事務官は，当該会計年度の歳出承認額内で，各州の割当分と連邦負担割合に基づく額を各州に分配する見積もりを出す。各州の図書館行政機関は，会計年度毎に公共図書館サービス拡大についての州計画を作成し，また，自らの州が受領できる連邦補助金の額に見合った州資金を準備して，州計画を連邦教育事務官に提出する。事務官は，州計画の内容を審査し，その計画が承認されると，財務長官から各州へ補助金が交付される。州計画の履行後，教育事務官は州に対して補助金の項目，成果，評価について報告を求めることができる。

　州が連邦資金を受領する要件として，次のことが定められた。①公共図書館サービスの計画と運営または運営の監督は，州の図書館行政機関によってなされること。当該機関はこの計画を運営または運営する権限を有していること。②この交付金はこの法律の目的のみに使用されること。③州がとるべき運営の方針と方法を規定すること。④教育事務官の求めに応じ，交付金の項目について報告すること。⑤同法律に基づき実施されるサービスは無料であること。

　上記要件によって，図書館行政を担当する部局が未設置であった州では組織面での整備が進んだ。また連邦補助金を受領するためには，公共図書館サービスを拡大する内容の州計画を作成し，その施策に要する経費の総額のうち，その州の連邦負担割合分以外の資金を用意する必要があった。図書館サービス法の成立当時，連邦補助金の使途は基本となる図書館サービスの実施のために使

用されることが定められた。それらは資料の購入，職員の給与，ブックモービ
ルの購入および管理経費等であった。

　図書館サービス法に係る補助金の支出または受領における連邦と州の関係
は，次のとおりとなる。図書館サービス法の実施に関し指揮監督にあたるの
は，連邦保健・教育・厚生長官（以下，長官）である。実施にあたって必要な
規則の制定についても長官の承認を必要とする。実際の管理にあたるのは教育
庁教育事務官（以下事務官）である。事務官は，目的遂行に必要な研究，調査，
報告を行う権限を持つ。事業の評価，方法，結果について報告書を作成し，一
般に公表する業務も受け持つ。事務を所管するのは，図書館サービス法の制定
にともなって，教育庁内で課から部へと改編された図書館部となる。

　次節において，図書館サービス法の予算作成経緯について述べる。

2.3　図書館サービス法の予算作成過程

　前項において図書館サービス法に基づく補助金交付のプロセスを概観した。
本節では，図書館サービス法を予算の面から明らかにする。最初にアメリカの
予算策定過程の概要を述べる。次に図書館サービス法 1957 会計年度および
1960 会計年度を対象に，連邦議会の予算作成過程を検討する。

2.3.1　アメリカ連邦政府の予算作成過程の概要

　アメリカ連邦政府の予算過程は一般に①政府による予算案の作成と議会への
提出，②議会による予算案の審議・議決，③政府による予算の執行，④（監査
機関の支援を受けた）議会による決算の審査・評価・承認という，4 つのステー
ジから成っている[56]。

　連邦議会は歳出予算法の制定権に関する権限を持つ[57]。連邦議会の上下両院
には歳出予算法に基づく予算配分を担う歳出委員会（Appropriations Committee）
と予算決議を所管する予算委員会（Budget Committee）[58]，付属機関として情報
提供や調査を行う連邦議会予算局（Congressional Budget Office，以下 CBO）があ
る。大統領府には連邦政府予算の編成を所管する財務省の行政管理予算局

（Office of Management and Budget、以下 OMB）[59] が置かれる。

　現在行われている年度予算の作成過程[60] は，10 月 1 日の新会計年度[61] 開始に先立つ前年度 3 月から準備が始められる。前年度 3 月から当該年度 2 月第 1 月曜日までは主に大統領府での作業が主となり，大統領予算教書として公表される。ここで示された大統領予算教書を参考に，これ以降連邦議会での予算作成作業が始まる。分野別の各委員会は予算見積もりを予算委員会に提出する。4 月に，下院に先立って上院で予算決議案が作成され，本会議で予算決議が行われる。5 月に下院で審議が開始される。6 月 30 日までにすべての歳出予算法案が可決されるという日程となっているが，実際には延長されることが多い。

　予算法案は，12 本の歳出予算法案から成る。省庁再編により異動することがあるが，図書館サービス技術法を例にとると，労働・厚生・教育歳出小委員会が同法の予算作成を所管することとなっている。次項で図書館サービス法の予算について述べる。

2.3.2　図書館サービス法の予算成立経過

　図書館サービス法に基づく予算は 1957 年から 1964 年の会計年度において，各年度 750 万ドルを上限とした歳出が連邦議会で承認された。しかし連邦政府が歳出承認した実際の予算配分額は，1957 会計年度が 205 万ドル，1958 会計年度が 500 万ドル，1959 会計年度が 600 万ドルであった[62]。図書館サービス法延長後の 1960 会計年度から 1964 会計年度にかけては，750 万ドルの歳出が承認された。一方大統領府の予算要求額は 1958，1959 会計年度とも 300 万ドル[63] であったが，1960 会計年度以降増額し 1962 会計年度から 1964 会計年度には 750 万ドルが要求された。表 2−1 に図書館サービス法に基づく歳出上限額，大統領府の予算要求額，連邦議会の歳出承認額の 1957 会計年度から 1964 会計年度にかけての推移を示す。

　1957 会計年度の予算承認の経緯は次のとおりである。連邦教育局は，図書館サービス法に規定された歳出上限額 750 万ドルに加えて 14 万ドルの管理経費を要求した。一方アイゼンハワー大統領は，教育局の担当部局の未整備と州における図書館サービス計画が準備段階であることを理由に予算減額の提案を

表 2 − 1　図書館サービス法（LSA）連邦資金（1957 − 1964 会計年度）

（単位：ドル）

年	LSA 歳出上限額	大統領府予算要求額	連邦議会歳出承認額
1957	7,500,000	0	2,050,000
1958	7,500,000	3,000,000	5,000,000
1959	7,500,000	3,000,000	6,000,000
1960	7,500,000	6,650,000	7,500,000
1961	7,500,000	7,300,000	7,500,000
1962	7,500,000	7,500,000	7,500,000
1963	7,500,000	7,500,000	7,500,000
1964	7,500,000	7,500,000	7,500,000

出典：Holley, Edward G. and Schremser, Robert F. *The Library Services and Construction Act: a historical overview from the viewpoint of major participants.* Greenwich, JAI Press, 1983, p.150. を基に筆者作成.

行った[64]。連邦議会においては，上院では委員会，本会議とも満額の歳出が承認された。しかし上下両院の会議において下院の出席者から減額の提案を受け，最終的に 205 万ドルが承認された。連邦議会における図書館サービス法の 1957 会計年度歳出予算承認の経過を表 2−2 にまとめた。

　予算承認の過程において図書館団体の関与がみられた。上院の予算委員会でアメリカ図書館協会理事のラルフ・ショー（Ralph Shaw）理事とニューヨーク州ジャマイカのクイーンズボロー公共図書館員のハロルド・タッカー（Harold Tucker）は，歳出承認額の満額支給を要求したがかなわなかった。図書館サービス法成立の次の段階の課題として，750 万ドルを獲得することは図書館団体の新たな課題であった[65]。

　図書館サービス法の初年度の予算額が 205 万ドルとなった結果について，ホリーは "他の事業の歳出承認額は，審議の前に下院によって不承認とされていた"[66] ことからむしろ幸運であったと述べている。また図書館サービス法成立に尽力したアメリカ図書館協会ワシントン事務所のベネットは少ない額であっても事業をスタートさせるためには資金が必要であり，事業を立ち上げ，小さくスタートすることは適切であったと後に回想している[67]。図書館サービス法

表2-2　図書館サービス法 1957 会計年度歳出予算承認経過

年　月　日	予算に関する経過
1956 年 7 月 20 日	政府予算案の議会提出
1956 年 7 月 21 日	上院予算委員会の報告書提出，750 万ドル歳出承認
1956 年 7 月 25 日	上院本会議図書館サービス法への 750 万ドルを含む予算法案可決
1956 年 7 月 26 日	上下両院で第二次追加予算法案に関する会議 下院の出席者から図書館サービス法予算額の減額提案があり，205 万ドルの歳出を承認

出典：Holley, Edward G. and Schremser, Robert F. *The Library Services and Construction Act: a historical overview from the viewpoint of major participants.* Greenwich, JAI Press, 1983, p.26. を基に作成.

は時限立法としての成立であり，少額な予算の中で事業が開始された。

　図書館サービス法に基づく連邦・州・地方自治体別の支出をみると，州と地方自治体が負担した額は連邦に比べてより大きい伸びを示したことから[68]，図書館サービス法が意図した州・地方政府の図書館予算確保の資金源としての目的は成果があったといえる。連邦・州・地方自治体の財源からもっとも多く支出されたのは人件費であった。次に資料購入，備品購入，その他運営費と続いた[69]。この効果として，州図書館行政機関の強化が図られたことと，郡または地域図書館の設立および強化が進んだことが挙げられる。全国で 400 を超える郡などがブックモービル・サービスに参加した。また 70 以上の郡の地域図書館システムが新設もしくは改善された。また，1957 年から 1959 年の 3 年間の成果を受け，多くの賛成票を得て 1960 年度に図書館サービス法が再授権されたことを先に述べたが，予算についても同様の影響があり，1960 年度以降は歳出上限額の 750 万ドルが充当された。

2.4　まとめ

　本章の目的は，アメリカ連邦政府の公共図書館行政への関与の端緒を，図書館サービス法の形成過程および法律内容の分析から明らかにすることであった。そのために図書館サービス法の形成過程，法律内容および事業内容を分析

した。その結果，以下の点を解明した。図書館サービス法の形成過程において
もっとも影響を及ぼしたアクターはアメリカ図書館協会であった。また同法は
対象地域を農村地区のみとし，期間が限定された単発事業として作成されてい
た。また図書館サービス法に基づく補助金交付申請の要件として，州政府に対
し図書館行政機能の整備と財源支出の必要が規定された。同法に基づく資金の
多くは，職員の採用，図書・資料の購入，ブックモービルの購入に充てられ
た。これらの実施・導入によって農村地域へのサービスが拡充された。図書館
サービス法の制定により，法的根拠に基づく公共図書館行政への連邦政府の関
与が開始されたことは，以降のアメリカ連邦図書館立法の出発点となった。

　以上の結果から，詳細を研究課題に沿って以下に述べる。

2.4.1　図書館サービス法の形成過程

　研究課題1に挙げた「アメリカ連邦図書館立法の形成過程とその形成に関与
するアクター（大統領府・連邦議会・図書館団体等）の活動」の分析結果として，
図書館サービス法の形成過程においてもっとも影響を及ぼしたアクターはアメ
リカ図書館協会であることを明らかにした。公共図書館への連邦支援の要望
は，アメリカ図書館協会事務局長であったマイラムをはじめとする図書館界の
指導者から発現した。これを受けてアメリカ図書館協会が当初反対もあった図
書館界の意見をまとめ，決議を発表するに至った。

　その後アメリカ図書館協会ワシントン事務所が中心となって，草案の作成と
連邦議会への法案提出の働きかけが行われた。アメリカ図書館協会ワシントン
事務所は同法の実施に関する諮問委員会へも参画していたことが，1959年に
教育省が発行した報告書において記されている。この諮問委員会のメンバーに
は，かつて図書館サービス法成立を連邦議会に働きかけたアメリカ図書館協会
ワシントン事務所長のクルテクやベネットも含まれていた。このことからも連
邦公共図書館支援政策形成過程における，最初の段階から実施段階までアメリ
カ図書館協会が関与していることを明らかにした。

　本書ではさらに草案作成およびロビイング活動と並行して行われていた環境
整備に着目した。連邦議会への図書館サービス法案提出の働きかけと並行し

て，次の活動が行われた。第1に連邦行政府の組織面の整備，第2にアメリカ
図書館協会ワシントン事務所によるロビイング体制の強化，第3に全国の図書
館に関するデータの収集・分析の実施が行われた。このような段階を経て，連
邦政府が取り組むべき政策課題として公共図書館支援が位置付けられた。

　具体的には次のとおりである。1点目の行政府の組織面の整備とは，連邦と
州においてアメリカ連邦図書館立法に基づく事業を執行する部局が設置された
ことである。2点目のアメリカ図書館協会のロビイング体制の強化とは，同協
会ワシントン事務所の開設と連邦議会および他団体とのネットワークづくりが
進められたことである。3点目の全国の図書館に関するデータの収集・分析の
実施とは，全国規模の調査によって，農村部における公共図書館サービスの欠
如を示したことである。これらの活動と並行して，連邦議会への公共図書館支
援に関する法案提出が進められた。上記の活動が行われていた時代背景には，
連邦政府の活動範囲の拡大政策があった。

　連邦政府による図書館支援政策の実施の受け皿が整備され，アメリカ図書館
協会が中心となって作成した図書館サービス草案が連邦議会に提出された。お
よそ10年に渡る法案提出の期間，図書館サービス法の成立に至らなかった理
由は，公共図書館サービスに関する連邦の役割に関する共通認識が確立してい
なかったためといえる。しかし法案提出の回数が重ねられるごとに図書館サー
ビス法案に賛成する議員は増加し，1956年に図書館サービス法が成立した。

　立法過程で図書館サービス法および後継の図書館サービス建設法の成立に関
与したアクターとして，フォガーティ下院議員[70]が挙げられる。ジェーム
ズ・スチュワート・ヒーリー（James Stewart Healey）は，フォガーティ下院議
員のアメリカ連邦図書館立法に関する成果として次の6点を挙げている。①図
書館サービス法1960年再授権，②1961年に提案された州間協定，③1961年
オムニバス図書館法案，④1963年図書館サービス建設法，⑤1965年医学図書
館援助法（The Medical Library Assistance Act of 1965），⑥図書館サービス建設
法1966年改正法である。

　図書館サービス法案に反対する意見の中には，事業の恒常化に対する危惧が
あった。この反対意見について，法案提出側の連邦議員および図書館界の代表

者はあくまで時限立法であり，単発事業であることを強調した。しかし1960年には図書館サービス法の成果を基に再授権が提案され，多くの賛成を得て延長が決定された。

　一方同法案の審議過程の当初の段階では，連邦の補助金はあくまで呼び水として提供され，その後は州や自治体の努力によって自立した図書館運営が期待されていた。ところが実際には補助金交付期間のみの単発事業を計画した州もあり，図書館サービス法の効果は州によって異なるものとなった。しかしすべての州で農村地域サービスへの取組が始められたことは成果とされ，1960年に同法は再授権された。そして，新たな課題に非農村地域を含む広域サービスの普及・向上が加わり，図書館サービス建設法に引き継がれた。

2.4.2　図書館サービス法の内容

　本項では，「研究課題2　図書館サービス法から図書館サービス技術法に至るアメリカ連邦図書館立法の改正経緯と法律内容の変遷を明らかにする」に挙げた法律内容の調査結果を述べる。図書館サービス法1956年制定法の構成の特徴として，州の役割を強調している点が挙げられる。連邦補助金を受領する要件として州の法制度，組織，政策策定，財政を整備することが意図された。同時に連邦は州と地方の権限を侵すものではないことが規定された。

　事業内容については，農村地域への図書館サービス拡張を目的とした施策が展開された。州ごとにサービス計画が策定されるが，多くの州において主な支出内容は人件費，図書・資料購入費，ブックモービル購入・広域サービスシステム構築であった。

　また連邦教育省の報告書において，連邦支援継続の必要性が示唆された。連邦教育省は図書館サービス法を，少額の投資で高い効果があったと評価した。この好評価は連邦議会の予算審議へもよい影響を与えた。1960会計年度以降の750万ドルの歳出承認満額配分を訴える際の材料となった[71]。

　制度面からみると，図書館サービス法1956年制定法で構築された連邦と州の役割と資金配分制度は，その額や割合の変化はみられるものの，図書館サービス技術法2010年改正法まで維持されている。つまり図書館サービス法は以

降のアメリカ連邦図書館立法の原形となった。同時に時限立法という形態も継続されており，1956年の成立以降，改止と再授権が繰り返されている。

　次章で，図書館サービス法1960年改正法から図書館サービス建設法1964年制定法への改正について述べる。

【注・引用文献】

1) Johnson, Elmer D.『西欧の図書館史』[*A history of libraries in the western world*] 小野泰博訳，帝国地方行政学会，1974, p.453.

2) Molz, Redmond Kathleen and Dain, Phyllis『シビックスペース・サイバースペース：情報化社会を活性化するアメリカ公共図書館』[*Civic space/Cyberspace : the American Public Library in the Information Age*] 山本順一訳，勉誠出版，2013, p.111.

3) 村上美代治「アメリカ公共図書館法の発展と法－LSA, LSCAの成立，意義，発展－」『ライブラリアンシップ』No.11, 1980, p.2.

4) 前掲3, p.2.

5) 前掲3, p.2.

6) 1930年代の連邦補助金政策については，次の資料を参考とした。川瀬憲子『アメリカの補助金と州・地方財政　ジョンソン政権からオバマ政権へ』勁草書房，2012, 295p.

7) 小池治『アメリカの政策過程と政府間関係』第一法規，1990, p.366.

8) 前掲2, p.111.

9) Sullivan, Peggy. *Carl H. Milam and the American Library Association*. New York, H. W. Wilson, 1976, p.165.

10) A National Plan for Libraries. *Bulletin of the American Library Association*. Vol.29, No.2, 1935, p.91-98.

11) 前掲2, p.115.

12) 前掲10, p.96-97.

13) 前掲2, p.111.

14) 前掲2, p.111

15) Ladenson, Alex『アメリカ図書館法』[*Library law and legislation in the United States*] 藤野幸雄監訳，山本順一訳，日本図書館協会，1988, p.81.

16) 前掲15, p.81.

17) 前掲2, p.112.

18) 川崎良孝（編著）『図書館トリニティの時代から揺らぎ・展開の時代へ』京都図書館情報学研究会（発行），日本図書館協会（発売），2015, p.22.

19) 前掲 18, p.22.

20) Holley, Edward G. and Schremser, Robert F. *The Library Services and Construction Act: an historical overview from the viewpoint of major participants*. Greenwich, JAI Press, 1983, p.5.

21) Subcommittee of the Committee on Education and Labor. *Public Library Service Demonstration Bill, S.1920*. GPO, 1946. https://babel.hathitrust.org/cgi/pt?id=mdp .39015033872626;view=1up;seq=3https://babel.hathitrust.org/cgi/pt?id=mdp.390150 33872626;view=1up;seq=7, (accessed 2016-06-01).

22) Joeckel, Carlton B. and Winslow, Amy et al. *A National Plan for Public Library Service*. American Library Association, 1948, 168p.

23) 図書館サービス法の成立に関するアメリカ図書館協会の活動については，次の文献を参照した。Krettek, Germaine, "LSA, The Federal Government, and the Profession," *The Impact of the Library Service Act : Progress and Potential*. Strout, Donald E ed. Illini Union Bookstore, 1962, p.17-29.

24) 森耕一「アメリカ図書館振興法の成立」『図書館学会年報』Vol.23, No.3, 1977, p.97-103.

25) 前掲 23, p.18.

26) 1939 年 – 1945 年．アメリカの参戦は 1941 年 12 月 8 日に開始された。

27) 前掲 23, p.19.

28) 前掲 23, p.19.

29) 日本図書館協会インフォメーションサーヴィス班「図書館サーヴィス法」『J.L.A. Information Service』No.10, 1951.12.25, p.47.

30) U.S. Commission on Intergovernmental Relations, Study Committee on Federal Responsibility in the Field of Education. *A Study Committee Report on Federal Responsibility in the Field of Education, Submitted to the Commission on Intergovernmental Relations*. Washington, D.C., U.S. Government Printing Office, 1955, 154p. http://www.library.unt.edu/gpo/acir/Reports/Y3In87R29.pdf, (accessed 2015-12-15).

31) マクドナーの証言内容は次の資料を参照した．The Subcommittee on Education. *Hearing before the Subcommittee on Education of the Commission on Labor and Public Welfare U.S. Senate 84th Congress Second Session on S.205 a Bill to Promote the Further Development of Public Library Service in the Rural Areas and H.R.2840 an Act to Promote the Further Development of Public Library Service in Rural Areas*, Government Printing Office, 1956, p.20-27, http://babel. hathitrust.org/cgi/pt?id=uiug.30112018665270;view=1up;seq=29;size=150, (accessed 2016-06-01).

32）アメリカ図書館協会は一人当たり 1.5 セントを提示していた。

33）ウォリスの証言内容については次の資料を参照した．前掲 31, p.28-31

34）カルバートソンの証言内容は次の資料を参照した．前掲 31, p.32-36.

35）前掲 24, p.97-103.

36）前掲 24, p.98.

37）前掲 24, p.98.

38）前掲 24, p.98-99.

39）前掲 24, p.99.

40）前掲 24, p.99.

41）前掲 31, p.13.

42）連邦規則の制定については，*Federal Register* 1956 年 12 月 6 日の "Title 45-Public Welfare,"，1957 年 3 月 7 日付け同資料の Vol.22, No.45, p.1433 および 1957 年 4 月 18 日付け同資料の Vol.22, No.75, p.2711 で公布された。

43）Mason, Marilyn Gell. *The Federal Role in Library and Information Services*. Knowledge Industry Publications, 1983, p.58.

44）Krettek, Germaine. "Editorial," *ALA Bulletin*. Vol.52, No.1, 1958.1, p.4.

45）前掲 20, p.38.

46）前掲 20, p.38.

47）前掲 20, p.37.

48）前掲 20, p.38.

49）前掲 20, p.39.

50）Flemming, S., Derthick, Lawrence G. *State Plans under the Library Services Act, Supplement 2. A Progress Report the First Five Years: Fiscal Years 1957, 1958, 1959*. U.S. Department of Health, Education, and Welfare, Library Services Branch, 1960, 144p. http://files.eric.ed.gov/fulltext/ED543968.pdf,（accessed 2016-10-07）.

51）前掲 50, p.15.

52）前掲 50, p.15.

53）前掲 50, p.iv.

54）①「Library Services Act（図書館奉仕法）」『ひびや 東京都立日比谷図書館報』Vol.23, No.10, 1960, p.33-36.　②翻訳者不明「Library Services Act」『JLA Information Service New Series』Vol.1, No.2, 1960.7, p.14-16.

55）平野美恵子「2003 年博物館図書館サービス法」『外国の立法』No.221, 2004.8, p.87-114. による邦訳を用いた。

56）渡瀬義男「アメリカの予算編成過程と財政民主主義」『経済研究所年報』Vol.27, 2014.4, p.57.

57）前掲 56, p.62.

58) 前掲 56, p.59.

59) 1970 年に旧予算局（Bureau of the Budget）から改称。旧予算局は 1921 年法により財務省に設置され，1939 年に大統領府に移動した。

60) 前掲 56, p.65. を参考とした。

61) 連邦政府の会計年度は 1976 年度まで 7 月 1 日から 6 月末日までとなる。1977 会計年度より開始が 10 月 1 日から，年度末が 9 月末日となった。

62) 前掲 50, p.4.

63) 1957 年度予算は大統領予算案に含められず。

64) 前掲 20, p.26.

65) 前掲 20, p.25.

66) 前掲 20, p.26.

67) 前掲 20, p.27.

68) 前掲 50, p.8.

69) 前掲 50, p.9.

70) ジョン・フォガーティ議員の図書館政策に関する活動については，次の文献がある。 Healey, James Stewart. *The Emergence of National Political Leadership for Library Development: The Case of Representative John E. Fogarty*. Columbia University, 1973, 195p.

71) 前掲 20, p.35.

第3章

図書館サービス建設法前期

　第2章で図書館サービス法の形成過程を明らかにし，連邦政府による公共図書館行政への関与の端緒を明らかにした。さらに，図書館界から図書館サービス法の期限満了以降も連邦政府の援助の継続と拡大の要望が起こったことを述べた。これを踏まえ，本章では図書館サービス法が図書館サービス建設法へと改正される過程を検証する。図書館サービス建設法の政策形成の過程において，連邦が支援する対象は農村地域から都市部を含めた地域に拡大された。また図書館建設および相互協力に対する補助金交付援助が新たに加えられた。本章では連邦政府の公共図書館支援政策の拡大化の実現と，図書館サービス法と図書館サービス建設法の内容の相違点を解明することを目的とする。3.1 節で研究課題1に挙げたアクターの活動と政策形成過程を分析する。3.2 節で研究課題2に挙げた法律内容の変遷の分析に基づき，図書館サービス建設法 1964年制定法，同法 1966 年改正法を対象に法律内容の変化を調査する。3.3 節で図書館サービス法前期の連邦政府の図書館立法の変遷をまとめる。

3.1　図書館サービス建設法前期の形成過程と社会背景

　図書館サービス建設法前期の成立過程を検証するにあたり，1960 年代のアメリカの社会政治状況を概観する。図書館サービス建設法が成立した 1964 年は，ジョンソン大統領の就任期間（1963 年 – 1968 年）にあたる。ただし，ケネディ大統領の就任期間である 1961 年には，図書館サービス法を拡大した新しい連邦図書館立法の成立のための活動がみられた。そのため，1961 年から

1963年の期間についても背景として調査の対象に含めるものとする。

　図書館サービス法1956年制定法が1960年に5年の期限満了を迎えるにあたり，さらに5年の再授権を承認するための法案が提出された。この法案の審議において，連邦議会議員の中には時限立法の延長による恒久的事業化を危惧する者もいた。公聴会の場で図書館界の代表者は，法律の期限満了後には新たな援助（財源）が確保され州および地方自治体の自律的な運営に移行する見込みであると述べた。しかし実際には図書館サービス建設法と法律題名を変え，連邦による援助は継続されることとなった。

　図書館サービス法では人口1万人以下の農村地域であった援助対象の制限が撤廃され，都市部の公共図書館も援助の対象となった。また，新しく「第2編建設交付金」事業が加わり，公共図書館建設に対する補助金交付が行われることとなった。本節では，「研究課題1　アメリカ連邦図書館立法の形成過程とその形成に関与するアクター（大統領府・連邦議会・図書館団体等）の活動を明らかにする」に関する政策形成過程について，時期区分による背景を概観した後，図書館サービス建設法の形成過程を分析する。

3.1.1　ケネディ－ジョンソン政権期の状況

　ケネディ大統領が就任した1961年から1963年の期間は図書館サービス法のターニング・ポイントであったといわれる[1]。そのため本項では1964年の図書館サービス建設法の成立に至る背景として，1961年から1963年を含めるものとする。1964年の図書館サービス建設法の成立と改正は，ケネディおよびジョンソン両大統領による図書館政策への強力なサポートによって実現した。他の連邦教育関係立法として，1965年には高等教育法（Higher Education Act），初等・中等教育法（Elementary and Secondary Education Act）が，図書館関係立法として医学図書館援助法が成立した。同時期，アメリカ連邦図書館立法にとっての黄金期といわれる時期を迎えていた。

　ケネディ大統領は，1962年1月29日に「国民教育改善法案」とその法案の通過を要請する理由について述べた「特別教育教書（Special Message to the Congress on Education）」を発表した。その中で大統領は図書館を教育機関とし

て位置付け，連邦政府の関心事でなければならないと述べた。さらに具体的な
データを基に当時の図書館の現状について述べ，またその対策として図書館リ
ービス法の延長および改正について“農村地域の図書館と同様に都市部の図書
館へも補助金を交付し，また運営費同様建設費にも補助金の交付を行える3か
年事業の承認を勧告する”[2]と述べた。

　ジョンソン大統領もまた，公共図書館支援に積極的であった。1964年2月
11日に図書館サービス建設法への署名を行う際には，公共図書館の必要性を
記した[3]。1966年の第89議会で，図書館サービス建設法の延長勧告を行い，
また図書館計画の勧告のなかで，アメリカの多くの公共図書館が役割を果たす
には不十分な状態にあることと，公共図書館には訓練された職員と基金が備わ
っているべきと述べた。しかしジョンソン政権の終わりに近づくと，社会保障
費支出とベトナム戦争戦費の増加により，行政府から図書館に対する連邦補助
金の大幅な削減が求められた。

　このような政治状況に加え，図書館サービス建設法の制定に影響を与えた社
会の変化がある。この時期，アメリカでは①人口の増加，②出版点数の増加，
③高等教育の発展が見られた。村上[4]は①1960年には1億8,000万人であっ
た人口が，1966年には1億9,700万人へと増加しており，6年間で1,700万人
の人口増加があったこと，②1960年の年間出版点数は15,000点であったが，
1966年には28,000点に増加していたこと，③高等教育の発展に伴う社会教育
機関としての図書館の役割の重要性が増したことを指摘している。

　図書館サービス建設法制定以降の時期における連邦補助金事業の動きについ
て，「政府間関係諮問委員会（Advisory Commission on Intergovernmental Relations,
以下ACIR）」が1980年に報告書[5]を提出した。同委員会は，1964年から1968
年にかけての「偉大な社会期」を「特定補助金の爆発的増大」（The Categorical
Explosion）の時期とした。その特徴として①補助金の急増，②プロジェクト別
補助金利用の拡大，③マッチング補助金の多様化，④奨励補助金の展開，⑤複
数機能を持つ補助金の展開，⑥適格な補助金受給者の多様化，⑦都市地域への
補助金の増加，⑧行財政上の必要条件の明確化，⑨都市計画における必要条件
の拡大，⑩地域事務所体制の多様化を挙げている[6]。図書館サービス建設法は

上記のうち①，②，③，⑦，⑧が該当する。また1960年代から70年代の連邦政府の主要な12の補助金事業として高速道路，福祉，基礎中等教育，高等教育，農業，職業訓練，公営住宅等とともに図書館補助金事業が挙げられた。このことから図書館サービス建設法前期は連邦政府の特定補助金の拡大の時期に制定され，主要な連邦補助金事業に位置付けられていたといえる。

3.1.2　図書館サービス建設法の形成過程

本項では，図書館サービス建設法1964年制定法および同1966年改正法の審議過程を整理して示す。

3.1.2.1　図書館サービス法1964年制定法の審議過程

1963年8月，ジョン・H.デント下院議員（John H. Dent, 民主党，ペンシルバニア州選出）が図書館サービス建設法案（H.R.4879）を下院教育労働委員会に提出した。同法案は，人口1万人以下の農村地域の制限を撤廃することと，公共図書館の建設に際し一部連邦資金を負担することが含まれた[7]。上院では同年10月29日にウェイン・モールス上院議員（Wayne Morse, 民主党，オレゴン州選出）が下院の法案と同内容のS.2265法案を提出した。同法案に対して異議を唱えたのは，上院労働公共福祉委員会の15名のうち，共和党議員2名のみであった[8]。11月26日，上院本会議においてS.2265法案は賛成89票，反対7票で可決された。

下院でも，1964年1月21日に図書館サービス建設法案は賛成254票，反対107票で修正付きで可決された。図書館サービス建設法案は建設交付金事業の新設と都市部の公共図書館への援助拡大，および歳出上限額を750万ドルから2,500万ドルに引き上げることが加えられた。1964年1月30日，下院で図書館サービス建設法修正法案が可決され，2月11日にジョンソン大統領の署名により図書館サービス建設法（公法88-269）が成立した。連邦資金の歳出限度額は750万ドルから，4,500万ドル以上1億4,000万ドル未満へと大幅な増額が承認された。図書館サービス建設法1964年制定法の要点は次のとおりである。

①1964年7月1日付け農村地区人口制限の削除。削除に伴い，規模にかかわらずすべての地域において便益が拡大される。

②第1編に基づく配分額の改正。(a) グァム，アメリカン・サモア，バージン諸島は1万ドルから2万5,000ドルに増額，(b) 各州は4万ドルから10万ドルに増額。

③「第2編　公共図書館建設」を新設。歳出限度額2,000万ドルの支出を承認。

④コロンビア自治区を対象地域に含める。

　図書館関係者は図書館サービス建設法の成立と歳出承認額の拡大のために働きかけを続け，成果をあげた。とくに，同法で都市部を含めたすべての地域に連邦の援助が拡大したことは成果といえる。

3.1.2.2　図書館サービス建設法 1966 年改正法

　次に，図書館サービス建設法1966年改正法（公法89-511）の成立に関する図書館団体の活動と，連邦議会での立法過程について述べる。

　1966年，アメリカ図書館協会は「公共図書館システムの最低基準1966年版（*Minimum Standards for Public Library Systems*）」を発表した。これは「公共図書館サービス：評価と最低基準ガイド（Public Library Service: A Guide to Evaluation with Minimum Standards）」を10年ぶりに見直したものである。旧基準が図書館サービス法における補助金交付要件に準拠する内容であったのに対し，1966年版の新基準では「図書館サービス」が「図書館システム」に変更されており，図書館サービスの重点が図書館間を結ぶネットワーク化にシフトしたことを表明したといえる。図書館サービス建設法1966年改正法との関係では，第1編の図書館サービスと第3編の相互協力に関連がみられる。当時の図書館の状況は，電気通信技術の発達に伴い相互協力や図書館システムが拡大された時期であった。

　連邦議会では，1966年1月18日カール・D. パーキンス下院議員（Carl D. Perkins, 民主党, ケンタッキー州選出）が図書館サービス建設法案（以下，H.R.12133

法案）を提出した。H.R.12133 法案では，「第 3 編　相互協力」の新設が盛り込まれた。

同年 2 月 18 日に上院でジョージ・マクガバン上院議員（George McGovern，民主党，サウスダコタ州選出）が同内容の S.2802 法案を提出した。図書館サービス建設法の再授権は，超党的な協力が行われた。

上院で 1966 年 2 月 18 日に，ジャコブ・ジャビッツ議員（Jacob Javits，共和党，ニューヨーク州選出）とジェニングス・ランドルフ議員（Jennings Randolph，民主党，ウエストバージニア選出），ジョン・シャーマン，クーパー議員（John Sherman Cooper，共和党，ケンタッキー州選出），ウィンストン・プラウティ議員（Winston Prouty，共和党，ヴァーモント州選出）が S.2944 法案を提出した。クーパー議員を除き，全員が教育小委員会のメンバーであった[9]。

同年 2 月 28 日にドナルド・フレイザー下院議員（Donald Fraser，民主党，ミネソタ州選出）が H.R.13115 法案を提出した。この法案では，パーキンス下院議員とマクガバン上院議員が提案した第 1 編から第 3 編に新しく第 4 編に「専門的州立図書館サービス（Specialized State Library Services）」が加えられた。その内容は刑務所の受刑者，病院の患者，高齢者，障がい者，精神病患者，孤児といった州が運営する施設にいる人々に対し，州への補助金を用いて図書館サービスの向上を図るものであった。これらの法案は，大統領が議会に提案した図書館サービス建設法予算案と一致させることが意図された。

上記の法案は同年のアメリカ図書館協会冬季大会[10] において州図書館員，「病院・施設図書館協会（Association of Hospital and Institution Libraries）」，および公共図書館協会のメンバーによって熱心に討議された[11]。図書館員たちは図書館サービス建設法改正法の成立のために全国的な支援活動の展開が必要であることを認識した。

1966 年 3 月 1 日に発表されたジョンソン大統領の「厚生・教育教書（Health and Education Message）」[12] で，大統領は図書館サービス建設法の延長を提言した。大統領は同時に「第 1 編　公共図書館サービス」の予算を 1966 年度より 250 万ドル増額した 2,750 万ドルとし，1967 年度から 4 年間支出することも提案した。さらに「第 2 編　公共図書館建設」に対して 3,000 万ドルの予算配分

を求め，総額5,750万ドルを1967会計年度予算として提案した。

　1966年3月14日，上院労働厚生委員長のヒル上院議員は52名の共同提出者を得て図書館サービス建設法の延長のためS.3076法案を提出した[13]。超党的な協力と40州からの支援がこの法案を後押しした。1966年3月29日ローマン・パッキンスキー下院議員（Roman Pucinski, 民主党，イリノイ州選出）が別の図書館サービス建設法の再授権法案であるH.R.14050法案を提出した。

　パッキンスキー下院議員は，下院教育労働委員会選択教育小委員会（以下，選択教育小委員会）委員長として，自身の法案と同様の法案に関する公聴会を1966年4月19, 20, 21日に召集した。公聴会では，この法案の支持者から図書館サービスの広域化のために相互協力体制を整備することの重要性が強調された。

　一方，同公聴会において行政側[14]は図書館サービス建設法の再授権に反対の立場を取った。ジョン・W. ガードナー（John W. Gardner）保健教育厚生長官は連邦議会に対し図書館サービス建設法の再授権に反対する証言を行った[15]。ガードナー長官は，この法案の目的とニーズは認めたが，予算面では大統領提案額である5,750万ドルの削減を要請した。しかし選択教育小委員会は総額7,300万ドルの歳出を承認した。さらに，1968年度から1971年度を通じて1,000万ドルの増額を提案した。

　最終的に下院のH.R.14050法案は委員会全員の承認を得て，1966年4月27日に委員会報告書が提出された。議会議事録によると，同年6月2日，下院で2時間におよぶ議論が行われ，図書館サービス建設法1966年改正法（H.R.14050）が承認された。投票結果は賛成336票対反対2票，棄権92票であった。棄権票の理由は直前での議事日程の変更によるものであった[16]。

　パッキンスキー下院議員は，図書館サービス建設法を，地方と州に権限のある分野における連邦補助金立法のモデルとして称賛した[17]。H.R.14050法案は上院に上程され，同年6月22日に技術的な修正を含め承認された。同年6月28日，下院で上院修正版のH.R.14050法案が全会一致で承認された後，ジョンソン大統領の署名により，同年7月19日，図書館サービス建設法1966年改正法が成立し，1971年6月30日まで延長された。

　図書館サービス建設法 1964 年制定法および 1966 年改正法によって，連邦公共図書館支援政策は財源を伴う支援対象の拡大が行われた。

　さらにジョンソン大統領は同法に署名する際，「全米図書館委員会（National Library Commission）」の設置を提案した。同委員会設置の提案はケネディ前大統領政権期から行われていたものであった。ジョンソン大統領は同委員会の設置提案について "連邦補助金の支出だけではこの仕事（公共図書館支援政策）は行えない。我々は知的なアドバイスと計画を必要としている" [18] と述べた。続けてコンピュータや新しい情報技術が，すでに古くなっている現在の図書館の機能に変化をもたらすだろうと述べた。その上で，全米図書館委員会は将来有効な図書館システムに到達することを目指すものと述べた。

　ジョンソン大統領の提案を受け，1966 年 9 月 2 日に大統領令 11301 号により「全米図書館諮問委員会（National Advisory Commission on Libraries）」が設置された。同委員会はガードナー長官の職責の下に置かれた。同委員会は図書館の役割を評価するため，識者と専門家で構成された。委員長にはデューク大学長であったダグラス・ナイト（Douglas Knight）が任命された。識者としてエリオット前下院議員，エマーソン・グリナウェイ（Emerson Greenaway）そしてベシー・ムーア（Bessie Moore）が任命された [19]。委員に任命された者は，図書館サービス法の制定過程において中心的な役割を果たした人物であった。

　1968 年，ジョンソン大統領が任期を終えた。同年，これまでアメリカ連邦図書館立法を支援してきたヒル上院議員が，その 2 年前にはフォガーティ下院議員が連邦議会での任務を終えた。ヒル上院議員は 1946 年の「農村地区図書館サービス法案（Rural Library Services Demonstration）」の提出者であった。この時期，長年アメリカ連邦図書館立法の協力者であった連邦議員が上院下院から離れた。

3.2　図書館サービス建設法前期の内容

　本節では，図書館サービス建設法 1964 年制定法と 1966 年改正法を対象に研究課題 2 に挙げた法律内容の変化に関する調査を行う。この調査の目的は，図

書館サービス法の成功を受けて，連邦の関与の拡大が図書館サービス建設法に
どのように規定されたのかを解明することである。

　図書館サービス建設法1964年制定法は，「第1編　公共図書館サービス」，
「第2編　公共図書館建設」，「第3編　一般条項」で構成される[20]。図書館サ
ービス法からの主要な改正点は次のとおりである。
①非農村地域への支援拡大
　条文の「農村（rural）」，「農村地域（rural area）」が削除され，都市部の公共
図書館も補助金が使用できるようになった。
②各州への割当額の増額
　各州への割当額が4万ドルから10万ドルに増額された。また米国領バージ
ン諸島への割当額が1万ドルから2万5,000ドルに増額された。
③「第2編　公共図書館建設」の追加
　州計画で策定され，連邦教育長官の承認を得た公共図書館建設を対象に補助
金を交付することが規定された。
　具体的な各編の内容は次のとおりである。
　「第1編　公共図書館サービス」事業では，公共図書館サービスが行われて
いないかまたは不十分である地域に対して連邦補助金を交付し，図書館サービ
スを充実・発展させることを目的とする。連邦補助金の使途は，図書，その他
図書館資料，図書館備品，給与，賃金およびサービス向上のための調査等の州
計画運営費と定められる。
　「第2編　公共図書館建設」事業は図書館建設交付金に関する規定である。
利用者の身近にサービスを拡大させることを目的とし，公共図書館建設を行う
州計画に基づき建設費が補助される。連邦政府の補助率は事業に係る経費の
50パーセントと定められる。使途は新館建設，増築，用途変更に伴う改築，
および土地の取得費用にも利用可能とされる。
　次に，図書館サービス建設法1966年改正法の主要な改正点を概観する。同
法で「第3編　相互協力」事業，「第4編　専門図書館サービス A.州立施設図
書館サービス，B.身体障がい者への図書館サービス」事業が追加となった。
これは，「第2条　目的（a）」が修正されたことにある。同法の目的に"相互

協力の促進および，専門的な州図書館サービス実施の支援"が加えられた。

「第2編　公共図書館建設」の資金は同法1966年改正法から，図書館として
の利用を目的とした既存建築物の購入にも利用可能となった。「第3編　相互
協力」は地方自治体，州，州間等の相互ネットワークの構築および学校図書
館，公共図書館，学術図書館，専門図書館，情報センター等異なる館種間での
資料のシステム化・効果的協働作業化を目的とし，図書収集の共同化，利用の共
同化の推進が規定された。第3編の資金は地域図書館協議会の設立にも支出さ
れている。

「第4編A　州立施設図書館サービス」は，州立施設（病院，刑務所，救護員，
孤児院，地区訓練学校，身体に障がいを負っている学生の住居）に対する図書館サー
ビスの実施や向上を図ることを目的とする。同条項に基づき，刑務所収容者や
ユース・キャンプ参加者に対する図書館サービスの実施や先進事例の普及，職
員の研修，州立図書館へのコンサルタントの助言，地元の公共図書館との契約
締結等が規定された[21]。上記事業の実施の成果として，読書グループ，ストー
リーテリングと朗読活動，公共図書館や博物館への現地訪問等の活動が増加し
た[22]。

「第4編B　身体障がい者への図書館サービス」は身体に障がいを伴い，資
料を利用することができない人々に図書館サービスを充実し拡張することを目
的とする。同条項に基づき，スタッフの研修や特別な図書館資料の購入が実施
されるほか，州や地方のボランティアグループとの協働によりアウトリーチサ
ービスが展開された。両事業とも連邦負担率は100パーセントである。

資金の配分方法は，図書館サービス法から大きな変更はなかった。ただし，
各編の上限額が定められたことと，図書館サービス法では農村人口を基準とし
ていたものが，州の総人口を基準とすることに変更された。

1966年改正で，それまで州立図書館または地域の公共図書館を通じた図書
館サービスの向上を図ってきたものが，新たに図書館サービスを必要としてい
るグループ，とりわけ特別なサービス（資料やサービス提供の形態が，それまでの
公共図書館で実施してきたサービスと異なる，または特殊なサービス）を必要として
いるグループに対する支援が明確に条文に記された。また図書館サービス建設

法の目的に，社会的に不利な人々に対するアウトリーチサービスが含まれた。

　同法の予算額として，1966 会計年度厚生教育福祉予算法（公法 89-156）に基づき 5,500 万ドルの歳出が承認された。内訳は「第 1 編　公共図書館サービス」事業に 2,500 万ドル，「第 2 編　公共図書館建設」事業に 3,000 万ドルであった。

3.3　まとめ

　本節では，図書館サービス建設法前期として 1964 年から 1968 年の期間を対象に政策形成過程および法律内容の変遷の分析を行った。その結果，図書館サービス建設法成立の要因は，経済の順調な成長を背景とした大統領府と連邦議会の方針の一致によるものであることを示した。以上の結果から，図書館サービス建設法前期は事業の拡大と予算の増額が行われた時期といえる。各研究課題の検討結果を以下に示す。

　「研究課題 1　アメリカ連邦図書館立法の形成過程とその形成に関与するアクター（大統領府・連邦議会・図書館団体等）の活動を明らかにする」の分析結果として，図書館サービス建設法前期における主要なアクターはケネディ－ジョンソン両大統領であったといえる。両大統領は特別教書，予算教書等で直接，図書館サービス建設法に関する拡大と延長を勧告した。これらの勧告を受け図書館サービス建設法 1964 年制定法が成立し，1966 年改正法により再授権されたといえる。次に立法機関である連邦議会の動向から，1960 年当時，図書館サービス法の再授権に対し連邦議会では共和党の反対があったが，図書館サービス建設法 1966 年改正時においては超党派的に法案作成が行われるという変化がみられた。民主党政権期であった第 87 議会（1960 年 – 1961 年）から第 91 議会（1968 年 – 1969 年）の議席をみると，上下両院とも民主党が多数議席を占めており[23]，大統領の積極的な福祉拡大政策を連邦議会が立法・予算両面から支援する体制にあった。

　次に，研究課題 2 の法律内容の変遷の分析結果を述べる。図書館サービス建設 1964 年制定法および 1966 年改正法の内容を整理した結果，この時期にア

メリカ連邦図書館立法の中心となる3つの事業が開始されたことを指摘した。
図書館サービス建設法1964年制定法で「第1編　公共図書館サービス」と
「第2編　公共図書館建設」が，同法1966年改正法で「第3編　相互協力」が
規定された。図書館サービス建設法前期に始まった上記の3事業は，図書館サ
ービス建設法の施行期間を通じて継続された。

【注・引用文献】

1) Holley, Edward G. and Schremser, Robert F. *The Library Services and Construction Act: an historical overview from the viewpoint of major participants*. Greenwich, JAI Press, 1983, p.35.

2) Kennedy, John F., *Special Message to the Congress on Education*. http://www.presidency.ucsb.edu/ws/?pid=9487, (accessed 2016-06-01).

3) Stecker, Phillis B. ed. *The Bowker Annual of Library and Book Trade Information* 1965. R.R. Bowker, 1966, p.163.

4) 村上美代治「アメリカ公共図書館法の発展と法−LSA，LSCAの成立，意義，発展−」『ライブラリアンシップ』No.11, 1980.7, p.1-16.

5) ACIR, *Categorical Grants: Their Role and Design; The Intergovernmental Grant System: An Assessment and Proposal Policies*, A-52. Washington, D.C., ACIR, 1977, 319p.

6) 川瀬憲子『アメリカの補助金と州・地方財政　ジョンソン政権からオバマ政権へ』勁草書房，2012, p.36に筆者加筆.

7) Krettek, Germaine and Howard, Hubbard, "Public Libraries Bill Goes to Rules Committee," *Wilson Library Bulletin*, Vol.38, No.2, 1963.10, p.187.

8) 前掲7, Vol.38, No.4, 1963.12, p.355.

9) Krettek, Germaine and Cooke, Eileen D., "Bipartisan Backing For LSCA," *Wilson Library Bulletin*, Vol.40, No.8, 1966.4, p.779.

10) 1966年1月24日から29日にかけ，シカゴで開催された。

11) Krettek, Germaine and Cooke, Eileen D., "LSCA Amendments of 1966," *Wilson Library Bulletin*, Vol.40, No.7, 1966.3, p.645.

12) Jonson, Lyndon B., *Special Message to the Congress on Domestic Health and Education*. 1966.3.1, http://www.presidency.ucsb.edu/ws/?pid=28111, (accessed 2016-06-01).

13) Krettek, Germaine and Cooke, Eileen D., "House Passes Appropriation Bill 269 to122," *Wilson Library Bulletin*, Vol.40, No.9, 1966.5, p.869.

14) John Gardner　厚生教育（HEW）長官（Secretary），Harold Howe II 教育省長官

（Commissioner）.

15）Macon, Marilyn Coll. *The Federal Role in Library and Information Services*. Knowledge Industry Publications, 1983, p.63.

16）前掲 1, p.75.

17）前掲 1, p.76.

18）前掲 1, p.76.

19）前掲 1, p.76.

20）P.L.88-269.　https://www.gpo.gov/fdsys/pkg/STATUTE-78/pdf/STATUTE-78-Pg11.pdf,（accessed 2016-09-07）.

21）Hughey, Elizabeth H. "The Library Services and Construction Act during Fiscal Year 1971," *The Bowker annual of library & book trade information 17ʰ ed*. Janice Johnson ed. New York, R. R. Bowker, p.216.

22）前掲 21, p.216.

23）石丸和人『アメリカの政治を知るために』教育社, 1986, p.72.

── 第4章 ──

図書館サービス建設法中期

　第3章では，図書館サービス建設法の成立に大統領の活動が強く影響したこと，および図書館サービス建設法の中心的な事業が開始されたことを中心に，図書館サービス建設法の成立期について検討した。

　本章では，図書館サービス建設法中期として1970年から1980年を対象とした分析を行う。この期間は「偉大な社会」計画を受け，図書館サービス建設法の下で連邦公共図書館支援事業が拡大されて以降の展開が各アクターで模索された。この期間は共和党ニクソン大統領（1969年-1973年），共和党フォード大統領（1974年-1976年），民主党ジェイムズ・アール・ジュニア・カーター（James Earl Jr. Carter）大統領（1977年-1980年）の就任期間にあたる。

　図書館サービス建設法中期は，次の3点から連邦政府の役割の変更が試みられたが，結果として同法が維持された時期として区分できる。①ニクソン大統領による連邦公共図書館支援事業を縮小する提案が行われたこと，②図書館団体が参加した「図書館および情報サービスに関するホワイトハウス会議（White House Conference on Library and Information Services，以下WHCLIS）」において全国図書館法の提案が行われたこと，③双方の提案が連邦議会の審議によって不成立となり，図書館サービス建設法が継続されたこと，である。

　上記の状況に至る過程を明らかにするために，4.1節では研究課題1に挙げたアクターの活動について分析を行う。4.1.1項で社会背景を概観した後，4.1.2項および4.1.3項で図書館サービス建設法の再授権に至る過程を解明する。4.2節では，研究課題2として挙げた法律内容の変遷について，図書館サービス建設法中期を対象に分析を行う。

4. 1　図書館サービス建設法中期の形成過程と社会背景

4.1.1　ニクソン-フォード-カーター政権期の状況

1969 年 1 月 20 日にニクソンが大統領に就任し，民主党から共和党へと政権が移った。ニクソン大統領は「新連邦主義」を掲げ，それまでに連邦政府に集中していた権限を州や地方へ戻すという方針を打ち出した[1]。同時に増大していた連邦補助金支出についても削減を提案した。この補助金政策は図書館サービス建設法が該当する分野別補助金とは対照的なものであった。「1972 年州・地方財政援助法（State and Local Fiscal Assistance Act of 1972)」の成立に伴い，一般交付金制度が導入された。しかし同時に分野別補助金事業のすべてが継続されたことから，ニクソン大統領は一般交付金制度の実施に乗り出す意図を持っていなかったとモルツとダインは指摘している[2]。同法は 5 年の時限立法で，2 度の延長の後，1986 年を最終年度にレーガン政権下において廃止された。

1974 年 8 月，ウォーターゲート事件によりニクソン大統領が任期途中で辞任し，後任として副大統領であったジェラルド・フォードが大統領に就任した。しかし 1976 年の大統領選挙に敗れ，1977 年に民主党のジミー・カーターへと政権が移った。カーター大統領の就任期間である 1977 年から 1980 年は，インフレ率が戦後もっとも高い 13% となり，失業率も 7% に達した。連邦政府の財政赤字拡大と，1973 年に始まる第 1 次石油危機，1979 年の第 2 次石油危機の時期に重なったカーター政権時の経済政策はほとんど見るべきものがなかったとされる[3]。

1970 年代の連邦公共図書館支援政策の見通しについてホリーとシュレムサーは "図書館支援事業はおおむね継続されるであろうし，予算額は維持されるであろう。しかしインフレーションが進めば実質の減額となり，これが図書館員の問題となるであろう。60 年代の成功は完全な解決策ではなかった" との見方を示した[4]。

　次項において，図書館サービス建設法の予算をめぐる大統領と連邦議会の活動を分析するにあたり，1960年代から1970年代の連邦補助金政策の動きをみておくこととする。図書館サービス法が再授権された1960年度と，1968年度から1999年度を比較し，連邦政府による州・地方への補助金支出の増加を示すデータがある[5]。1960年には対国内総生産（GDP）比率で州・地方への補助金は0.7%であった。1968年には1.4%，1979年度には2.6%へと増加している。さらに，これに誘導されて州・地方政府の支出も1960年度の6.8%から1968年度の8.7%，1979年度の10.9%と伸びがみられた。

　この理由として渋谷博史（2006）は"ベトナム戦争の拡大によって軍事支出の相対的縮小傾向の発現が抑えられたが，連邦および州・地方政府の両方で福祉国家が拡大し始めていた"と述べた[6]。つまり，連邦政府による公共図書館支援政策の内容の拡大と予算の増大の背景には，連邦政府による福祉政策への支出拡大と，これに伴う州・地方における支出拡大の誘導があった。

　1957年度に205万ドルの予算から始まった図書館サービス法は，1968年度には3,500万ドルへと支出が拡大した。福祉政策に対する予算の増大はアメリカ財政の構造変化にその理由があるとして，渋谷は"ベトナム戦争期をはさんでアメリカ財政は軍事から福祉へと構造変化が進み，（略）アメリカ型福祉国家の拡充のためにアメリカの軍事支出の縮小した分が財源として使われた"と指摘している[7]。

　1975会計年度の図書館支援に対する連邦の支出は総額1億6,100万ドルで，全連邦補助金の0.3%であった。同会計年度，全米の公共図書館予算額の5%が連邦資金，12.9%が州資金であった。82.1%を占める主たる負担者は地方政府であった。しかしメイソンは連邦補助金が図書館に与える影響として，個別的なサービスの実施に対するインセンティブを与え，全国的に重要なイニシアチブを促進させたと指摘した[8]。

　次に連邦政府の政策が福祉国家拡充から転換される時期において，図書館サービス建設法がどのように変容していったのか，次項で政策形成過程を分析し明らかにする。

4.1.2　図書館パートナーシップ法案と全国図書館情報サービス法案

　前項で述べたとおり，ニクソン-フォード政権期には経済不況と戦費支出の増加を背景とした経済政策が取られた。この政策により，教育福祉関係予算の削減が提案され，図書館サービス建設法予算も削減の対象となった。一方連邦議会は大統領の提案とは異なる判断を行った。表4-1に「図書館サービス建設法中期の連邦議会歳出承認額と政府予算案（1970-1980会計年度）」を示した。

　予算はアメリカ連邦図書館立法の実効性を担保するうえで欠かせない要素である。そのため，予算の成立に影響を与える要因を明らかにすることは重要である。本項では，削減提案を強く進めたニクソン政権期に焦点をあてて各会計

表4-1　図書館サービス建設法中期の連邦議会歳出承認額と政府予算案 (1970-1980会計年度)

（単位：ドル）

会計年度	連邦議会歳出承認額	政府予算案	大統領（政党）
1970	48,516,250	23,209,000	ニクソン（共和党）
1971	47,801,500	35,459,000	〃
1972	58,350,000	18,449,000	〃
1973	84,500,000	30,000,000	〃
1974	51,749,000	0	〃
1975	51,749,000	25,000,000	フォード（共和党）
1976	51,749,000	0	〃
1976TQ*	12,937,000	12,937,000	〃
1977	60,237,000	45,086,000	〃
1978	60,237,000	60,237,000	カーター（民主党）
1979	67,500,000	60,237,000	〃
1980	67,500,000	60,237,000	〃
1981	74,500,000	74,500,000	〃

出典：Holley, Edward G. and Schremser, Robert F. *The Library Services and Construction Act: a historical overview from the viewpoint of major participants.* Greenwich, JAI Press, 1983, p.150-155. に基づき筆者作成
＊会計年度の期間変更により，1976年7月1日から9月30日が移行期間（Transitional Quarter）となる

年度の予算成立過程を分析する。また，本章の調査対象期間は 1970 年からと
しているが，1970 会計年度の作成は 1969 年から始まることから，1969 年の活
動を分析対象に含めるものとする。

　まず，1970 会計年度について述べる。1969 年 1 月 15 日，ジョンソン大統領
は 1969 年 7 月 1 日から始まる 1970 会計年度の予算教書を発表した。予算教書
で連邦公共図書館支援事業に対し 2 億 200 万ドルが提案された。しかし実際の
歳出承認額は 1969 会計年度と同レベルの 4,989 万 4,000 ドルであった。1969
年 1 月 20 日に就任したニクソン大統領が発表した補正予算案において，ジョ
ンソン前大統領が提案した教育予算は削減された。このことにより，連邦援助
拡大の機会は失われた。図書館団体はニクソン大統領の予算削減提案に反発し
た。アメリカ図書館協会ワシントン事務所はこの額を必要最小限の額であると
コメントを発表した。

　1969 年 4 月 15 日，保健・教育・福祉省次官のジョン・ベネマン（John
Venneman）が，教育，読書および関係設備に関する事業は連邦事業における
優先順位が低いという政府の見解を示した[9]。そして実際にニクソン大統領
は，ジョンソン前大統領が予算教書で示した図書館事業のうち 66％ を削減す
る補正案を提案した。これは連邦教育局が所管するすべての活動のうち約 25
％ の削減にあたる[10]。

　ニクソン大統領による予算削減提案に対する図書館団体の活動については，
ホリーとシュレムス（1983）の文献に詳しい[11]。以下に参照し，概要をまとめ
る。1969 年 7 月 31 日に下院で 1970 会計年度の保健教育厚生予算法案が賛成
393 票，反対 16 票で成立し，176 億ドルが承認された。教育予算は 9 億ドルの
増額となった。このうち 7,768 万 5,000 ドルが図書館サービス建設法，初等中
等教育法および高等教育法の図書館事業に充てられた。図書館サービス建設法
の予算はジョンソン前大統領の提案額である 4,989 万 4,000 ドルが承認された。
一方上院では同予算法案が拒否された。

　1969 年 7 月 1 日に連邦会計年度がスタートして 4 ヶ月を経過していたが上
院では保健教育厚生予算法案の審議は行われなかった。第 91 連邦議会（1968
－69 年）の上院の議席は，民主党 57 議席に対し共和党 43 議席であった。第

90 連邦議会（1966 - 67 年）は民主党 64 議席に対し共和党 36 議席であったことから，1960 年代末は共和党が議席を増やしつつあった。

　結局下院が予算継続決議（H.J. Res.969）を提出し，1969 年 12 月 7 日にニクソン大統領の署名により 1970 年度の暫定予算が成立した。予算継続決議への署名にあたり，ニクソン大統領が連邦政府の省庁高官あてのメモで，1969 年 4 月に示した補正予算額を超える支出を行う意志がないことを強調した[12]。さらに "連邦議会がすべての予算法案と歳入策に関する活動を完了するまで，追加予算の支出は約束できない"[13] とした。その 2 日後に賛成 88 票，反対 4 票で 1970 年度労働保健教育厚生予算法案（H.R.13111）が上院を通過した。同法案はニクソン大統領に送付されたが，1970 年 1 月 26 日に大統領は拒否権を発動した。1970 年 1 月 28 日に，下院で拒否権を無効にするための投票が行われた。しかし投票結果は 226 票対 191 票となり，民主党は拒否権を無効にするための 3 分の 2 の投票条件を満たすことはできなかった。

　次に 1971 会計年度予算の成立過程を述べる。1970 年 2 月 2 日，ニクソン大統領は 1971 年度の予算教書を連邦議会に提出した。図書館事業に関する予算は 1970 年度より 250 万ドル減額された。さらに図書館サービス建設法第 2 編の図書館建設関係予算はゼロ査定とされた。1970 年 3 月 4 日，下院において 324 票対 55 票で上院案の 1970 年度保健教育厚生予算法案が承認された。ニクソン大統領は 1970 年 3 月 5 日にこの法案に署名をした。1971 年度の図書館サービス建設法の歳出承認額は，ニクソン大統領の提案より 2,000 万ドル多く，ジョンソン大統領が提案したよりも 500 万ドル少ない 4,326 万 6,250 ドルであった。

　また連邦の公共図書館支援事業の履行にあたる行政機関においても予算執行の段階で障害があった。1970 年 10 月 8 日，保健教育厚生省（The Department of Health, Education, and Welfare）は連邦教育局の 1971 会計年度予算（1970 年 7 月 1 日から 1971 年 6 月 30 日まで）の保留を伝えた。これは義務的経費に関する連邦司法省の意見に基づく保留審査によるものであった。一方，連邦議会では 1970 年 10 月 12 日に，下院の教育労働委員会の特別小委員会で教育事業に関する資金と運営に関する公聴会が開催された。この公聴会の場で，教育に関す

る歳出承認額の 91％ の充当が認められるべきとの意見が述べられた。

　1973 会計年度では，ニクソン大統領は各州への補助金に 3,000 万ドル，相互協力に 273 万ドルを提案した。公共図書館建設の補助へは予算をつけなかった。

　1973 年 1 月 29 日にニクソン大統領は，1974 会計年度の政府予算案について発表した。政府予算案の内容は，すべての館種の図書館，すなわち大学図書館，学校図書館，および公共図書館に対する連邦政府の補助に関する要望はゼロ査定とするとものであった[14]。その理由として公共図書館サービスの提供は，州と地方自治体の責任において実施されるべきものであり，図書館サービス建設法のいくつかの事業には成果が見られていないことを挙げた[15]。その翌日の 1973 年 1 月 30 日，アメリカ図書館協会は決議を表明した。決議では，国家的優先課題の終結における議会の憲法上の権限の減退を憂慮し，議会に対し 1973 会計年度の労働保健教育福祉予算法案と，1974 会計年度での図書館関係予算法案の双方の成立を目指すことが要請された[16]。

　1973 年 6 月 26 日，下院は大統領の図書館事業に対するゼロ予算提案を拒否した。これはダニエル・フラッド下院議員（Daniel Flood，民主党，ペンシルバニア州選出）が提出した H.R.8877 法案が 347 票対 58 票で通過したことによる。1973 年 7 月 1 日，ニクソン大統領はこの法案に署名し，下院の法案で示された予算額で予算継続決議が行われた。

　ニクソン政権期に行われた予算削減提案が保健教育福祉省から反対意見がなかったことについて，モルツとダインは次の点を指摘した。連邦政府による公共図書館支援事業は，当時，保健教育福祉省に配置されていた全国レベルの教育行政に携わる有力な官僚の中に支持者を見出すことができず，多くの官僚たちは，公共図書館事業を初等中等学校教育に比較すれば優先順位の低い，教育の本流の外にあるものと考えていた。その結果として，ニクソン政権の予算方針は，教育行政担当の官僚たちから大した抵抗もなく受け入れられてしまったということである[17]。

　またニクソン大統領は，別の視点からアメリカ連邦図書館立法の転換を提案した。州・地方公共団体財政援助法（公法 92-512）に基づき，公共図書館への

直接的な連邦補助金の継続の代替手段としての一般交付金化を提案したが，この提案は実現しなかった[18]。ニクソン大統領と連邦議会は対立関係にあり，超党派で図書館に対する連邦補助金事業を支援してきた連邦議会の指導者たちは，政権の意向に反して補助金の予算配分を進めた[19]。

アメリカ図書館協会も，ニクソン大統領の一連の教育予算削減の動きに対抗するために，他の教育団体と連携して「教育事業予算のための緊急委員会（The Emergency Committee for Full Funding of Education Programs）」を設置した。また『アメリカ図書館協会ワシントン・ニューズレター（*ALA Washington Office Newsletter*)』を通じて政府の予算対応に関する動向が伝えられた。1969年4月17日号では，同年4月15日の連邦教育省次官の発表が伝えられた。また1969年4月20日から26日に開かれた全国図書館週間でのニクソン大統領の演説の内容は，同紙1969年5月2日号で伝えられた。1969年5月28日号では，先の演説について『ワシントンポスト（*Washington Post*)』が取り上げた記事が紹介された。同日号ではまた，「教育事業予算のための緊急委員会」設立の提案が伝えられた。

1974年にフォード大統領が就任して以降も，連邦公共図書館支援事業に対して減額の予算提案が行われた。1977年にカーター大統領へと政権が移ると，予算は増加の傾向を示すと同時に連邦議会の歳出承認額との合致が見られた。カーター大統領は強力な図書館支援者であったが，連邦公共図書館支援事業に対する予算提案額は大きく変動しなかった。1980年4月17日，連邦議会図書館のグレート・ホールで「第5回州図書館員集会（Assembly of State Librarians）」が開催された。この場でジョン・ブレイドマス議員（John Brademas，民主党，インディアナ州選出)[20] がインフレ下における連邦予算の調整と連邦公共図書館支援事業について"調整は困難であるが，少なくとも前年度レベルを維持することに注力する"[21] と述べた。

1981会計年度予算に関して，1980年3月12日に「上院労働保健教育厚生予算小委員会（The Senate Labor, Health, Education and Welfare Appropriations Subcommittee）」で，また4月にも下院の小委員会の各公聴会でアメリカ図書館協会ワシントン事務所のアイリーン・クック（Eileen Cook）が証言した。ク

ックは図書館サービス建設法，初等中等教育法，高等教育法といった連邦の図書館支援事業についての増額が必要であるという意見を述べた[22]。カーター大統領の予算提案額は1980会計年度と比較し増額された。内訳は，「第1編　公共図書館サービス」事業は同額の6,250万ドル，「第3編　相互協力」事業が500万ドルから1,200万ドルへと増額された。しかしインフレの進行により今後の減額が危惧された。また連邦議会議員も選挙年へ向けて有権者の顔色を窺う時期であった。

　他方，図書館サービス建設法「第2編　公共図書館建設」事業に対して，保健教育福祉予算以外から連邦資金が投入された。1966年にはアパラチア地域開発法[23]から，1968年には公共事業経済法から資金が投入され，図書館サービス建設法はその恩恵に預かる形となった。そして，1976年から1982年にかけて他の法律に基づく連邦資金が投入されている間は，図書館サービス建設法第2編建設交付金事業への予算配分は行われず，他の連邦事業からの移行資金によって公共図書館建設の援助が行われていた。

　図書館サービス建設法中期は，図書館界にとって予算面において困難な時代であった。アメリカの経済状況の悪化を受けてニクソン政権期の連邦政府の補助金政策は縮小や廃止が提案され，公共図書館への補助金交付事業もその対象となった。そのような状況にあって，連邦政府と連邦議会との間で対立がみられ，図書館サービス建設法の予算は削減を免れ，一定額が維持された。

　政策内容の面でも，公共図書館支援に関する連邦政府の役割の見直しが提案された。ひとつは，ニクソン大統領による「図書館パートナーシップ法案（Library Partnership Act）」の提案である。もうひとつは図書館団体の働きかけによる「全国図書館法」の提案である。以下にその概要を述べ，連邦政府の役割をどのように変化させる試みであったかを提示し，また図書館サービス建設法との相違点を整理する。

　1974年1月24日，ニクソン大統領は教育に関する特別教書において図書館パートナーシップ法の制定を勧告した[24]。その内容は"経済的に不利な立場にある人たちや施設に収容されている人たち，および身体に障害をもつ人たちの利益を考慮して行われる創意工夫に富む図書館サービスを実施しようとする場

合に補助金を提供しようとするもの"であった[25]。図書館サービス建設法と異なる点は，すべての州に対して定額交付金を配分するものではなく，実証的な事業を行う際の資金源とされた点である。また図書館パートナーシップ法を前提とする資金提供が，フォード政権下の 1976 会計年度においても勧告されたが，図書館パートナーシップ法が成立することはなかった[26]。

　同時期に図書館団体は全国図書館法の成立に挑戦した。この連邦政府の役割を変える試みを政策課題化するための過程について述べる。大統領直属の公共図書館政策諮問機関である全米図書館諮問委員会が 1966 年に設置され，連邦政府への政策提言が行われることとなった。同委員会の任務はアメリカの図書館の将来に関する知的なアドバイスと計画を提示することであった。1969 年には『図書館の全体像：伝統，革新，全米の利益（*Libraries at Large : Tradition, Innovation, and the National Interest*)』[27] が発行された。

　全米図書館諮問委員会はまた，連邦政府のための常設の委員会設置を大統領に勧告した。この提案を受け図書館情報学国家委員会設置のための法制化が進められた。図書館情報学国家委員会法案は 1969 年 5 月 23 日に上院を，1970 年4 月 20 日に下院を通過し，1970 年 7 月 20 日にニクソン大統領の署名により成立した（公法 91-345）。レイデンソンはこの制定法に注目すべき政策表明が含まれているとし，同委員会は"図書館サービスに関する連邦－州－地方自治体を結ぶ法制度を発展させるうえでのひとつの戦略拠点"であると位置付けた[28]。

　全米図書館情報学国家委員会は，議会図書館長および大統領の任命する 14名のメンバーから構成され，そのうち 5 名が図書館または情報の専門家とすることが規定された。図書館情報学国家委員会の任務を以下に参照する[29]。

①図書館政策に対し，大統領および連邦議会に助言を与える。

②この国の図書館情報ニーズの検討，調査および分析を行う。

③近年の図書館情報資源およびサービスの不十分な，または不足している点を評価する。

④全国的な図書館情報ニーズを充足させるための計画および連邦，州，地方自治体の各レベルの政府の諸活動を調整するための諸計画を策定する。

⑤図書館情報学について，連邦，州，地方自治体および私的諸機関に対し助言を与える。

⑥この国の図書館情報処理能力を拡充し改善するための研究開発活動を推進する。

⑦大統領および連邦議会に対し，同委員会の諸活動に関する年次報告書を提出する。

⑧必要と思われる補足的報告書を作成し，公表する。

1974 年にフォード大統領によって「図書館および情報サービスに関するホワイトハウス会議（White House Conference on Library and Information Services, 以下 WHCLIS）」の開催について定められた公法 93-568 が承認された。WHCLIS の開催の任務を図書館情報学国家委員会が担うこととなった。1975 年には，同委員会による『図書館・情報サービスの全国計画（*Toward a National Program for Library and Information Services*)』が公表された。その後カーター大統領が，1977 会計年度補正予算において WHCLIS 開催経費として 350 万ドルの支出を承認した[30]。1977 年から 1979 年にかけて，各州，統治領，およびアメリカ・インディアンの会議において予備会議が行われ，約 3,000 件の決議案件が挙げられた[31]。

1979 年 11 月 15 日から 19 日にかけて，カーター大統領の招集によって第 1 回 WHCLIS がワシントン D.C. で開催された。全国から 911 名の代表者と 1,000 名を超えるオブザーバーを集め，5 つのテーマを中心に討議が行われた。その中の第 4 部会に「情報政策の策定・実施のためのより有効な組織・機構」[32] を主題とした部会が置かれた。第 4 部会の決議のひとつに「情報サービス提供に際し，地域格差を生じないよう財政援助をはかる（全国図書館法の制定支援)」があり，最終的に総会において全国情報計画の策定，財政援助を実施するに際しての地域格差の是正が採択された[33]。

第 1 回 WHCLIS は，図書館情報学国家委員会によって『1980 年代の情報（*Information for the 1980's*)』（1980）[34] という最終報告書にまとめられた。この最終報告書において，1982 年に期限を迎える図書館サービス建設法に代わる

新しい法律として全国図書館情報法を制定することが提言された[35]。全国図書館情報法の構成は，第1編「相互協力とネットワーク支援を通じた図書館および情報資源へのアクセス改善」，第2編「公共図書館サービス」，第3編「公共サービスに関する全州リーダーシップ」，第4編「インディアン図書館情報サービス」，第5編「教育，調査，情報センター」で構成された[36]。

　全国図書館情報法の構成から，現行の図書館サービス建設法よりさらに情報技術の活用に重点が置かれるともに，広域的な図書館システムの構築が目指されたこと，またその財源を連邦資金から得ることが意図されたことを確認した。全国図書館情報法は，アメリカ図書館協会の立法委員会および立法総会（Legislative Assembly）が携わり「全国図書館情報サービス法案」[37] に修正されたが，連邦議会で議論されることはなく，実現したのは現行の図書館サービス建設法の継続と予算維持であった。次項で図書館サービス建設法の改正の経緯を整理する。

4.1.3　図書館サービス建設法中期の形成過程

　図書館サービス建設法中期は，ニクソン大統領による事業縮小の提案と，図書館団体および WHCLIS による事業規模の拡大の提案が行われた。双方の提案は連邦議会に法案として提出されたが成立には至らず，図書館サービス建設法が再授権された。また各改正法でさまざまな事業が展開された。本項では，1970年，1973年，1974年，1977年改正法の審議過程を整理し，連邦公共図書館支援政策の形成過程を明らかにする。

　1970年に図書サービス建設法は上院で満場一致で可決され，続く下院の教育・労働委員会での賛成を得て5年の再授権が承認された。この改正により，サービス対象の拡大と予算の増加が行われた。歳出限度額は1億6,600万ドルから2億4,235万ドルへと引き上げられた。しかし連邦議会と行政府双方とも実際の予算配分額については増額を行わなかった。その要因は，1970年代半ばからの財政難や経済不況，インフレーションの影響であった。連邦議会および行政府は，図書館サービス建設法に対し一定の成果をあげ，その役割は果たされたという見解を示した。

　1970 年 9 月 21 日，上院では賛成 63 票反対 0 票で図書館サービス建設法 1970 年改正法（以下 S.3318 法案）が通過した。これに先立ち 1970 年 1 月 27 日 に上院で公聴会が開催された。S.3318 法案の主な改正内容は，「第 4 編 A　施 設収容者へのサービス」事業と「第 4 編 B　身体障がい者サービス」事業を 「第 1 編　公共図書館サービス」事業に統合すること，州図書館行政機関の強 化，国および地方のリソース・センターとしての大都市図書館の支援強化であ った。予算面では，1976 年 6 月 30 日までの 5 年間に 11 億 4,313 万ドルの歳出 が上限とされた。この時点で公共図書館事業の歳出承認額は初めて 10 億ドル を突破した。法案の提出者の一人であり上院教育小委員会委員長でもあるクレ ーバーン・ペル（Claiborne Pell，民主党，ロードアイランド州選出）議員はこの法 案の特徴について政権から送られた S.3549 法案と同様 5 年間の時限立法であ ることと，事業統合によって図書館サービスが整理されたことを挙げた。同時 に，前年度より予算が 5% 上昇しているが，インフレにより実質減となること を述べた[38]。同小委員会少数派議員のウィンストン・プラウティ上院議員 （Winston Prouty，共和党，ヴァーモント州選出）からも好意的な意見が寄せら れ[39]，上院では全会一致という超党的な対応によって 1970 年改正法が上院を 通過した。

　下院では 1970 年 11 月 24 日，ジョン・ブレイドマス（John Brademas，民主党， インディアナ州選出）議員が同じ法律題名の H.R.19363 法案を提案した。H. R.19363 法案は教育労働委員会において 27 票対 0 票で承認された。計上され た 11 億 4,417 万 5,000 ドルの予算は，1960 年の図書館サービス法の時と同様 にルール委員会において一時的に保留されたが[40]，最終的に下院本会議を通過 し，1970 年 12 月 15 日に上院に送付された。1970 年 12 月 30 日にニクソン大 統領の署名によって図書館サービス法 1970 年改正法が成立し（公法 91-600）， 1976 年 6 月 30 日まで延長となった。

　アメリカ図書館協会ワシントン事務所によれば，同法 1970 年改正法は，ア メリカ図書館協会が提案した全 7 編から成る草案と，大統領府が提案した 1 つ の章に統合された法案を整理した議会の折衷案であった。同法 1970 年改正法 は，「第 1 編　図書館サービス」事業から「第 3 編　相互協力」事業までは以

前の法律の内容が継続され，第 4 編に置かれた事業の整理統合が行われた。

　1972 年 11 月 30 日，アメリカ図書館協会ワシントン事務所に長年勤務したクルテクがその職を離れた。そして同年アメリカ図書館協会事務局長（Executive Director）であったデイビット・クリフト（David Clift）が退任した。アメリカ連邦図書館立法の成立に関与した重要人物がその役割から離れた。以降クックの下でアメリカ図書館協会ワシントン事務所が，連邦議会や政府機関との関係構築のための全国組織としてだけでなく，図書館の役割を広める役割を継続させた[41]。

　1973 年 5 月，第 93 連邦議会において図書館サービス建設法改正法が成立し（公法 93-29），新たに「第 4 編　高齢読者サービス（Older Readers Service）」事業が追加された。この背景には 1973 年 5 月 5 日に成立した「高齢アメリカ人に対する総合的なサービス提供についての改正法（The Older Americans Comprehensive Services Amendments of 1973）が影響した。新設された「第 4 編　高齢読者サービス」事業は予算支出の規定がおかれていないが，「第 1 編　公共図書館サービス」事業の下で優先的に高齢者サービスを行う図書館に対して支援が行われることとなった。その他，公共図書館の定義に「専門図書館」が含まれることとなった。

　翌 1974 年 8 月 21 日に，図書館サービス建設法は 1965 年の初等中等教育法改正および障がい児教育の計画策定を州に求める内容を含む教育関係法改正に包括される形で再改正された（公法 93-380）[42]。1974 年の改正で図書館サービス建設法は，限られた英会話能力しかもたない人たちが暮らす地域へのサービスが重点化された。他の変更事項として，会計年度の開始が 1976 会計年度から 10 月 1 日となること，1976 年から 1982 年まで「第 2 編　公共図書館建設」事業への予算は配分されず，アパラチア地域開発法からの移行資金を使用することが定められた。1973 年，1974 年の各改正法は，他の関係する連邦制定法の改正の影響を受ける形での改正であった。

　1976 年の図書館サービス建設法期限満了に先立ち，1975 年 2 月 5 日にテリー・ハロルド.ジョンソン下院議員（Terry Harold Johnson，民主党，カリフォルニア州選出）が 1978 年 9 月 30 日まで図書館サービス建設法を延長する法案を

下院に提出した。1975 年 12 月に行われた公聴会において，アメリカ図書館協会，図書館情報学国家委員会，都市部図書館協議会はそろって法律の延長を訴えた。一方連邦教育局は法律延長に反対を表明したものの，1976 年 2 月，連邦下院本会議では賛成 378 票，反対 7 票の賛成多数で下院を通過した[43]。しかし上院での法案審議には至らなかった。

　1977 年度は，1974 年教育関係法改正を再度改正する暫定的な運用により，図書館サービス建設法の 1 年延長が行われた。その間に両院の協議などを経て，図書館サービス建設法は 5 年の延長が決定された。1977 年 10 月 7 日に，カーター大統領が署名を行い図書館サービス建設法 1977 年改正法（公法 95-123）が成立した。本改正により，主要な都市部の情報資源とされる図書館の機能強化に重点を与える改正が行われた。

4.2　図書館サービス建設法中期の内容

　1970 年から 1980 年にかけて，1970 年，1973 年，1974 年，1977 年と 4 度の改正が行われた。「第 1 編　公共図書館サービス」事業から「第 3 編　相互協力」事業には変更がなかった。本節では改正点を中心に概要をまとめる。

　同法は，1970 年改正法（公法 91-600）の成立により 1971 会計年度から 1976 会計年度まで再延長された。1970 年改正法で「第 4 編　A. 州立施設図書館サービス，B. 身体障がい者への図書館サービス」事業が「第 1 編　図書館サービス」事業に統合され，州の裁量に基づく事業となった。また地理的，文化的，言語面で孤立する「恵まれない状況にある人々（Disadvantaged）」へのサービス提供と，大都市図書館には国および地域のリソース・センターとしての機能強化が重点化された。さらに州図書館行政機関は州内のニーズ把握が重点事業に加えられた[44]。

　1973 年に成立した「高齢アメリカ人に対する総合的なサービス提供についての改正法」に基づき，第 4 編に「高齢者読者サービス」事業が新設された。

　1974 年には「英語を話せない人のためのサービス」が図書館サービスの重点事業とされた。これは初等中等教育法 1974 年改正法（Elementary and

Secondary Education Amendments of 1974, 公法 93-380）に基づく修正であった。1977 年 10 月 7 日にカーター大統領の署名により再授権が承認された際には，都市部の大規模図書館への支援が重点化された。

　同法 1970 年改正法に基づく予算は 1972 会計年度から適用され，「第 1 編　公共図書館サービス」事業に基づく各州の基本配分額は 10 万ドルから 20 万ドルへと増額された。また「第 2 編　公共図書館建設」事業とともに連邦負担分は 33% から 67% に増加した。州および地方にマッチング・ファンドが要求される点には変更がなかった。

　「第 2 編　公共図書館建設」事業に基づき，1965 会計年度から 1971 会計年度までの 7 年間で，図書館サービス建設法の資金を活用した 1,684 件の事業が認可された。予算は同法以外にアパラチア地域開発法に基づく資金が利用された[45]。

　「第 3 編　相互協力」事業に基づく活動は主に次の 4 点であった。①州および地域の図書館資料の同定と所蔵，②多館種間相互貸借およびレファレンス・ネットワークの構築と拡張，③新技術および機器を用いた処理センターの設立および拡張，④図書館間での所蔵資料の調整[46]。当該事業は連邦政府の全額負担となる。

4.3　まとめ

　図書館サービス建設法中期は，新しいアメリカ連邦図書館立法の展開が模索された時期であった。1960 年代に拡大したアメリカ連邦図書館立法を縮小し州と地方への権限移譲を進める動きと，反対に全国図書館法の成立を目指し連邦の関与をより拡大する動きがみられた。しかし，各アクターによるさまざまな議論や活動があったものの，新たな法律の制定には至らず，既存の法制度・事業・予算規模が維持される結果となった。経済状況が悪化する中で法制度等の維持が図られたことは，州・地方の図書館財政の支出継続にもつながることから，維持された意義は大きい。

　次に，各研究課題の調査結果を述べる。研究課題 1 に基づき，政策形成過程

を分析し，各アクターの活動を検討した結果を3点にまとめる。①大統領は公共図書館支援に関する連邦政府の役割を縮小することを試み，新たに図書館パートナーシップ法案を提案した。この法案は連邦補助金制度の転換を含むものであった。併せて，大統領は図書館サービス建設法の予算削減および廃止を提案した。②図書館団体は連邦の役割の拡張を意図し，WHCLISでの決議を後ろ盾に全国図書館法案の成立を試みた。③連邦議会の審議によって双方の法案とも成立に至らなかった。連邦議会は既存の立法を維持することを選択し，図書館サービス建設法が一部改正されるに留まった。以上の結果から，図書館サービス建設法中期の再授権における主要なアクターは連邦議会であったことを結論づけた。

　次に，研究課題2に挙げた法律内容の変化について述べる。図書館サービス建設法中期の法律内容の変遷を検討した結果，さまざまな利用対象別の事業が展開されたことを明らかにした。「第1編　図書館サービス」事業から「第3編　相互協力」事業には変更がなく，「第4編」に置かれた事業は改正時の置き換えが繰り返された。同法1966年改正法で規定された「第4編　A.州立施設居住者サービス，B.身体障がい者サービス」事業は1971年に「第1編　図書館サービス」事業の下に統合された。同法1973年改正法で「第4編　高齢利用者に対するサービス」事業が規定されたが，1984年の改正時に「第1編　図書館サービス」事業の下に統合された。いずれも地域の公共図書館に来館できない人々へのアウトリーチサービスの支援を目的としていた。「第4編」に基づく事業の資金は，新規事業開始の契機となる財源となった。しかし「第1編　図書館サービス」事業に統合されたのちの事業の継続については州の判断とされた。

【注・引用文献】

1) 寺地功次「内政と外交の流れ－1960～1992年－」『アメリカの政治　新版』久保文明編，弘文堂，2013，p.213.
2) Molz, Redmond Kathleen and Dain, Phyllis『シビックスペース・サイバースペース：情報化社会を活性化するアメリカ公共図書館』[*Civic space/Cyberspace : the American Public Library in the Information Age*] 山本順一訳，勉誠出版，2013，

　　　p.123.

3）前掲 1, p.170.

4）Holley, Edward G. and Schremser, Robert F. *The Library Services and Construction Act: an historical overview from the viewpoint of major participants.* Greenwich, JAI Press, 1983, p.85.

5）渋谷博史，渡瀬義男編.『アメリカの連邦財政（アメリカの財政と福祉国家　第 1 巻）』日本経済評論社，2006, p.24.

6）前掲 5, p.25.

7）前掲 5, p.25.

8）Mason, Marilyn Gell. *The Federal Role in Library and Information Services.* Knowledge Industry Publications, 1983, p.53.

9）前掲 4, p.89.

10）前掲 4, p.89.

11）前掲 4, p.87-99.

12）前掲 4, p.91.

13）前掲 4, p.91.

14）前掲 2, p.123.

15）Fry, James W., LSA and LSCA, 1956-1973: A Legislative History. *Library Trends.* 1975, Vol.24, No.1, p.20.

16）"ALA News," *American Libraries.* Vol.4, No.4, 1973, p.224.

17）前掲 2, p.124.

18）前掲 4, p.95.

19）前掲 2, p.124.

20）バーデン議員は，1979 年初めに下院与党の院内副総務（House Majority Whip）に就く以前に選択教育小委員会委員長として図書館サービス建設法を管轄していた。また同時に図書館合同委員会（the Joint Committee on the Library）も務めた。参照：*ALA Washington Newsletter*, Vol.32, No.5, 1980, p.5.

21）Library of Congress. *Congressional Record 96th, 2nd*, Vol.126, No.64, 1980.4.24, p.H 2979-2981.

22）*ALA Washington Newsletter*, Vol.32, No.2, 1980, p.1.

23）1965 年 3 月 9 日成立．公法 89-4.

24）Nixon, Richard. *Special Message to the Congress on Education Priorities.* 1974.1.24, http://www.presidency.ucsb.edu/ws/?pid=4263,（accessed 2016-06-01）.

25）前掲 2, p.125.

26）前掲 2, p.125.

27）Knight, Douglas M. and Nourse, E. Shepley. *Libraries at Large: Tradition,*

Innovation, and the National Interest. New York : R.R. Bowker, 1969, 667p.

28) Ladenson, Alex『アメリカ図書館法』［*Library law and legislation in the United States*］藤野幸雄監訳，山本順一訳，日本図書館協会，1988, p.143.

29) 前掲 28, p.142.

30) 高橋弘，中野捷三「情報を，もとめるすべての公衆の手に‐図書館及び情報サービスに関するホワイトハウス会議（米国）の概要‐」『現代の図書館』Vol.18, No.3, 1989.9, p.130.

31) 前掲 30, p.130.

32) 前掲 30, p.133.

33) 前掲 30, p.133.

34) National Commission on Library and Information Science. *Information for the 1980's.* Washington D.C., GPO, 1980, 802p. https://ia802704.us.archive.org/34/items/ERIC_ED206280/ERIC_ED206280.pdf, (accessed 2016-06-01).

35) 前掲 30, p.137.

36) 前掲 34, p.31-39.

37) *ALA Washington newsletter.* Vol.32, No.1, 1980, p.5.

38) 前掲 4, p.93.

39) 前掲 4, p.93.

40) 前掲 4, p.93.

41) 前掲 4, p.94.

42) 中山愛理『図書館を届ける　アメリカ公共図書館における館外サービスの発展』学芸図書，2011, p.165.

43) McCrossan, John Anthony ed.『アメリカにおける州の図書館振興行政：州図書館振興機関の機能と役割』［*State library development agencies*］都立中央図書館翻訳グループ訳，全国公共図書館協議会，1980, p.52.

44) ①Hughey, Elizabeth H. "The Library Services and Construction Act During Fiscal Year 1971," *The Bowker annual of library & book trade information* 17th ed. Janice Johnson ed. New York, R. R. Bowker, 1972, p.214.
②Hughey, Elizabeth H. "The Library Services and Construction Act During Fiscal Year 1972," *The Bowker annual of library & book trade information* 18th ed. Janne J. Henderson ed. New York, R. R. Bowker, 1973, p.363.

45) 前掲 44 ①, p.215.

46) 前掲 44 ①, p.215.

第 5 章

図書館サービス建設法後期

第 4 章では，アメリカ経済の停滞を背景に，大統領の経済政策により補助金事業の縮小が進められる中で図書館サービス建設法が維持された経緯を分析した。

本章の目的は，図書館サービス建設法後期として 1981 年から 1995 年の期間に焦点を当て，図書館サービス建設法の改正時の政策形成過程と法律内容の改正経緯を明らかにすることである。そのために，分析対象期間におけるアメリカ社会の動向を踏まえつつ，政策形成過程に関与するアクターの活動と図書館サービス建設法の改正経緯を調査する。

1981 年から 1992 年にかけての 12 年間は共和党レーガン－ブッシュ（父）大統領政権期にあたる。共和党政権期は新自由主義といわれた経済政策が取られ，図書館サービス建設法を含む教育福祉政策の大幅な削減が提案された。

1993 年から 1995 年は，民主党クリントン政権期にあたる。1990 年代は情報通信技術の発展を背景に国家レベルの情報政策が進められた。NII 構想はクリントン政権の重要政策であり，公共図書館はこの政策におけるユニバーサル・サービス提供機関のひとつに含まれた。公共図書館が情報通信技術の普及と活用を目的とした政策の実施機関に位置付けられたことで，図書館サービス建設法に基づく従来の事業内容の再検討へとつながった。図書館サービス建設法から図書館サービス技術法への転換については，第 6 章で分析する。

本章の各節では以下について述べる。第 5.1 節で政治経済状況と公共図書館を取り巻く変化を示す。第 5.2 節で大統領の経済政策とそれが図書館サービス建設法に及ぼした影響を検討する。その上で，研究課題 1 に挙げたアメリカ連邦図書館立法の形成過程とアクターの活動を解明し，図書館サービス建設法

1984年改正法および1990年改正法の立法過程を示す。第5.3節で研究課題2の法律内容の変遷について，同法1984年改正法および1990年改正法を整理する。

5.1　図書館サービス法後期の社会背景と公共図書館

　長引く経済の悪化と，カーター政権末期に起きたソビエト連邦のアフガニスタン侵攻やイラン米大使館人質事件は，カーターの再選を困難にした[1]。そして1980年の大統領選挙では，保守的な政策を掲げた共和党のレーガンが勝利を収めた。レーガンが大統領に就任すると，対ソ連強硬路線を打ち出し軍事支出を2倍以上に増額させた。同時に国民の自助努力を求め，公約どおり連邦政府の福祉予算，職業訓練，教育分野の連邦補助金を削減した[2]。特定補助金は大幅に統合され，ブロック補助金に組み替えられた[3]。連邦議会では，1981年から1985年の間，上院の過半数を共和党が維持しており[4]，レーガン大統領の政策が実現しやすい状況にあった。

　1989年1月20日にブッシュ（父）が大統領に就任し，共和党政権期が続いた。この時期は世界的な変化が起こっていた。1990年には東西ドイツが統一され，東欧で民主化が進んだ。1991年は湾岸戦争が起こり，アメリカ軍が多数派遣された。アメリカ内政においては中道派であったブッシュ（父）大統領は，レーガン政権期に削減された福祉・教育予算を増加させる経済政策を取った。

　1993年にクリントンが大統領に就任した。1994年の連邦議会は上下両院とも共和党が多数派となった。そのためクリントン大統領は保守派との妥協を余儀なくされた。一方で政府の主要な情報政策として，NII構想がゴア副大統領とともに進められた。経済状況は「ニュー・エコノミー」と呼ばれる好景気を迎えていた。連邦補助金事業の額は1994会計年度以降増額された。

　以上の政治経済状況を背景として図書館の状況をみると，技術面においてオートメーションとネットワーク化の進展が著しく進んだ。図書館でもオンライン・カタログやオンライン・レファレンスおよび電子メール等を利用した情報

提供が試みられ，新しい技術を取り入れたサービスが展開されつつあった[5]。現在の図書館におけりる通信技術を利用したサービスは，"もともとは図書館業務のコンピュータ化を推進するために，連邦資金を萌芽的段階で投入した結果，実を結んだものであることが多い"[6] とされる。その始まりを 1960 年代とし，この 10 年間にその後の発展の芽が萌え出し，アメリカ議会図書館が作成した MARC の普及，「オンライン・コンピュータ・ライブラリー・センター（Online Computer Library Center，以下 OCLC）」の創設が図書館間相互協力を推進するテレコミュニケーション手段の提供などの書誌ユーティリティまたは書誌ネットワークとして成長した。

　1990 年，連邦教育省で図書館サービス建設法に基づく事業の優先順位が検討された。その結果 "経済的な窮状に陥っている人たち，高齢者，身体障がい者，英語の読み書き能力の乏しい人たち，大都市圏でサービスを提供する図書館，コミュニティ情報レフェラル・センター，図書館協力ネットワーク，およびその他いくつかのもの" が優先事項に挙げられた[7]。

　1992 年にアメリカ図書館協会理事長のパトリシア・グラス・シューマン（Patricia Glass Schman）が示した同協会の最優先事項は，情報へのアクセス，立法と資金，知的自由，社会的認識の向上（public awareness），個人の資源と図書館サービスの進展，そして技術であった[8]。レズリーは，1990 年代の図書館サービスの焦点は移民，ホームレス，放課後の児童，身体障がい者そして失業者に向けられると述べた[9]。

　1990 年代に入り，民主党への政権交代と景気の上昇によって，図書館界は財政面の厳しい時期を脱する過程にあった。また通信技術や情報処理技術の進展により公共図書館業務の機械化が進みつつあった。これらの変化を受け，連邦教育省では図書館サービス建設法の重点事業が再検討された。またアメリカ図書館協会でも，図書館への新しい技術の導入に積極的な姿勢を示した。

5.2 図書館サービス建設法 1984 年および 1990 年改正法の審議過程

本節では，図書館サービス建設法後期の政策形成過程を明らかにするために，レーガン-ブッシュ（父）両政権における連邦公共図書館支援政策の位置づけを検討し，これを踏まえて図書館サービス建設法 1984 年改正法および 1990 年改正法の立法過程を分析する。

前節で述べた経済状況にあって，レーガン政権期には図書館サービス建設法を含む教育分野の支出についても大幅な削減またはゼロ予算が提案された。しかし実際に連邦政府の歳出予算を決定するのは連邦議会の権限であり，両者が示した予算額には大きな開きがあった。そのため図書館サービス建設法の予算措置が継続されてきた状況を明らかにするためには，大統領の提案額と連邦議会での歳出承認額の双方を検討する必要がある。

そこで 5.2.1 項では 1982 会計年度から 1992 会計年度を対象に，レーガン-ブッシュ（父）両政権期における公共図書館支援政策の位置付けを明らかにする。次に，図書館サービス建設法に関する大統領の予算提案額と連邦議会の歳出承認額を分析する。5.2.2 項では，図書館サービス建設法後期の主要な改正法である 1984 年改正法，1990 年改正法を中心とした立法過程を検討する。

5.2.1 レーガン-ブッシュ（父）両政権期の状況

川瀬（2012）は，1970 年代前半のニクソン-フォード共和党政権期をニューフェデラリズムの実験場としての緩やかな改革期として位置付け，本格的に補助金削減といった大胆な政策が講じられるのはレーガン政権以降であると述べた[10]。レーガン-ブッシュ（父）政権期の経済政策はニクソン-フォード政権期に行われた連邦の役割の転換の延長上にあるといえる。

レーガン-ブッシュ（父）両政権期は新自由主義経済政策に基づく「小さな政府」が標榜され，連邦財政の大幅な支出削減が進められた。その結果，州・地方の歳入に占める連邦補助金の割合は 1981 会計年度の 25% から 1987 会計

年度の 19% へと低下した[11] ことに加え，州の歳出をも抑制させた[12]。レーガン政権期における連邦補助金政策は，連邦の内政面での歳出削減を目的とした。また歳出削減を実現するために連邦政府が実施する社会政策の役割の多くを州または自治体に移管する[13] ことが目指された。

　一方教育政策においては，1983 年に連邦教育省が『危機に立つ国家（A Nation at Risk)』を公表し，アメリカの競争力の低下を指摘した。この報告書はレーガン政権のベル教育省長官が「教育の優越性に関する全米委員会 (National Commission on Excellence in Education)」に諮問し，同委員会によってまとめられたものである。同報告書は，アメリカの競争力の向上のためには，老若，貧富，人種を超えた，国民すべてのための教育制度への改革が必要であることを説くと同時に，1960 年代の取り組みが成果をあげなかったことを指摘するものであった[14]。

　産業政策の面からも，アメリカの競争力を高めるための初等・中等教育の改善が提案された。1984 年にレーガン大統領の諮問機関として「産業競争力に関する大統領諮問委員会 (President's Commission on Industrial Competitiveness)」が組織された。1985 年に同委員会が発表した『国際競争力－新しい現実 (Global Competition – The New Reality)』において，より高い技術とモチベーションを持った労働力を育成するために初等・中等教育の改善が必要であることが提案された。教育への関与に積極的ではなかった共和党政権においてこのような提案が行われたことは，当時の連邦政府の危機感を表しているといえる。

　1981 年にレーガン大統領が就任して以降，公共図書館支援事業は何度も打ち切りが提案された。公共図書館支援事業を含む "連邦政府の社会計画（教育，保健，福祉）はレーガンによる 1981 年予算削減キャンペーンの矢面に立たされた"[15] という状況であった。しかし具体的に大統領予算提案額を事業別の内訳でみると，すべての事業を削減する提案とはなっていない。

　具体的には，通信技術を活用した分野への重点的な予算配分が行われている。図書館サービス建設法の 1981 会計年度と 1982 会計年度の大統領提案額を事業ごとに比較すると，「第 1 編　州への交付金事業」は 6,250 万ドルから 4,690 万ドルへと 25% 削減されたが，「第 3 編　相互協力」の予算は 500 万ド

ルから 1,200 万ドルへと増額が提案されており[16]，事業別に優先順位がつけられていることがわかる。通信技術を活用した図書館サービスの普及に関する分野に重点が置かれている点は，1990 年代のクリントン大統領の予算提案額にも共通している。

1983 会計年度のレーガン大統領の提案額は，図書館サービス建設法「第 1 編　図書館サービス」，「第 2 編　図書館建設」，「第 3 編　相互協力」の 3 事業すべてがゼロ予算となった[17]。1983 年 2 月 28 日付の『フェデラル・レジスター (*Federal Register*)』によると，行政府から図書館サービス建設法規則の修正提案が行われた。規則の修正案には図書館サービス建設法から「第 2 編　建設交付金」と「第 4 編　高齢利用者サービス」の 2 事業を外すことが含まれた。実際に 1981 会計年度で両事業に対する資金は配分されなかった[18]。

これに加えて組織面でも教育省図書館・教育技術課 (Office of Libraries and Learning Technologies) を廃止し，図書館事業の所管を新設する教育改善センター (The Center for Education Improvement) に移動することが提案された[19]。この提案は教育省長官から下院教育労働委員会と上院労働人的資源委員会 (Labor and Human Resources Committee) に通知された。アメリカ図書館協会は，部局名から「図書館」という語を撤廃することは政府側が図書館事業から連邦の関与を排除する意図があると指摘した[20]。

図書館サービス建設法の予算について，レーガン大統領と連邦議会は対立関係にあった。1982 会計年度の同法の予算について，連邦議会で歳出が承認された図書館サービス建設法の予算の一部が，OMB によって教育省に配分されないという事態が起こった。この件についてペーター・パイザー (Peter Peyser, 民主党，ニューヨーク州選出) 下院議員が「米国会計検査院 (General Accounting Office, 以下 GAO)」に質問を行い，GAO は図書館サービス建設法に対する予算の支出は義務であると回答した[21]。アメリカ図書館協会評議会は「図書館サービス建設法資金の拠出に関する決議 (Resolution on Release of LSCA Funds)」[22] を 1982 年 1 月 27 日に公表し，同年 3 月 15 日までに資金を拠出するよう求めた。

1983 会計年度の予算でも，レーガン大統領は"その（図書館サービス建設法

の）目標はすでに達成されたとみるか，あるいは州政府や地方自治体，もしく
は民間の責任で行われるほうが望ましいもの」[23] 連邦政府はあらゆる図書館
支援事業から撤退すべきだと勧告した。レーガン政権は，公共図書館に対し
1982 会計年度において十分な資金を充当しているとして，1983 会計年度予算
を図書館支援事業に支出することを拒否した。

　大統領府による予算の不履行については，GAO が違法とみなしただけでな
く，国内の 10 州が当初に措置されていた図書館関係予算の支出を求めて連邦
裁判所に訴えるところとなり，最後にはレーガン政権はこれを撤回せざるをえ
なかった[24]。レーガン大統領の予算提案額に対して，ポール・サーベンス上院
議員（Paul Sarbanes，民主党，メリーランド州選出）は，1983 年 3 月 11 日にメリ
ーランド州ボルチモアで開催された公共図書館協会大会においてこれに抗議す
る上院決議（S.Res.88）を提出したと伝えた[25]。

　連邦議会では大統領の提案額に比して，図書館サービス建設法に対しおおむ
ね前年度と同額の歳出が承認された。1982 年 5 月 28 日付け『アメリカ図書館
協会ワシントン・ニューズレター』では "連邦議会は教育と図書館を支援す
る"[26] と見出しを立て，上下両院の議会予算案を紹介した。上下両院におい
て，大統領予算案に反して教育関係への予算充当の検討が進められた[27]。下院
は予算案の作成に難航したが，上院は大統領予算案を却下して防衛予算の増額
幅をより小さくした予算案を作成した[28]。

　1984 会計年度の図書館事業に対する大統領府の予算提案額に対し，連邦議
会は超党的に反対の態度を示した。1983 年 3 月 1 日，下院労働保健福祉教育
予算小委員会の公聴会でウィリアム・ナッチャー委員長（William Natcher，民
主党，ニューヨーク州選出）を始めとする出席者から，連邦援助なしには図書館
運営が成り立たないことが繰り返し述べられた[29]。同年 3 月 21 日の上院労働
保健福祉教育予算小委員会の公聴会において，教育省職員に向け，ハーク・ハ
ットフィールド（Hark Hatfield，共和党，オレゴン州選出）上院予算委員会委員長
をはじめとする連邦議会議員の図書館支援の発言が見られた。ウィリアム・プ
ロックスマイア議員（William Proxmire，民主党，ウィスコンシン州選出）は過去
25 年の約 20 億ドルに及ぶ図書館への連邦予算が決して大きな額ではなく，年

間1人につき40セントにあたることを指摘した[30]。

　図書館団体からは連邦援助の増額要求が働きかけられた。1983年5月2日，上院労働保健福祉教育予算小委員会の1984会計年度に関する公聴会で，アメリカ図書館協会ワシントン事務所のクックは，図書館サービス建設法予算の増額を提案した。クックが提案した額は「第1編　公共図書館サービス」事業には前年度より500万ドル多い6,500万ドル，「第2編　公共図書館建設」事業は前年度同額の5,000万ドル，「第3編　相互協力」事業には348万ドル増の1,500万ドルであった[31]。

　1984年，図書館サービス建設法の期限を5年間延長する改正法がレーガン大統領によって署名された。しかし，次の大統領であるブッシュ（父）とともに，同法に対する予算はまったく要求しないか，またはごく限られた予算しか要求しなかった。

　1986年にはレーガン大統領による予算の提案額はゼロではなかった。しかし，すべての事業が一律4.3％カットとなった。その結果，「第2編　公共図書館建設」を利用して建設計画を進めていたいくつかの州への資金配分が行われなかった。1987年の連邦議会の公聴会で，教育省の教育調査・改善部の新任アシスタント・セクレタリーのチェスター・フィン・ジュニア（Chester Finn Jr.）は連邦の公共図書館支援事業について“望ましいが，なくても困らない”と発言した[32]。また，1988年度の公共図書館支援事業から，成人対象のリテラシー事業を廃止し，予算を削減するという決定を行った。

　1980年代，もっとも予算が増加したのは防衛予算で，その他の事業の予算は削減された。連邦政府が図書館サービス建設法に変わるものとして作成した図書館改善法案の提出は先延ばしされ，そのために図書館サービス建設法へのゼロ予算提案が6年続いた。1988年度はレーガン政権の最終年度であり，連邦議会では新しい動きを起こすよりも既存事業を維持することが選択された。

　ブッシュ大統領は1992会計年度予算教書において教育政策の優先順位を第一に掲げた。しかし図書館サービス建設法に対する予算提案額は「第1編　公共図書館サービス」に対する3,500万ドルのみであった。かつ，この予算は成人リテラシー活動のみに利用可能とされた。これは，1991年度の承認額1億

4,300 万ドルを 75.5% 削減した額であった。しかし連邦議会では，図書館サービス建設法と高等教育法第 Ⅱ 編 B の事業に対して前年度を 3.4% 上回る 1 億 4,774 万 7,000 ドルの歳出を承認した。ブッシュ政権下で，連邦政府の特定補助金は 100 件近く増加した[33]。

　クリントンが大統領に就任し，民主党に政権が移った後にも，連邦補助金事業に対する削減が提案された。1995 年 1 月にアメリカ図書館協会ワシントン事務所が出した報告は，あらゆる連邦政府の図書館支援事業が存続の危機にさらされている，と警告するものであった[34]。その内容を以下に引用する。

　　　小さな政府にしようという連邦政府の動きの中で，図書館情報サービスを支援する連邦政府の役割の全体が見直され，その権限を大きく縮減したりなくしたりすれば，行政が実施する図書館振興に関する事務事業は大幅に削減されたり廃止されてしまうであろう。あらたな「地方分権」の動きの中で，いくつかのこれまで連邦政府の役割とされてきたものが，州政府に移されようとしている。しかし，そのような動きに対して，州知事たちは，それらの役割を引き受けるのに必要となる資源を州が持っておらず，また進んで連邦レベルから所要資源を受入れようともしていないとの認識をすでに明らかにしている[35]。

　1989 年，第 101 議会からブッシュが大統領に就任した。ブッシュ政権の連邦公共図書館支援政策はレーガン政権の方針を踏襲していた。任期初年度にブッシュ大統領は連邦教育省の図書館事業予算の 71% の削減[36]を，1990 年には 71.4% の削減[37]を提案した。その代わりとして，「第 3 編　相互協力」と「第 6 編　図書館リテラシー事業」の増額が併せて提案された。これは，「第 1 編　公共図書館サービス」と「第 2 編　公共図書館建設」の資金減額分を上記 2 つの事業に振り分けるという案であった。予算を削減する根拠は，それまで図書館サービス建設法の目的であった図書館サービスへのアクセスの増加と図書館の建設はすでに達成されており，連邦資金はもっとも必要とされるニーズに集中するべきであるというものだった[38]。

　これに対し，地方議会の議員による共同書簡が下院の労働教育歳出予算小委員会に対して送付された。その内容は地方において図書館サービスの改善，建設交付金，外国語資料収集は未だ重要であり，連邦による資金援助は不可欠であるという内容であった。その結果，同小委員会が提出した1991会計年度の歳出承認額予算案（H.R.5257）は，1990会計年度を4.5%上回るものとなった。また，1984年に新設されて以降予算措置のなかった「第5編　外国語資料の収集」事業の競争補助金は，シルビオ・コンテ下院議員（Silvio Conte, 共和党，マサチューセッツ州選出）が中心となって法案を提出し，この年に初めて予算が配分された。

　1989会計年度，1990会計年度の図書館に関する連邦政府予算は，政府のゼロ予算提案または大幅な削減の提案に対して，連邦議会が前年度同額程度の支出を承認するという構図がみられた。さらに連邦議会の上下両院では異なる予算案が作成された。下院では公共図書館に関する連邦補助金の縮小が提案された。1989会計年度の図書館サービス法「第2編　公共図書館建設」事業は，最終的には15%削減に留まったが下院案ではゼロ予算とされていた[39]。1990会計年度予算作成においても下院は同様の方針を取った。

　第2回図書館情報サービスに関するホワイトハウス会議の予算も，当初予算には含まれなかった。しかしその後上院労働保健福祉教育予算小委員会でこの会議の満額充当が承認され，下院のトム・ハーキン委員長（Tom Harkin, 民主党，アイオワ州選出）のリーダーシップにより下院でも承認された[40]。上院では前年度より微増の提案がなされた。図書館サービス建設法「第2編　公共図書館建設」の維持については，マーク・ハットフィールド上院議員（Mark Hatfield, 共和党，オレゴン州選出）の尽力があった[41]。

　教育大統領を自称したブッシュ大統領であったが，1990会計年度予算で新たな優先的事項に対して143億ドルの支出を掲げた中で，教育関連予算はわずか4億4,100万ドルであった。公共図書館に関する政策は図書館サービス改善法の提案に留まった[42]。1989会計年度における図書館事業への予算は，議会予算局（CBO）で22%の削減を受けた。さらにOMBが，ブッシュ政権と連邦議会の優先事項に沿うことで合計1億3,600万ドルの予算削減が可能であると

した。そして削減対象候補に公共図書館支援事業を含む教育省の自由裁量事業
が挙げられた。予算管理局長のリチャード・ダーマン（Richard Darman）は予
算公聴会において教育分野への連邦支援は重要なものではないと述べた[43]。

　下院の委員会報告書（H.Rept.102-121）で 1990 年代の終わりには定年退職に
よって深刻な図書館員の不足がおこることが予測されることから，委員会では
図書館事業の大幅な増額を求めると説明された。

　1992 年の大統領選挙年の最中に，クリントン大統領候補とゴア副大統領候
補は，グローバル経済における成長は国民への投資によって競争に備えるとい
う経済戦略を掲げた『国民を最優先に（*Putting People First*)』[44] を発表した。
そこで教育の重要性を指摘し生涯教育の改革を主張した。その内容は貧富から
生じる教育格差の是正に重点を置き，ヘッドスタートの活用や奨学金の拡充を
訴えるものであった。

　1980 年代から 1990 年代初頭を通じた連邦教育政策を検討した結果，レーガ
ン大統領からクリントン大統領の政権期間を通して教育に関する取り組みが経
済面で成果を挙げることはなく，状況を打開する方法が模索された。

　図書館サービス建設法後期は，1980 年代，共和党政権期の事業廃止および
予算削減提案を免れた。しかし 1990 年代も既存の事業を継続することには，
行政府および連邦議会ともに積極的ではなかった。

　次項で，図書館サービス建設法後期に行われた再授権と改正について検討す
る。

5.2.2　図書館サービス建設法 1984 年および 1990 年改正法の審議 過程

　本項では，図書館サービス建設法 1984 年改正法および，1990 年改正法を対
象に立法過程の検討を行う。図書館サービス建設法後期において事業内容の改
正が行われたのは上記の 2 回である。「第 1 編　公共図書館サービス」から
「第 3 編　相互協力」までの事業は改正がなく，「第 4 編　高齢読者サービス」
以降の事業で改正が行われた。1984 改正法では，第 4 編が新たに「インディ
アン部族[45] サービス」へと置き換えられた。そして「第 5 編　外国語資料収

集」と「第6編 リテラシー事業」が新設された。1990年改正法ではさらに「第7編 評価」と「第8編 図書館学習センター事業」が加えられた。これらの法改正がどのような過程で形成されたのか分析する。

5.2.2.1 図書館サービス建設法1984年改正法の立法過程

1980年，下院の中等教育後小委員会（Subcommittee on Postsecondary Education）のポール・サイモン委員長（Paul Simon，民主党，イリノイ州選出）によって，図書館サービス建設法の再授権に関する下院の公聴会のスケジュールが公開された[46]。アメリカ図書館協会は公聴会の開催に先立ち9月14日にワシントンD.C. で「Star Years LSCA」と題するスライドの上映を行った。

上院では，1981年2月25日に教育小委員会のロバート・スタフォード（Robert Stafford，共和党，ヴァーモント州選出）委員長が前年度提出した全国図書館情報サービス法案（National Library and Information Services Act, 以下，S.1431法案）を再提出し公聴会の開催が予定された[47]。S.1431法案は前年に提出された同じ題名のS.2859法案[48] を下敷きとしていた。アメリカ図書館協会評議会は同年2月4日にS.1431法案の支援を決議していた[49]。しかし同年8月13日，1981年総合的予算調整法（The Omnibus Budget Reconciliation Act of 1981, 公法97-35）の成立により図書館サービス建設法の第1編と第3編が2年後の1984年会計年度まで延長され，S.1431法案は審議に至らなかった。さらに教育振興基本法（General Education Provisions Act）の延長により図書館サービス建設法は1985年まで再延長されることとなった[50]。

1981年9月，サイモン下院議員が連邦公共図書館支援事業の公聴会を開催した。ホリーとシュレムザー（1983）は，図書館サービス建設法に関して政府がゼロ予算を提案したことに対し，インフレーションが継続する中での連邦資金の縮小は同法の効果を減少させると指摘した[51]。

1982年12月，サイモン下院議員と図書館団体の関係者によって，図書館サービス建設法改正草案が作成された[52]。その後，下院の委員会によって修正が加えられた後，1983年5月3日に図書館サービス建設法1983年改正法案（以下，H.R.2878法案）が下院に提出された。同年5月5日に下院教育労働委員会

中等教育後小委員会の承認を経て，5 月 11 日に下院教育労働委員会の発声投票の結果，全会一致で H.R.2878 法案が承認された。同年 5 月 16 日に教育労働委員会から H.Rept.98-165 報告書が提出された[53]。

1984 年 1 月 25 日に下院のルール委員会の H.Res.397 決議によって，H.R.2878 法案は審議未了事項となったが，直後の 1 月 31 日に 4 名の下院議員から H.R.2878 法案の修正案が提案された[54]。同日のうちに全体委員会が開かれ，H.Amdt.566，577 提案は全体委員会で承認され，H.Amdt.568，569 提案はそれぞれ賛成 144 票対反対 248 票，賛成 8 票対反対 60 票で廃案となった。全体委員会で修正が承認された H.R.2878 法案は，357 票対 39 票で下院本会議を通過し，上院に送付された。

1984 年 2 月 1 日に H.R.2878 法案は上院の労働・人的資源委員会に付託された。労働・資源委員会は同年 6 月 21 日に全会一致で H.R.2878 法案の内容を S.2490 法案の内容に置き換えた。下院は H.Res.568 決議に基づき上院で行われた修正を承認した。H.R.2878 法案は 10 月 2 日に下院，10 月 3 日に上院で承認された。その後 10 月 7 日，レーガン大統領の署名により図書館サービス建設法 1984 年改正法（公法 98-480）が成立した。

この法案で強調された内容は，図書館に地域の情報照会センターとしての役割を持たせること，新しい技術の利用促進であった。各編の重点事項は次のとおりであった。

第 1 編：地域を問わず図書館サービスが受けられること

第 2 編：公共図書館建設には重点を置かずに，修繕に利用すること

第 3 編：相互協力から資源共有の促進への変更

第 4 編：インディアン部族のためのサービスに，直接資金提供をすること

第 5 編：外国語資料の収集

第 6 編：図書館リテラシー事業（1983 年当時は，成人および学校をドロップアウトした人のためのリテラシー・トレーニングの援助の必要がアメリカ出版社協会（Association of American Publishers）によって主張された）

第 4，5，6 編は，下院の中等教育終了後教育小委員会によって独自に展開された。第 1，2，3 編と異なる点は，州の図書館行政機関を通さずに，直接資金

が提供されることであった。

5.2.2.2 図書館サービス建設法 1990 年改正法の立法過程

1989 年 3 月 31 日に下院の教育労働委員会中等教育後教育小委員会の公聴会が開催された。会場となったのはパット・ウィリアムス（Pat Williams, 民主党, モンタナ州選出）委員長の地元であるモンタナ州であった。同年 4 月 11 日には，同委員会と上院の教育・芸術・人文科学小委員会が合同で図書館サービス建設法再授権に関する公聴会を開催した。証言者には大統領府提案の図書館サービス改善法案に関与したロバート・ドール上院議員[55]（Robert Dole, 共和党, カンザス州選出），ウィリアム・グッドリング上院議員[56]（William Goodling, 共和党, ペンシルベニア州選出），そして連邦教育省職員がいた。他に，図書館立法記念日の参加者が出席した[57]。

同年 6 月 22 日に下院の中等教育後教育小委員会で図書館サービス建設法改正に関する H.R.2742 法案が提出された。同年 7 月 12 日に上院で同内容の S.1291 法案が提出された。1990 年改正法の審議過程はモルツの文献に詳しい[58]。以下に参照し概要をまとめた。ウィリアムス委員長はこの法案に対して "本法案の技術的な修正は教育省および図書館界から要望があったものである。この法案により図書館サービスを向上させる新しい技術の使用が促進されるだろう" と述べた[59]。

連邦議会では 1991 年に開催される第 2 回ホワイトハウス会議（以下，第 2 回 WHCLIS）後まで大きな変更は留保すべきであるという判断がされた。結果として H.R.2742 法案は改正点を少ないものとする検討が行われた。1989 年 9 月 12 日に上下両院で各改正法案が可決された。その後 10 月 12 日に上院案の S.1291 法案は無期延期とされ，H.R.2742 法案が上院を通過した。法案はおおむね同内容であった。

第 2 回 WHCLIS[60] を前に，両院の法案とも改正内容はごくわずかであることが法案提出者からも示された[61]。改正法案では，1990 会計年度から 1994 会計年度までの予算充当のほか，次の内容が含まれた。まず従来の事業に関して，第 1，2，3 編に基づく事業の優先次項として技術を重視すること，州とイ

ンディアン部族への公共図書館サービスおよび建設，相互協力，リテラシー，外国語資料収集が挙げられた。これらに加えて，世代間チャイルド・ケア事業（公共図書館において高齢ボランティアを活用し放課後リテラシーおよび読書技術を提供する事業）が新設された。1990 年 3 月 15 日，ブッシュ大統領の署名により図書館サービス建設法 1990 年改正法（公法 101-254）が成立した[62]。

　下院の 2 法案と上院の 1 法案の内容を対象に，図書館サービス建設法 1990年改正法の審議内容を検討した。「第 7 編　評価（Evaluation and Assessment）」は上院の提案によるものであった。「第 8 編　図書館ラーニング・センター事業」は，上院の改正法案では第 1 編のもとでリテラシー，チャイルド・ケア事業として実施されることが提案されたが，下院の改正法案であった新しい編の新設が採用された。上下両院の相違点は調整されたが双方の内容が含まれた。図書館サービス建設法 1990 年改正法は，1964 年の制定当初には 3 つの編から構成されていたが，約 25 年の間に改正を経て 8 つの編から成る法律となった。しかし財源の拡大は伴わなかった。

　次節で図書館サービス建設法後期の法律内容の変化について述べる。

5.3　図書館サービス建設法後期の事業内容の変遷

　本節では，図書館サービス建設法 1984 年改正法から 1990 年改正法までを対象に研究課題 2 に挙げた法律の変遷を明らかにする。具体的には調査 c）アメリカ連邦図書館立法の改正経緯調査を行う。調査 c）は図書館サービス建設法の改正内容を整理し，法律内容の変化に関する調査を行う。この調査により，各時代にどのような連邦公共図書館支援政策が行われていたかを通史的に把握する。

　最初に，図書館サービス建設法 1984 年改正法の構成を概観する。

　図書館サービス建設法 1984 年改正法で「第 4 編　高齢読者サービス」事業が「第 1 編　公共図書館サービス」事業に統合され，あらたに「第 4 編　インディアン部族への図書館サービス」事業が置かれた。また「第 5 編　外国語資料の収集」事業，「第 6 編　図書館リテラシー」事業が新設された。1984 年の

改正で重点が置かれたのは，外国語資収集，リテラシー・サービスのほか，コミュニティ情報，資源共有および各政府レベル（地方自治体，郡，州）における図書館ネットワーキングであった。これは，OCLC，「リサーチ・ライブラリーズ・インフォメーション・ネットワーク（Research Libraries Information Network, 以下RLIN)」などの電気通信技術の進展に対する関心の高さが反映されたといえる。

　次に，図書館サービス建設法1984年改正法の事業内容を整理する。1984年改正法で新たにインディアン部族，アラスカ原住民の集落，ネイティブ・ハワイアンへの図書館サービスのための資金援助枠が設けられた。この新設事業は従来の事業と異なり，州を通さずに直接教育省に補助金受領申請を提出し，認可された各図書館，部族等に直接連邦資金が提供されることが規定された。「第6編　図書館リテラシー」事業には予算措置がなく，「第1編　公共図書館サービス」事業のもとで実施されるものとなった。

　次に，同法1990年改正法の構成を概観する。「第1編　公共図書館サービス」事業にリテラシーおよびチャイルドセンター活動が加わり，またテクノロジーの活用が重点化された。「第2編　公共図書館建設」事業，「第3編　相互協力」事業ではテクノロジー活用の重点化に図書館資料の保存が加えられた。また新しく「第7編　教育省による図書館サービス建設法の見積もりと査定（評価)」事業，「第8編　図書館学習センター」事業が加えられた。しかし「図書館学習センター」事業には予算が配分されなかった。上記のほか，技術的な改正としてフレキシビリティと効率性の向上が規定された。1990年改正法が図書館サービス建設法の最後の改正・再授権となった。そしてこの1990年改正法はこの法律において最大の8編で構成された。各編の内容については後に記述するが，当初5年の時限立法であり，またモデル事業であった図書館サービス法は，このおよそ40年で，その対象やサービス内容を拡大し，内容も継続的なサービスの支援に変化していった。

　各編のプログラムの内容について，改正されたものおよび新設されたものを以下に挙げる。

　「第1編　公共図書館サービス」事業ではボランティアを活用したチュータ

一育成研修を通じたリテラシー活動の実施，地域情報センターとしての役割強化，とくに I&R サービスと求人・求職情報の提供が強調された。また人口 10 万人以上の主要大都市図書館による小規模図書館への援助，図書館間相互貸借，専門資料の整備，国と地域をつなげる役割が挙げられた。表 5-1 に，図書館サービス建設法 1990 年改正法第 1 編に基づく下位補助金の使途を挙げた。州の報告によれば，次のようなプロジェクトに下位補助金が使用された。

　表 5-1 に示したように，同法「第 1 編　公共図書館サービス」に基づく実施事業の内容には同法「第 4 編」に設置された事業が数年後の改正において「第 1 編」に統合され，独立したプログラムから州への補助金事業の下での実施に移管されているという実態がみられた。さらに 1 と 9，3 と 14 など部分的に使途が重複するものもみられた。

　「第 2 編　公共図書館建設」事業では身体面のハンディキャップを持つ人のための施設修繕のためのエレベータ，手すり，スロープの設置費用等が交付対象となった。また省エネルギーのための改築も認められた。ただし図書館の新

表 5-1　図書館サービス建設法 1990 年改正法「第 1 編公共図書館サービス」事業に基づく下位補助金の使途

1　図書館サービスが不十分な地域へのサービス
2　州の住民ニーズに合致するための州図書館機関の強化
3　視覚障がいおよび身体障がい者への図書館サービス
4　中核都市図書館における国家資源の強化
5　不利な状況におかれた人々（the disadvantaged）への図書館サービス
6　州立施設への図書館サービス
7　リテラシー
8　図書館サービス建設法の管理運営
9　図書館サービスの行われていない地域へのサービス
10　限られた英会話者への図書館サービス
11　大都市公共図書館の地域図書館資源の強化
12　高齢者への図書館サービス
13　地域情報照会
14　障がい者へのその他の図書館サービス

出典：Mathews, Anne J., et al. U.S. Department of Education Library Programs, 1990, *The Bowker annual: library and book trade almanac 36th ed. 1991*. New York, R.R. Bowker, 1991, p.263-264. を基に作成.

設には使用不可となった。「第3編　相互協力」事業では州および地域におけ
る資源共有の促進，コンピュータおよび通信技術の利用促進が重点化された。
「第4編　インディアン部族へのサービス」事業では第1編から第3編の資金
の総額から2%を留保し，この章の事業に充てられることが規定された。2%
のうち，1.5%がインディアン部族およびアラスカ原住民の部落に使用され，
0.5%がネイティブ・ハワイアンのための図書館サービスに使用されることが
規定された。

　「第5編　外国語資料の収集」事業では英会話能力に制限がある人々に対し
て，外国語の資料等を収集提供することが規定された。収集の対象とされたの
は書籍，雑誌，新聞，文書，パンフレット，写真，複製品，マイクロフィル
ム，絵画（pictorial works），図表（graphic works, charts），楽譜，地図，地球儀，
録音資料，スライド，フィルム，ビデオや磁気テープ，コンピュータ・ソフト
ウェアおよび障がい者のためにデザインされた資料とされた。1984年にこの
事業が開始されて以来，1991会計年度に初めて97万6,000ドルの予算措置が
行われた。

　「第6編　図書館リテラシー」事業は，「第1編　公共図書館サービス」事業
の予算で実施されるものとなった。直接連邦教育省に申請する競争式の自由裁
量補助金事業となる。各州の図書館は，リテラシー事業を実施する図書館員ま
たはボランティアの研修等に当該事業の資金を使用できるものとした。地方自
治体の図書館は，同資金をリテラシー事業の実施経費や資料等の収集，または
図書館の利用や地域のリテラシー活動のために無償で研修を行う個人や団体の
活動に使用できるものとした。

　1990年改正法では，「特別のサービスを必要とする利用者」の対象として都
市部の貧困状態にある若者，移民とその家族，ホームレス，放課後の児童，学
校中退者，視覚障がい者，失業者が規定された。これらの利用者のために新た
に取り組まれた活動には，非識字者，中退者を対象としたコンピュータ・リテ
ラシー研修，放課後の児童を対象としたホームワークセンターの開設と専任職
員の常駐，非識字者が利用可能な電気通信装置の設置等があった。

　上記の活動に加えて，高齢者，学校中退者，移民に対するリテラシー・トレ

ーニングが盛んに行われるようになった。1980年代から実施された，英会話に制限のある人へのサービスは，州の報告によれば，10年以上前から変わらない方法で実施されている状況であった。その方法は，家庭教師がするように1対1で指導を行う伝統的な英会話指導であった。

インディアン部族への図書館サービス事業は，各インディアン居留区（Indian Reservation）における公共図書館サービスの定着を目的とした。連邦補助金の管理担当者は司書の有資格者であることが定められていたが，職員の入れ替わりが多く定着が難しい状況であった。また補助金の申請を行う部族は少なく，申請件数は予定数を下回った。この事業が活用しきれていない理由として，司書有資格者の確保や事業計画の策定等が困難であったことが挙げられた。

州立施設収容者へのサービスは1980年代後半に入り，収容者，入居者数の減少に加え施設数自体が減少したことにより事業規模が縮小した。

「第2編　公共図書館建設」事業と「第3編　相互協力」事業で重点化された保存に関する連邦支援の1990年代前半までの活動は，各種図書館資料のマイクロフィルム化や紙媒体資料の修繕が主なものであった。地域の情報センター，I&Rサービスが1971年に開始された時点では，在宅の高齢者向けに本の宅配サービスを実施する図書館が大半であった。1980年代の初め，景気が後退していた時期，この活動は求人や転職のための情報照会サービスがとくに利用者から求められ，その傾向が1990年代前半まで続いた。

図書館サービス建設法1990年改正法は8つもの編が立てられたものの，実際に予算が配分されたのは公共図書館サービス，公共図書館建設，相互協力およびリテラシー事業の4事業のみであった。これ以外の事業は「第1編　公共図書館サービス」の下で実施された。図書館サービス建設法後期の特徴は，次の2点である。ひとつは，さまざまな図書館利用困難者に対する個別の図書館サービス事業の実施である。もうひとつは，資源共有や共同資料保存，またコンピュータとネットワーク技術の発達に伴う図書館間のネットワーキングが自治体の境界や州の境界を越えて行われるようになっていく経過の途上であったことである。

5.4 まとめ

　図書館サービス建設法後期は，大統領から図書館サービス建設法予算の削減が提案されたことを踏まえ，図書館サービス建設法の見直しに至る状況を検討した。その結果，共和党政権下での事業廃止および予算削減提案は連邦議会において退けられたこと，図書館団体が図書館サービス建設法の再検討を要する時期であることを認識したことを解明した。図書館サービス建設法の「第3編　相互協力」事業に関して，大統領府，連邦議会双方とも予算が必要な事業という認識があった。図書館サービス建設法後期におけるこのような認識が，図書館サービス技術法における通信技術重視への転換につながった。以下に，各研究課題を検討した結果を述べる。

　「研究課題1　アメリカ連邦図書館立法の形成過程とその形成に関与するアクター（大統領府・連邦議会・図書館団体等）の活動を明らかにする」に挙げた政策形成過程を分析し，各アクターの活動を検討した結果を2点述べる。①共和党政権時には，レーガン大統領が掲げた新自由主義に基づく連邦財政を縮小する経済政策の方針によって，図書館サービス建設法の予算の縮小や削減が提案された。一方民主党クリントン政権時には図書館サービス建設法予算の維持継続が行われた。しかし事業別かつ連続的に事業毎の大統領予算提案額をみると，共和党・民主党両政権時において「第3編　相互協力」に基づく広域図書館システムや情報通信技術を活用したネットワーク・サービスについては予算が付けられていた。つまり，政権政党の経済政策や各政権時の主要政策との関係によって大統領予算提案額の変動が見られたが，一方通信技術を活用した事業については，大統領府でも予算をつける必要性が認識されていた。このことから，連邦政府が担う公共図書館支援の重点は，新しい技術を活用したサービスへの取り組みに重点が置かれたことが明らかとなった。②連邦議会は，図書館サービス建設法への予算配分の維持を決定したが，同法に対する積極的な支持は見られなかった。まず，連邦議会は，図書館サービス法への予算配分に関して共和党政権下の予算削減またはゼロ予算の提案に反し一定額の支出を維持

する決定を行った。ただし，新設事業への予算配分がなされなかった点から，積極的には図書館サービス建設法を支持していなかった。

　次に，「研究課題2　図書館サービス法から図書館サービス技術法に至るアメリカ連邦図書館立法の改正経緯と法律内容の変遷を明らかにする」に挙げた図書館サービス建設法後期の法律改正経緯を検討した結果，事業面では基本の図書館サービスの拡大と，社会的に不利な条件を持つ人々へのアウトリーチサービスの拡大傾向があったことを明らかにした。予算面では，大都市図書館と小規模図書館との連携によるサービス水準の向上といったネットワーク構築に重点が置かれた。

　法律の構成には，次のような変遷がみられた。「第1編　公共図書館サービス」から「第3編　相互協力」は変更がなく，改正によって新規事業が設置される際には，それまで第4編の下に置かれていた事業が「第1編　公共図書館サービス」の下に移動され，州への交付金の範囲で実施されるというパターンがみられた。図書館サービス建設法後期に実施された新規事業にはネイティブ・アメリカンサービス，外国語資料の収集，リテラシー事業，図書館学習センター事業があった。一方1990年代に入り，図書館サービス建設法の8事業のうち予算措置されない事業があるなど，事業内容の見直しが課題となっていた。

　また図書館サービス建設法後期の法律内容の変遷から，「第4編」に置かれた事業は改正時期に新設と統合が繰り返されていた。その結果旧事業は「第1編　公共図書館サービス」事業の下で実施されることになり，当該規定が多様化・細分化されていった。そしてこの傾向は図書館界，連邦議会，行政府において政策課題化されにくく，優先的な政策課題としての認識を困難にした。

　図書館サービス建設法後期の連邦公共図書館支援政策は，基本の図書館サービスの拡大と，図書館施設の改修，そして社会的に不利な条件を持つ人々へのアウトリーチ事業へのサービス拡大傾向が強いことが明らかとなった。また，都市部の図書館における資料収集機能の強化と同時に，都市部の周辺地域へのサービス提供およびより小規模な図書館との連携によるサービス水準の向上といったネットワーク構築の意図が現れた。

122 |

　図書館サービス建設法後期を通じて，連邦が支援する対象は多様化した。具体的には，インディアン部族サービス，外国語資料の収集，リテラシー事業，図書館学習センター事業が展開された。しかしレーガン－ブッシュ大統領の経済政策により財政面での削減提案が行われ，財源の拡大は伴わなかった。連邦議会では大統領による予算削減の提案に反して図書館サービス建設法への予算充当が行われたが，先に示したとおり支援事業の多様化に対しての予算増額はなされなかった。

　次章で，図書館サービス建設法から図書館サービス技術法へとアメリカ連邦図書館立法が転換する過程を述べる。

【注・引用文献】

1) 寺地功次「内政と外交の流れ－1960～1992年－」『アメリカの政治　新版』久保文明編，弘文堂，2013, p.218.
2) 前掲1, p.221.
3) 川瀬憲子『アメリカの補助金と州・地方財政　ジョンソン政権からオバマ政権へ』勁草書房，2012, p.16.
4) 石丸和人『アメリカの政治を知るために』教育社，1986, p.72.
5) Nyren, Karl. "LJ News Report, 1981," *The Bowker Annual of Library and Book Trade Information 27th ed*, New York, R.R. Bowker, 1982, p.5-6.
6) Molz, Redmond Kathleen. and Dain, Phyllis『シビックスペース・サイバースペース：情報化社会を活性化するアメリカ公共図書館』[*Civic Space/Cyberspace : the American Public Library in the Information Age*] 山本順一訳，勉誠出版，2013, p.143.
7) 前掲6, p.129-130.
8) Schman, Patricia Glass. National Association Reports, *The Bowker annual: library and book trade almanac 37th ed. 1992*. New York, R.R. Bowker, 1992, p.165.
9) Lesley, Ingrid J. Library Services for Special User Groups, *The Bowker annual: library and book trade almanac 37th ed. 1992*. New York, R.R. Bowker, 1992, p.25.
10) 前掲3, p.48.
11) 前掲3, p.97-98.
12) 前掲3, p.94.
13) 日本システム開発研究所「アメリカのレーガン政権における歳出削減等財政政策についての調査研究報告書（昭和57年度大蔵省委託調査）」1983.3, p.39.
14) 朝比奈（近藤）剛「科学技術政策と教育政策」『現代アメリカ経済分析　理念・歴

史・政策』日本評論社，2013, p.76.

15）前掲 13, p.39.

16）*ALA Washington newsletter.* Vol.33, No.2, 1981, p.2.

17）前掲 16, Vol.34, No.1, 1982, p.1.

18）前掲 16, Vol.35, No.2, 1983, p.2.

19）前掲 16, Vol.34, No.1, 1982, p.2.

20）前掲 16, Vol.35, No.2, 1983, p.5.

21）前掲 16, Vol.34, No.1, 1982, p.2.

22）前掲 16, Vol.34, No.1, 1982, p.8.

23）前掲 6, p.129.

24）前掲 6, p.129.

25）前掲 16, Vol.35, No.3, 1983, p.2.

26）前掲 16, Vol.34, No.6, 1982, p.1-3.

27）前掲 16, Vol.34, No.6, 1982, p.3.

28）前掲 16, Vol.34, No.6, 1982, p.3.

29）前掲 16, Vol.35, No.2, 1983, p.2.

30）前掲 16, Vol.35, No.3, 1983, p.3.

31）前掲 16, Vol.35, No.4, 1983, p.2.

32）Cooke, Eileen D., "Legislation and Regulations Affecting Libraries in 1986," *The Bowker Annual: library and book trade almanac 32th ed.* New York, R.R. Bowker, 1987, p.218.

33）前掲 3, p.17.

34）前掲 6, p.130.

35）前掲 6, p.130-131.

36）Cook, Eileen D., "Henderson Carol C. Legislation and Regulations Affecting Libraries in 1990," *The Bowker Annual: library and book trade almanac 36th ed. 1991.* New York, R.R. Bowker, 1991, p.199.

37）前掲 36, p.200.

38）前掲 36, p.200.

39）前掲 36, p.229.

40）前掲 36, p.232.

41）前掲 36, p.233.

42）前掲 36, p.230.

43）前掲 36, p.230.

44）Clinton, Bill. and Gore, Al. *Putting People First: How We Can All Change America.* New York, Times Books, 1992, 232p.　内容については以下を参照した。朝比奈（近

藤）剛「科学技術政策と教育政策」『現代アメリカ経済分析　理念・歴史・政策』日本評論社，2013, p.76.

45）条文中の "Native American" の呼称については，議論の分かれるところである。先行研究においては "アメリカン・インディアン" "ネイティブ・アメリカン" "先住アメリカ人" "アメリカ先住民" 等が用いられている。本書においては，アラスカ先住民，ハワイ先住民を含め "アメリカ先住民" もしくは "先住民" を用いる。"Indian Tribe" については "インディアン部族" を用いる。

46）1980 年 9 月 15 日ワシントン D.C., 9 月 17 日ミシガン州デトロイト，9 月 23 日コネチカット州ニューヘブン，9 月 25 日ミズーリ州カンザスシティ，10 月 8 日オハイオ州クリーブランドの 5 ヶ所で開催された。当初開催予定であった 9 月 28 日カリフォルニア州サンフランシスコ，10 月 5 日ノースカロライナ州ローリーの 2 ヶ所は連邦議会での重要な投票があり中止された。

47）Library of Congress. *Congressional Record, 97th, 1st*, Vol.127, No.98-part Ⅱ, 1981.6.25, p.S7111-S7116.

48）前掲 16, p.3.

49）The Council of the American Library Association. Resolution on a National Library and Information Services Act, *ALA Washington newsletter*. Vol.33, No.8, 1981.

50）前掲 16, Vol.33, No.9, 1981, p.2.

51）Holley, Edward G. and Schremser, Robert F. *The Library Services and Construction Act: an historical overview from the viewpoint of major participants*. Greenwich, JAI Press, 1983, p.99.

52）前掲 16, Vol.35, No.4, 1983, p.1.

53）前掲 16, Vol.35, No.4, 1983, p.1.

54）Panetta 下院議員による H.Amdt.566 提案，Glickman 下院議員による H.Amdt.567 提案，Gingrich 下院議員による H.Amdt.568 提案，Walker 下院議員による H.Amdt. 569 提案.

55）S.1257 法案提出者

56）H.R.3170 法案提出者

57）DB: Cong. Publications, U.S. Cong. Serial Set.　1）第 101 議会 "Hearing on the Reauthorization of the LSCA," the Subcommittee on Postsecondary Education, House Education and Labor Committee, Mar. 31, 1989.　2）第 101 議会 "Hearing on the Reauthorization of the LSCA,"the Subcommittee on Postsecondary Education, House Education and Labor Committee, and the Subcommittee on Education, Arts, and Humanities, Senate Labor and Human Resources Committee, Apr. 11, 1989.

58）Molz, Redmond Kathleen, *The Federal Roles in Support of Public Library Services An Overview*, Chicago, American Library Association, 1990, p.13.

59) Williams, Pat "Library Services and Construction Act," *Congressional Record 135*, 1989.6.22, p.E2284　http://thomas.loc.gov/cgi bin/query/C?101../temp/~r1012 USp93, (accessed 2016-04-15).

60) 第 2 回 WHCLIS は 1991 年 7 月 9 日から 13 日にかけてワシントン D.C. で開催された。当該会議で 95 件の政策提言が行われた。最優先活動として，児童と若者のリテラシー・イニシアティブ，全米研究・教育ネットワークへの図書館の関与，図書館および関連事業への十分な財政支援が挙げられた

61) 前掲 36, p.237.

62) *H.R.2742, Library Services and Construction Act Amendments of 1990*. Cngress. gov.　https://www.congress.gov/bill/101st-congress/house-bill/2742/actions, (accessed 2016-06-01).

― 第6章 ―

図書館サービス技術法の成立

　第5章では，図書館サービス建設法後期の政策形成過程および立法過程分析から，事業内容が多様化していった反面，予算面では削減提案に対しての維持継続が図られたことを述べた。

　本章では，連邦公共図書館支援政策の転換期として図書館サービス建設法から図書館サービス技術法への改正を捉える。「研究課題1：アメリカ連邦図書館立法の形成過程とその形成に関与するアクター（大統領府・連邦議会・図書館団体等）の活動を明らかにする」に対して1990年代の社会状況における図書館サービス建設法の評価，全国情報基盤（National Information Infrastructure，以下 NII）構想と図書館サービス建設法の関係，および連邦議会での図書館サービス技術法案の審議過程について検討を行った。検討にあたり，背景にある社会状況や他の国家政策との関係を整理し，図書館サービス建設法から図書館サービス技術法への改正に影響を与えた要因の抽出を試みる。

6.1　クリントン政権下の情報政策と図書館サービス建設法

　本節では，クリントン政権の情報政策が図書館サービス建設法の再検討に及ぼした影響について分析する。そして図書館団体，連邦議会および連邦行政部局が図書館サービス建設法の再検討に至った過程を述べる。

　クリントンは大統領選挙期間中から情報スーパーハイウェイ構想を提案し，情報通信基盤の整備を進めることで1980年代に疲弊したアメリカ経済の再建を図ろうと試みた[1]。大統領就任後，クリントン政権は1993年2月に NII イ

ニシアチブを，9月に情報通信に関する政策綱領を NII 行動アジェンダとして
公表した。NII 行動アジェンダにおいてユニバーサル・サービスの考えが強く
示され，図書館はそのサービス提供者に位置づけられた。連邦政府レベルでの
情報政策の中に図書館の役割が明示されたことで，既存の図書館政策が改めて
見直されることとなった。この時期の連邦政府の情報政策に関して考察された
古賀崇（2000）[2] による文献がある。本章では，図書館政策に影響を与えた情
報政策の視点から検討を試みる。

6.1.1　ユニバーサル・サービス提供機関としての図書館の位置づけ

1990 年代の連邦政府の情報政策[3] について，図書館との関連をみる。最初
に，NII 構想公表以前の情報政策として「高性能コンピューティング法（High
Performance Computing Act. 以下 HPCA，公法 102-194）」および「全米研究・教
育ネットワーク（National Research and Education Networks，以下 NREN）」の 2 つ
について述べる。次に NII 構想の核となった情報スーパーハイウェイ構想の概
要を述べ，ユニバーサル・サービス提供機関のひとつに図書館が置かれた経緯
を述べる。

　アルバート・ゴア副大統領は，下院議員，上院議員を務めていた 1970 年代
後半より情報通信基盤の構築を重要な政策課題に掲げていた。その成果は 1991
年の HPCA 制定に結実した。HPCA は，高性能コンピュータの開発がアメリカ
の安全保障と経済的発展につながるとの認識に基づいて，それを促進していく
ことを目的としていた。HPCA はのちにネットワークも包含し「高性能コン
ピューティングおよび通信事業（High Performance Computing and Communication
Program）」と総称され，スーパー・コンピュータ間を接続した研究および教育
のネットワークである NREN へとつながるものとなった[4]。

　NREN は，安全保障と経済発展のために必要なものとして 1991 年から計画
された。図書館での NREN 接続について，HPCA において全米各州の行政機
関，大学・研究所，図書館，教育機関を超高速データハイウェイで連結し，国
内のどこからでも高性能計算機システム，データベース，ソフトウェアなどの
コンピュータ資源にアクセスできるよう保障するものとした（102 条 (b)）[5]。

　情報スーパーハイウェイ構想は，HPCA 成立の翌 1992 年に大統領選挙にお
いてクリントン大統領候補およびゴア副大統領候補が公約のひとつとして掲げ
たものである。同構想は 2001 年までに全米のすべての教育機関，医療機関，
家庭において光ファイバーケーブルによる双方向通信を可能にするという目標
のもと進められた。以上のように，1990 年代に入り連邦政府による情報基盤
に係る法整備が進められた。

　1993 年 9 月 15 日に NII 構想の最初の具体的指針として NII 行動アジェンダ
が発表された。この発表において，政府の基本原則・目標として，「情報のセ
キュリティとネットワークの信頼性の保障」，「知的財産権の保護」など 9 項目
が掲げられた。そのなかに，「ユニバーサル・サービス概念の拡大」が含まれ
ている。アジェンダでは“経済的，身体的，地理的な条件に左右されることな
く，国民のだれもが負担可能な料金で優れた通信・情報サービスにアクセスす
ることができる”こととあり，公共財としての情報インフラの普及が意図され
ていることが示された[6]。このアジェンダにおいては図書館がユニバーサル・
サービスの担い手であるということは明確に書かれてはいない。しかし，1994
年 9 月，『NII 進行状況報告』において“政府は 2000 年までにすべての学校，
診療所，病院，図書館を NII に接続するという大統領公約の実現に取り組
む”[7]と記載された。

　1996 年の電気通信法におけるユニバーサル・サービスの基本方針と図書館
の位置づけを整理する。同法は連邦制定法においてユニバーサル・サービスの
概念を定めた最初のものとなった。同法成立以前は「連邦通信委員会（Federal
Communications Committee，以下 FCC）」等の規則レベルで定められていた。同
法に定められているユニバーサル・サービスの基本方針中の図書館に関する条
項は，第 254 条 (b) (6) に“学校，医療機関，図書館には，本法律に定める
「高度サービス」へのアクセスが与えられなければならないこと”と定められ
ている[8]。また，第 254 条 (h) (1) (b) において，“通信事業者がユニバーサ
ル・サービスを実施するにあたっては，学校および図書館に対しては他の機関
よりも低額な料金でサービスを提供しなければならない。その際，学校・図書
館で当該サービスの低廉なアクセス・利用が確保されると判断されるほどの割

引を行わなければならない”と定められている[9]。この規定から，図書館はユ
ニバーサル・サービスの実施機関として特別な位置づけを与えられているとい
える。

　1996 年の電気通信法制定後，「ユニバーサル・サービスに関する連邦・州合
同委員会（Federal-State Joint Board of Universal Service）」が同年 11 月にユニバ
ーサル・サービスについての勧告書を採択し，FCC がユニバーサル・サービ
ス施行規則を制定した。この規則に基づく農村地域・離島，低所得者，学校・
図書館向けのユニバーサル・サービス基金の補助による通信料金割引制度が
1998 年から実施された。このうちの学校・図書館向けの割引制度は E-Rate 事
業と呼ばれた。

　以上のとおり，ユニバーサル・サービスの提供機関として図書館が位置づけ
られ，通信経費割引制度が整備された。

6.1.2　NII 構想に対するアメリカ図書館協会の活動

　NII 構想において公共図書館がユニバーサル・サービス提供機関として位置
づけられたのは，アメリカ図書館協会の尽力があった。テレコミュニケーショ
ン政策過程における同協会の活動については，清原聖子[10] による言及がある。
本項では，NII 構想に公共図書館の役割が位置付けられるに至る過程における
アメリカ図書館協会の活動に焦点をあてる。

　1994 年 4 月 19 日，上院の教育・芸術・人文科学小委員会において民主党の
サイモン上院議員が議長となり，「情報基盤における図書館およびその役割」
についての公聴会が開催された[11]。この場でアメリカ図書館協会理事のハーデ
ィ・フランクリン（Hardy Franklin）他多くの図書館員が，図書館でのインター
ネット利用に関する図書館員の援助の必要性や有用性，またこれらの技術を利
用した図書館サービスの充実を図るために，連邦政府による援助が必要不可欠
であることを訴えた。これを受け，サイモン議員は“(情報) スーパーハイウ
ェイの構築に図書館を含めないとしたら，それは多くの市民をしめ出すことに
なる”と述べた[12]。

　他に，アメリカ図書館協会立法委員会通信小委員会の委員長であるエレイ

ン・オルブライト（Elaine Albright）は，「上院商務・科学・運輸委員会（Senate Committee on Commerce, Science and Transportation）」において，図書館，病院，教育施設における優先的な通信料金への支援の必要性を証言した[13]。また同協会は，4つの全国教育団体とともに全国電子情報ネットワークへの接続における地方電話会社による料金上限規則の提案を行った[14]。

　アメリカ図書館協会は議会等において NII 構想における図書館の役割を強調するとともに，NII 構想に基づく図書館等の経費負担に関する支援制度の構築に対しての働きかけを行った。また，並行して図書館サービス建設法の再延長のための行動がとられることとなった。アメリカ図書館協会のこのような主張について，モルツとダインは"ライブラリアンたちが，これまで図書館や建物に対して認められてきた必要性を超えて，コンピュータを基礎とする諸々の情報サービスについてもまた，自分たちには十分な資格があるとして連邦補助金の継続を新たに主張している"と指摘した[15]。

　次項において，図書館サービス建設法の改正に至る経緯について述べる。

6.1.3　図書館サービス建設法改正に向けた動き

　前項で，NII 構想をはじめとする情報政策の重視が図書館サービス建設法の予算配分に影響を与えたことを述べた。本項では，1990 年代の情報化社会に向かっていた社会状況を背景として，図書館団体，連邦議会，行政機関の活動から図書館サービス建設法の改正に至る状況を概観する。

　すでに 1980 年代のはじめには，連邦補助金の使途として図書館へのコンピュータ等の導入と広域ネットワーク構築への活用されることが要望されていた[16]。ベティ・トゥロック（Betty Turock）[17]は，施行から 40 年近くを経た図書館サービス建設法は 8 つに事業数を増やし，事業のいくつかは内容が重複しており，加えて予算の配分がない事業があったことを挙げた。またトゥロックは，同法は専門的な図書館サービスの改善に焦点を当て過ぎていると指摘した。同年の『ライブラリー・ジャーナル』においても，アメリカ図書館協会ワシントン事務所の前所長キャロル・ヘンダスン（Carol Henderson）による図書館サービス建設法改正の意見が出された[18]。その中で，連邦政府は大規模な州

ベースの事業に資金を提供すること，図書館界は教育省および議会の優先事項
を十分に理解する必要があることが述べた。そして図書館サービス建設法は現
状に合わせて改めたほうがよいとの見解を加えた。

　州の図書館担当部局や都市地域の図書館においても，連邦政府による情報政
策の推進や技術面での情報化の進展は，図書館に対して情報機器の設備・保
守・更新や，職員および利用者の研修等の負担を新たに課すことになり，従来
の補助金の体系では不十分であるとの認識が広まっていた[19]。

　1990年代に入り，インターネットの普及とともに図書館サービス建設法
「第3編　相互協力」に基づく資金は，全国の図書館でインターネット接続に
利用されるようになった。この資金に対するニーズは大きく，議会歳出承認額
の20%程度を占めるようになっていた。しかし，クリントン政権の連邦図書
館政策が通信技術活用事業に重点が置かれるのと同時に，従前から実施されて
いた個別のサービス事業は廃止・削減が提案され，情報技術活用重視の情報政
策が明確に反映されるものとなった[20]。

　これまで民主党政権期にあっては，アメリカ連邦図書館立法は新たなサービ
ス事業の開始とそれに伴う予算措置が行われ，政策拡大の好機となっていた。
しかしクリントン政権はこれまでの事業内容の継続に積極的ではなかった。

　予算面においても，クリントン大統領は拡大の方針を示さなかった。下院の
デール・キルディ（Dale Kildee，民主党，ミシガン州選出）は，政府の予算要求
から除外された図書館プログラムを復活させ，前年レベルの資金が提供される
ように要求する共同書簡への署名を求めた。5月初旬に，下院の84名のメン
バーがこれに署名し，下院の労働教育予算小委員会委員長に提出された。1か
月後に，下院の歳出予算委員会は，政府が除外した図書館プログラムを含む教
育プログラムのための1993年度追加予算法案を可決し，図書館サービス建設
法の資金削減は避けられた。しかし，9月末にクリントン大統領の全国パフォ
ーマンス・レビュー報告によって，1994年度の教育・図書館プログラムは削
減かまたは方向転換の対象となった。

　クリントン大統領の1995年度予算提案内容は，図書館サービス建設法の第
1編と第3編に重点が置かれたものとなった。とくに第3編については，州は

自らのネットワークのキャパシティを拡大し，NII 構想において図書館の参加を促すこととして一層のネットワーク化の推進と新しい通信技術の導入と活用の推進が促された。1995 年図書館サービス建設法の再承認による 1 年の延長は，上院が提出した教育基本法（General Education Act）の法案の一部に含まれる形で議会を通過し，下院の同意を得て成立した（公法 103-382）。これにより，1996 年度までの図書館サービス建設法の活動が承認された。

　図書館サービス建設法は，社会状況の変化に応じた改正が重ねられてきた。1990 年代に入り，電気通信技術の普及に伴う情報流通形態が劇的に変化しつつあった。もはや図書館サービス建設法の内容では社会の変化に対応しきれなくなっており，1995 年に期限が到来するのに合わせて，40 年近く続いたこの法律に代わる新しい法律の策定に向けて，連邦議会やアメリカ図書館協会等図書館関係団体は動き出していた。

　1995 会計年度の大統領予算要求案では，図書館サービス建設法をはじめとする図書館関係事業は予算配分がなされないか，もしくは削減が提示された。アメリカ図書館協会は大統領の予算要求案を受け，"図書館はクリントン大統領が重点を置く情報スーパーハイウェイ構想や就学前児童の教育目標の支援を担うにあたり，他の公的機関よりもよりふさわしい施設である" とコメントを出した[21]。

　全国教育目標にのっとり「ゴール 2000」と題されたアジェンダでは，NII 構想の方針に沿って，公共機関へのインターネット接続を 2000 年までに遂行するという目標が連邦政府の主導によって定められた。しかし，この方針に沿わない既存の図書館プログラムにとっては見直し，縮小，予算削減もしくは事業の廃止という事態を招くことになった。連邦公共図書館支援政策は教育政策の一環であり，加えて経済力開発，労働力開発，生涯学習・リテラシーの向上も目標とされ，これらの目標に沿ったもの，効果的なものである必要があった。

　連邦政府の NII 構想とユニバーサル・サービスの原則で示された図書館の役割は，図書館サービス建設法に代わる新しい連邦公共図書館支援政策の方向を決定づけた。それは，平等な情報アクセス，情報弱者のためのセイフティ・ネットとしての役割を果たすことであり，そのために事業の優先事項を通信技術

の活用を通じたサービスの提供とアウトリーチサービスの拡大に移す必要性が
明確になった。そこで，アメリカ図書館協会等ではこれらの情報政策に合致し
た内容で図書館サービス建設法の再検討が行われた。

6.2　図書館サービス技術法の形成過程

　本節では，アメリカ図書館協会および他の図書館団体による図書館サービス
建設法再承認の政策立案活動，上院下院および本会議での同法案形成過程を明
らかにする。同法案形成過程を検討するにあたり，アメリカ図書館協会等図書
館関係団体の政策提案内容および連邦議会各委員会における審議過程を検討
し，連邦公共図書館支援政策の策定に影響を与える要因について考察を試み
る。表6−1に第104連邦議会における図書館サービス技術法（LSTA）の立法
過程を示す。次項以下で図書館団体の政策立案活動，連邦議会上下両院におけ
る立法過程から図書館サービス技術法成立に至るまでを詳述する。

表6−1　第104連邦議会における図書館サービス技術法の立法過程

年　月　日	LSTA 関連法案の状況
1995年5月11日	下院法案（H.R.1617）提出
1995年5月25日	上院法案（S.856）提出
1995年9月9日	下院を通過（H.R.1617）
1995年10月11日	上院法案（S.143）承認　※S.855の内容を含む
1996年5月21日，23日，7月17日	両院協議会にて合意（H.R.1617）※S.143の内容含む
1996年7月17日	上院，下院各法案（H.R.1617），両院協議会で合意
1996年9月28日	下院本会議にて可決
1996年9月30日	上院本会議にて可決
1996年9月30日	クリントン大統領署名によりLSTA成立（P.L.104-208）

出典：Congress.Gov.（https://www.congress.gov/）において各法案の審議過程
　　　に基づき筆者作成

6.2.1　図書館団体の政策立案活動

1993年当時の連邦議会[22)] および行政府では，図書館サービス建設法に対して旧来の事業を旧来の方法で行っていると考えられており[23)]，再延長への積極的な支援は期待できなかった。連邦政府による図書館行政への関与の継続が危ぶまれることに危機感を持ったアメリカ図書館協会は，図書館サービス建設法の再承認に向けた対応を開始した[24)]。

1993年，アメリカ図書館協会をはじめとする図書館団体によって図書館サービス建設法再承認特別委員会が設けられた。メンバーは，同協会から立法委員会，特別共同図書館機関協会，および公共図書館協会が参加した。同協会立法委員会の図書館サービス建設法再承認特別小委員会の委員長であるジャン・モルツァン（Jan Moltzan）とジョアン・レス・リーブス（Joan Ress Reeves）は，図書館サービス建設法の再承認に関する協同連合特別チームの協同議長となった[25)]。他のメンバーは州図書館機関長団体（The Chief Officer of State Library Agencies），都市図書館協議会（The Urban Libraries Council），図書館情報学国家委員会から成り，教育省図書館プログラム課がオブザーバーとなった。図書館サービス建設法再承認特別小委員会は同法の再授権のための方策を討議し，改正案の提案などの活動を通して連邦政府および議会への働きかけを行った。

1994年2月5日から2日間にわたってカリフォルニア州ロサンゼルスで行われたアメリカ図書館協会冬季大会において，図書館サービス建設法再授権と情報基盤を議題とした討議が行われた[26)]。この席で図書館サービス建設法再授権特別委員会のメンバーである公共図書館協会の委員から，図書館サービス建設法に基づく連邦資金を，NII構想において公共図書館が位置づけられたユニバーサル・アクセス機関としての整備のために使用する内容にするべきとの提案があった。一方で都市図書館協議会の委員からは貧困な児童のための人口割当資金を充当すべきだとの意見が出され，新しい図書館サービス技術法案はこの2点を含む内容となった[27)]。

1994年6月29日，フロリダ州マイアミで行われたアメリカ図書館協会年次大会において，アメリカ連邦図書館立法に関する評議会決議が出された。決議文中で図書館サービス建設法再授権に関する同協会の政策方針が示され，改正

を支援することが表明された[28]。これからの公共図書館支援に求められる連邦政府の役割として，通信技術を活用した情報アクセス機会の向上と，特別な図書館サービスが必要な人々のために図書館・情報サービスを改善・促進するという２点が掲げられた。改正案の内容は，公衆への図書館サービスの普及と機会均等を目的とし，従来どおり州が活動の主体となることを原則とした。さらに，連邦政府に期待する役割として州への支援のみでなく，調査開発，技術，教育と研修といった図書館・情報サービスの全国規模のニーズに焦点をあて，必要とされる機構を創設することに触れている。この内容は後の図書館サービス技術法草案の骨子となるものであり，また 1996 年に成立する同法の基礎となるものであった。

　これらの議論を経て作成された図書館サービス建設法再授権特別委員会による提案の主要な内容は次の２点であった[29]。ひとつは，NREN へのアクセスとリンク付けの実施，技術に関する費用の分担，経済開発向上プロジェクトの実施，地方，州，連邦の行政情報の普及といった，情報通信技術の活用に重点が置かれた内容となった。もうひとつは，生涯学習，児童プロジェクト，ネイティブ・アメリカンおよび障がい者への特別なサービスへのアクセスが提案された。

　上記の提案から，図書館団体においても社会の変化に合わせた図書館サービス建設法の見直しが必要と判断されたとみることができる。また新しい連邦図書館立法は，NII 構想に沿ったものとすることが意識されている。その理由として，連邦議会で通過しやすく，行政にも有効性をアピールできるという政治的な面が考慮された点が挙げられる。しかしその一方で，連邦補助金の使途を通信技術分野のみに限定することは，伝統的な図書館サービス分野への連邦資金を失うことになる。そのため図書館サービス建設法再授権特別委員会は，州の図書館サービス運営をサポートするための連邦補助金の保障と，各州の必要に応じた図書館サービス計画の策定および実施の保障という従来の制度を維持しつつ，連邦政府レベルの全国情報政策の目的に合致させることで，連邦の公共図書館支援政策および資金の維持を狙った。図書館団体が図書館に対する連邦補助金の維持に力を注いでいる理由に，図書館資金の縮小の連鎖がある。連

邦補助金の減額や廃止は州資金の縮小を合わせて引き起こすこととなり，地方の図書館財政の負担が増すこととなる。さらに各図書館で実施されるプログラムの縮小もしくは廃止につながる事態が懸念される。

　図書館サービス技術法草案は連邦議会両院の各担当委員会（上院は労働・人的資源委員会，下院は経済・教育機会委員会）によって検討された。次項で，上院下院それぞれの法案の内容および審議状況を追いつつ，アメリカ図書館協会によって出された提案を併せて検討する。

6.2.2　下院案－経済・労働補助金事業との統合－

　図書館団体による図書館サービス技術法草案の提出後，先に動きがあったのは下院であった。下院の経済・教育機会委員会によって 1995 年 5 月 4 日に公告された報告書において，新しい連邦公共図書館支援政策案が示された。

　下院の委員会報告において，4 つの大きな連邦補助金事業である①青年期労働力準備事業，②職業リハビリテーション事業，③成人研修事業，④成人教育・リテラシー事業のうちの④に図書館事業が含められた。報告書によれば，"ブロック補助金[30]への連邦図書館プログラムの統合は，通信技術に関する資金を 21 世紀にむけた" ものであり，その使途を（A）図書館とワンストップ・キャリアセンターとの電子的な接続，（B）図書館間のリンクの確立および向上，（C）電子的なネットワークを通じた情報アクセス分野における図書館支援，（D）連邦，州，地方各政府レベルの図書館や異なる館種の図書館間のコンソーシアおよび資源共有の確立の奨励，（E）コンピュータシステムおよび電気通信技術のための取得・共有のための図書館に対するコストの支払いを目的として州に支払われるとされた[31]。

　下院案は，州ベースの補助金交付の形態を維持しつつ，これまで図書館サービス建設法，高等教育法および初等中等教育法といった個別の制定法でそれぞれに実施されていた図書館プログラムを統合し，現行法を廃止する内容であった。さらに経済力・労働力開発政策と統合し，4 つの事業でのブロック補助金事業化が提案された。この下院案に対してアメリカ図書館協会は "ブロック補助金は個々のプログラムを統合した合計額より低くなる傾向がある" という意

見を出した[32]。そして再度図書館団体の提案を取り入れるよう下院への働きかりを開始した。その際に図書館団体の提案が下院案の代用として有効であることを示すために，同提案の内容は図書館サービス建設法の事業と整理・統合しシンプルに改定された法案であることをアピールし，下院案との共通点を強調した。

　下院の経済・教育機会委員会は，「幼年期・青年期・家族小委員会委員長（Chairman of the Early Childhood, Youth and Families Subcommittee）」でランディ・カニンガム議員（Randy Cunningham, 共和党, カリフォルニア州選出）らの働きかけにより，先の報告書中の図書館補助金に関する内容について図書館団体の提案を受け入れた。委員会は，1995年5月24日にこの新たな報告書を賛成29票，反対5票で承認した[33]。

　この法案は「教育・労働・リハビリテーションシステムに関する統合およびリフォーム法（Consolidated and Reformed Education, Employment, and Rehabilitation Systems, 以下 CAREERS 法案（H.R.1617））」と呼ばれた。図書館に関係するパートは第4編 "図書館技術統合補助金" とされた。予算承認額は1997年から2002年の各会計年度に1億1千万ドルであった。アメリカ図書館協会は，CAREERS 法案（H.R.1617）に関して，"この下院案によって現行の連邦図書館プログラムが廃止されることになり，それは連邦政府の実施する図書館プログラムの縮小につながる" とのコメントを出した[34]。

　CAREERS 法案（H.R.1617）が委員会において承認されたのち，6月22日に委員会報告書 H.Rept.104-152[35] が出された。この報告書で示された新しい図書館補助金事業に対する見解を以下に抜粋する。

　　当委員会は，すべての国民に情報への平等なアクセスを保障する役割を担う図書館の価値を認めている。1956年に，後に図書館サービス建設法となる法律が承認されたとき，その目標はすべての国民に図書館および情報へのアクセスを保障するというものだった。そして今日，96％のアメリカ人が図書館へのアクセスを確保していることを喜ばしく思う。

　　図書館技術統合補助金は，新しい情報技術の利用を通じて市民への図書

館サービスを提供するものである。この補助金は全米の公共，学校，大学図書館を援助の対象とする。この法案は，資源共有を促進するために各機関との連携構築に対して連邦援助を行い，国民に対してインターネット利用等の新しい情報資源へのアクセスを与えるものである。加えて，図書館とワンストップ・キャリアセンターとの連携を進めるために資金を利用することができるものである。

　この事業の価値は，民主主義と平等の実現のために電子的な情報資源へのアクセスを提供することである。図書館および図書館員は情報スーパーハイウェイの案内役として，利用可能な情報（政府情報，図書館資源，教育および求職情報）へのアクセス提供のための設備や知識を備える。何百万人ものアメリカ人にとって，図書館は情報スーパーハイウェイの入口となるであろう（略）図書館サービス建設法は，何百万人のアメリカ人のために図書館へのアクセスを提供した。図書館技術統合補助金は，アメリカ人に21世紀の情報資源への平等なアクセスを提供するものである[36]。

　この委員会報告書に対してアメリカ図書館協会は，図書館サービス技術法草案は図書館サービス建設法に置き換わるものとして作成したものであり，他の図書館事業を含めるものではないということ主張した[37]。しかし，委員会は教育省のすべての図書館事業の統合を選択した。

　委員会報告書で連邦図書館プログラムの統合についての根拠が以下のとおり説明された[38]。まず現状として，各機関が館種別に援助を実施していることをあげた。続けて，予算に関して学校図書館を対象とした初等中等教育法の学校図書館メディア資源事業には2億ドルの予算が承認されているが，実際の予算配分がない実態をあげた。高等教育法と図書館サービス建設法については予算配分はなされているものの，事業の中にいくつか重複した活動が指摘された。また，多様な活動に対して限られた連邦補助金を費やすことを継続するよりも，通信技術の利用に絞って連邦支援を行う方が効果的であるとした。これらの理由により，図書館技術統合補助金は，主要な連邦図書館補助金事業を統合し，電子的なネットワークを通じた情報への公的なアクセスの改善や図書館と

ワンストップ・キャリアセンターシステム間の連携に補助金を使用することとした。この説明によって，新しい図書館技術統合補助金の制定と引き換えに現行の連邦図書館補助金事業を廃止することが提案された。下院案 H.R.1617 は，1995 年 9 月 19 日，賛成 345 票，反対 79 票で通過した。賛成票のうち共和党が 226 票，民主党 119 票であり，反対票 79 票のうち共和党が 3 票，民主党が 75 票，他 1 票であった[39]。民主党では票が割れた結果となった。

6.2.3　上院案－博物館図書館サービス機構の新設と博物館との連携－

　下院で委員会討議が始められた同年 5 月 25 日，上院において図書館サービス建設法に置き換わる S.856 法案が作成された。S.856 法案は，図書館団体の提案をほぼすべて含む内容となった[40]。S.856 法案は教育・芸術・人文小委員会委員長であり労働・人的資源委員会委員のジム・ジェフォーズ議員（Jim Jeffords，共和党，バーモント州選出）ら 6 名によって提出され，委員会において検討された。上院の法案は公共図書館支援事業の管轄を超えた，より包括的な連邦事業の中に図書館事業を含めた内容となった。

　1965 年全米芸術・人文科学基金法および博物館サービス法修正，美術工芸損害補償法の改正および延長に関する法案（A bill to amend the National Foundation on the Arts and the Humanities Act of 1965, the Museum Services Act; the Arts and Artifacts Indemnity Act to improve and extend the Acts, and for other purposes）と名付けられたこの法案は「第 1 編　1965 年全米芸術・人文科学基金法」，「第 2 編　博物館図書館サービス法」，「第 3 編　美術工芸損害補償法」で構成され，「第 2 編　博物館図書館サービス法」の小編 B に図書館サービス技術法が置かれた。

　図書館サービス技術法に基づく事業を履行する組織として，全米芸術・人文科学基金（National Foundation on the Arts and Humanities，以下 NFAH）の内部に博物館図書館サービス機構が創設された。機構内に博物館サービス部門（Office of Museum Service）と図書館サービス部門（Office of Library Services），および全米博物館サービス委員会（National Museum Services Board）を置く提案がな

された。

この法案は，1965年全米芸術・人文基金法を改正し全米芸術基金と全米人文基金の再承認を行うと同時に，博物館補助金事業と図書館補助金事業を合併する内容であった。行政組織面の変更として，連邦の公共図書館支援事業の管轄を教育省から博物館図書館サービス機構に移し，連邦政府による博物館・図書館支援事業を管理運営するという内容であった。法律面では，博物館図書館サービス法の中に図書館サービス技術法を置く構成となった。図書館サービス技術法には，図書館サービス建設法と高等教育法の一部のプログラムが統合された。この上院法案がほぼそのままの内容で，他の法案に組み込まれる形でのちに成立するに至った。

多くの連邦公共図書館支援事業が，廃止，減額，予算ゼロのリストに挙げられている状態にあって上院下院それぞれから事業を継続させる法案が出されたことは，両院の予算委員会に対する連邦公共図書館支援政策の継続の意思を伝える効果があった。1995年8月30日に委員会による報告書（Senate Reports 104-135，以下104-135報告書）が提出されたが，上院本会議の最終審議には至らなかった。上院における法案審議の過程は，104-135報告書に詳しく見ることができる。この報告書から，博物館事業との統合に至った理由について委員会の見解を引用する。

第2編　博物館図書館サービス法

図書館サービスは，アクセスと通信技術に重点がおかれた。（略）当委員会は，博物館と図書館がすべての人々に対する教育的な機会の向上に効果を示す機関としてきわめて重要であると信じている。また，地方において，図書館と博物館の能力を結びつけることにより，個々人の学習機会が向上することを委員会は確信している。（略）図書館サービス技術法はプログラムの効率的なサービス提供とともに，現在の図書館プログラムの管理運営の統合，合理化，簡素化を意図している[41]。

また，図書館事業を教育省から博物館図書館サービス機構に移したことにつ

いて報告書では次のように説明された。

　この展開には多くの理由がある。委員会は，図書館事業の移管によって
その能力と安定性が向上する機会を提供することになると考えた。図書館
および関係機関等は，情報基盤，経済発展，デジタル図書館・保存，公文
書および政府情報活動他，図書館の教育的役割を越えて州と地方のパート
ナーシップで結ばれる。委員会は，これまでどおり教育省の役割として図
書館および利用者に関するデータを収集し，調査研究に関する図書館の支
援，すべてのレベルの教育関連機関およびプログラムへ支援をこれまで同
様に行うべきであると考える。しかし，委員会は新しい機関が図書館と博
物館の機能を共同で担うことへの多大な可能性をみている。
　博物館と図書館を統合するにあたって，委員会はこの2つの機関の使命
と規範を保護するための努力を行った。委員会は新しい合併機関におい
て，博物館事業と図書館事業が対等なパートナーとなることを意図してい
る。博物館と図書館はともに地域に多大な貢献を行う機関である。そして
委員会はそれらの利益とユーティリティについてのバランスを認識し，尊
重されることを強く確信している[42]。

　また他の理由としてモルツとダインは，1995年に図書館サービス建設法の
期限が到来し失効した後ただちに同法の継続を提案しなかった理由として，共
和党に教育省の廃止を要求され解体されるかもしれないとのおそれがあったこ
とから，上院は連邦図書館立法を運用する別の機関を見いだす措置を講じたた
めであると指摘した[43]。
　1995年10月11日，労働力開発改正法案（Workforce Development Act of 1995，
以下，S.143法案）が賛成95票，反対2票で上院を通過した。賛成票の内訳は
共和党が52票，民主党が43票と，両政党ともほぼ賛成票が投じられた[44]。
S.143法案では，連邦の労働・研修・職業訓練・成人教育支援事業が統合され
た。このS.143法案の第2編に，これまで委員会において検討されてきたが上
院本会議の議題にあがらなかったS.856法案が付け加えられた。また下院から

上院へと送付された H.R.1617 法案について S.143 法案の内容に合わせた修正を行うことが承認された。

　上院下院それぞれの法案に対してアメリカ図書館協会の見解が出された[45]。下院案に対しては，シンプルであること，公共図書館支援に対する連邦政府の役割が今日の政策傾向に合致していることを評価するとした。一方で，予算規模が現在のレベルを下回ることおよびいくつかの連邦図書館事業が廃止されることが懸念されるとした。上院案に対しては，アメリカ図書館協会等による図書館サービス技術法提案が取り入れられていること，他の連邦図書館事業の廃止には触れていないことが評価された。それらを踏まえアメリカ図書館協会および図書館支援者たちは，包括的な連邦の役割を定め，より予算規模の大きな額を提示している上院案を支持することを表明した[46]。上院案では管理運営を連邦教育省から連邦独立行政機関の博物館図書館サービス機構に移管するとされており，これも含めて支持するという結果となった。

6.2.4　図書館サービス技術法 1996 年制定法の成立

　図書館サービス技術法案を含む法案が両院で提出されたことから，両院協議会にかけられることとなった。1996 年，第 104 議会後期に入り，5 月に 2 回，7 月に 1 回，H.R.1617 法案に関する両院協議会が開かれた[47]。両院協議会は上院下院を通過した法案を調整する役割を持つ。この協議において H.R.1617 法案の合意に至り，上院下院とも同じ法案内容の合意案が作成された[48]。7 月 25 日に発行されたこの協議に関する報告書（H.Rept104-707）から，博物館サービス法との統合と博物館図書館サービス機構の新設等，主要な点において上院案の採用が確認された[49]。上院案はアメリカ図書館協会等図書館団体の意見が反映されたものであり，両院協議会に先立ち同協会は上院案の内容支持を表明していた[50]。この両院協議会の後，この合意案は上院下院で本会議にかけられるのを待つことになった。

　しかし，会期末の折衝の過程で，図書館サービス技術法を含んだ法案は，1997 会計年度の大規模な総合的予算法案（Omnibus Appropriations bill, H.R. 3610）に織り込まれた[51]。この予算法案は 2,000 ページ以上に及んだ。最終的

にこの法案は，下院で9月28日に，上院で9月30日に承認された。そして同日クリントン大統領による署名が行われ，第104議会の最終日，図書館サービス技術法が制定された。

　翌1997年12月1日付け公法102-158で，同法の技術的・適合改正[52] が行われた。この改正で，「図書館」の定義に専門図書館（Special Library）が含まれた。また「インディアン部族（Indian Tribe）」が「ネイティブ・アメリカンズ（Native Americans）」に修正され，該当する団体等への予算配分割合が1.5%から1.75%に変更された。また「ナショナル・リーダーシップ助成金または契約」が「ナショナル・リーダーシップ助成金，契約または協力協定」に変更され，予算配分割が4%から3.75%へと変更された。

6.3　まとめ

　図書館サービス法の成立は，1950年代に社会計画の整備や国家計画の策定が盛んに行われ，地方行政への連邦政府の法規制面での関与が増大しつつある中で実現した。1960年代は「偉大な社会」をスローガンに連邦政府による州や地方への関与が増大する中，図書館サービス建設法が成立し図書館建設補助やさまざまなサービス事業が展開された。1970年代は移民の増加を受け多文化サービスが実施された。1980年代は経済不況下での予算削減および事業廃止提案の影響を受けながらも，図書館サービス建設法の事業は現状維持の状態が保たれた。

　アメリカ連邦図書館立法の変遷を各年代の社会政治状況に照らしてみると，各時代の政治的要因と技術的要因を受け策定されていることがわかる。図書館団体は連邦レベルの公共図書館支援に関して政策課題化および立法化する際の主要アクターである。図書館団体は，アメリカ図書館協会を中心に各図書館団体の意見をまとめて草案を作成し，連邦議会に対して法案提出を働きかけることでアメリカ連邦図書館立法の形成に関与している[53]。「研究課題1：アメリカ連邦図書館立法の形成過程とその形成に関与するアクター（大統領府・連邦議会・図書館団体等）の活動を明らかにする」に対し，これまでのアメリカ連邦図

書館立法の変遷をふまえた上で図書館サービス技術法の形成過程を検討した結果として，次の2点を指摘する。第一に技術的要因として1990年代以降のインターネットの普及を背景とした，NII構想等情報政策の推進がある。NII構想に図書館が含まれたことによって，図書館サービス技術法ではインターネット技術を活用したサービスに焦点が当てられることとなった。第二に政治的要因として，図書館サービス技術法案の策定の過程でアメリカ図書館協会ら図書館団体による再承認の働きかけと，連邦議会での審議による博物館行政との統合が図られたことである。この2点について，次の項で詳述する。

6.3.1 NII 構想の影響

　本章において図書館サービス建設法から図書館サービス技術法への改正に影響を与えた要因を検討した結果，NII構想との関連が明らかになった。図書館情報学国家委員会の調査によれば[54]，1994年の公共図書館におけるインターネット接続率は20.9%であった。その後1996年に44.6%，1997年に72.3%，2000年には94.5%，2004年[55]には98.9%へと増加した。この状況から，図書館でのインターネット端末利用提供サービスは，1994年から2000年の間に全国に普及し定着したといえる。インターネット環境普及の背景に，国レベルの情報政策としてNII構想の推進と，公共機関向けの料金割引等の関連制度があわせて整備されたことが挙げられる。

　NII構想が進められていた1990年代前半は，図書館サービス建設法の内容と再授権が再検討される時期でもあった。アメリカ図書館協会では，従来の内容では図書館サービス建設法の再授権は見込まれず，インターネットの普及に伴う環境に対応した新しい連邦図書館立法が必要との判断がなされた。6.1.3項で述べたとおり，1990年代にはすでに図書館サービス建設法の予算のうち約20%は電気通信技術を利用したサービスに使用されていたが，その使途は主に図書館間のネットワーク化や電子的なデータベースへのアクセスにあり，NII構想で示された図書館の役割には合致していなかった。図書館サービス建設法の後を継ぐ新しい連邦図書館立法の内容は，NII構想における図書館の役割に沿ったものとし，図書館の存在を強調させる必要があると判断された。こ

れを反映した図書館サービス技術法には "地方, 州, 地域, 国および国際的な電子的ネットワークを通じてすべての利用者に情報へのアクセスを提供するための図書館サービスを発展させること" [56), "あらゆる館種の図書館の間で, および館種を横断して電子的およびその他のリンケージを提供すること" [57) という条文が置かれた。

　図書館サービス技術法は, 図書館サービス建設法の期限到来後に連邦公共図書館支援政策が継続されることが意図された。そのために議会において通過しやすい内容である必要があった。その結果, NII 構想の目的と一致させることからインターネットを利用した情報アクセスの支援に焦点をあてたものとなった。

6.3.2　図書館サービス技術法の成立に関与する各機関の活動

　図書館サービス技術法の成立に至る過程において, アクターであるアメリカ図書館協会等図書館団体, 連邦議会両院委員会を対象に図書館サービス技術法案の作成および審議過程を分析した結果, 次の2点を明らかにした。

（1）図書館団体のニーズの反映

　アメリカ図書館協会を中心とした図書館団体によって作成された図書館サービス技術法草案の作成過程を検討した結果, 図書館サービス建設法で実施されていた8事業が3事業に整理され, インターネットを通じた情報アクセス支援に焦点が当てられたことが確認できた。また, 連邦から州への交付金事業の継続は州図書館行政機関長団体の要望によるものであり, 連邦と州および地方の関係維持を意図したとみることができる。連邦議会での議論を経て図書館サービス技術法は博物館図書館サービス法の一部となり, 事業履行の主体は連邦教育省から博物館図書館サービス機構に移されたが, 同法は図書館団体の提案による草案が生かされた内容となった。図書館サービス建設法再承認特別委員会が作成した同法草案はアメリカ図書館協会の他, 公共図書館協会, 都市図書館協議会など複数の図書館団体の意見が反映されたものであった。また上院が立案した図書館サービス技術法法案はこの草案に修正を加えたものであること

が，上院104-135報告書に記載されている。このことから，図書館サービス技術法の内容には図書館団体の意見が影響していることが明らかになった。連邦議会の審議過程での関与については，他の連邦図書館支援事業との統合に対して当初反対声明が出されたものの，結果的により多額な予算の獲得のために下院より予算提示額が高額であった上院案が支持された。図書館団体による新しい連邦図書館政策策定の働きかけによって，連邦と州および地方との関係は保持された。

（2）連邦議会における公共図書館支援政策統合議論

第104議会での審議内容を検討した結果，上院下院に共通して連邦公共図書館支援政策の整理統合が検討されたことが明らかになった。下院においては，図書館補助金事業と経済・労働補助金事業の統合が検討された。上院では，公共図書館を対象とする図書館サービス建設法と，高等教育法に置かれていた大学図書館支援事業，初等中等教育法に置かれていた学校図書館支援事業等を図書館サービス技術法の下に統合することが検討された。また連邦公共図書館支援事業と博物館支援事業を同一の組織の元で管理運営する組織改革案も提出された。最終的に上院案が上院下院を通過し，博物館図書館サービス法が成立した。この法律によって図書館政策と博物館政策の一元化と，管理組織の一本化が図られた。図書館サービス技術法をめぐる議論では，第104議会における法案の投票数から政党による意見の偏りはみられなかった。

6.3.3　図書館サービス技術法その後の展開

1996年の図書館サービス技術法成立から20年以上が経過した。現在は2018年改正法に基づき各事業が履行されている。近年，博物館図書館サービス機構の管轄が拡大している点に触れる。2003年改正法により図書館情報学国家委員会の廃止が決定され，2008年にその役割が博物館図書館サービス機構内の「全米博物館図書館サービス委員会（National Museum and Library Services Board)」に移された。また同年，「全米教育統計センター（National Center for Education Statistics，以下NCES)」の図書館関係統計部門も博物館図書館サービ

ス機構の所管するところとなった。この変更により，図書館政策の立案や連邦政府への政策アドバイスなども博物館図書館サービス機構の任務となった。図書館政策および図書館関係組織の統合が進められ博物館図書館サービス機構に集約されつつある。

　次章において，図書館サービス技術法 2003 年改正法，2010 年改正法を対象に連邦図書館支援政策の動向を整理する。

【注・引用文献】

1) 音好宏.「メディア産業」『事典現代のアメリカ』小田隆裕［ほか］編，大修館書店，2004, p.797.
2) 古賀崇，三浦太郎，中村百合子.『情報基盤としての公共図書館の可能性』東京大学大学院教育学研究科図書館情報学研究室，2000, 68p.
3) 全国情報基盤構想に関する記述については，以下の資料を参考とした。
　①Gore, Albert Arnold『情報スーパーハイウェイ』［*Information Superhighway*］門馬淳子訳，電通，1994, 299p.
　②浅井澄子「1996 年電気通信法の概要と意義」『1996 年米国電気通信法の解説 − 21 世紀情報革命への挑戦 −』郵政省郵政研究所編，商事法務研究会，1997, 353p.
4) 前掲 3, ①, p.18-19.
5) *High-Performance Computing Act of 1991*. The Networking and Information Technology Research and Development. https://www.nitrd.gov/congressional/laws/102-194.pdf,（accessed 2016-06-01).
6) 前掲 3, ①, p.243-244.
7) Gore, Albert Arnold『GII 世界情報基盤』［*Global Information Infrastructure*］浜野保樹監修・訳，ビー・エヌ・エヌ，1995, p.221.
8) 前掲 3, ②, p.132.
9) 前掲 3, ②, p.132.
10) 清原聖子『現代アメリカのテレコミュニケーション政策過程：ユニバーサル・サービス基金の改革』慶應義塾大学出版会．2008, 245p.
11) Gordon, Flagg. "At Senate hearing, librarians seek their place on the information highway," *American Libraries*. vol.25, No.6, 1994, p.492.
12) Curley, Arthur. *The Bowker annual : library and book trade almanac 40th ed.* R.R.Bowker, 1995, p.199.
13) 前掲 10, p.199.
14) 前掲 10, p.199.
15) Molz, Redmond Kathleen; Dain, Phyllis『シビックスペース・サイバースペース：情

報化社会を活性化するアメリカ公共図書館』［*Civic space/Cyberspace : the American Public Library in the Information Age*］山本順一訳，勉誠出版，2013, p.128.

16) Holley, Edward G. and Schremser, Robert F. *The Library Services and Construction Act: A Historical Overview from the Viewpoint of Major Participants.* Greenwich, JAI Press, 1983, p.104-105.

17) Turock, Betty. "The new case for federal library support," *Library Journal*, Vol.119, No.3, 1994, p.126-128.

18) "Bearman, Shimon at legislation briefing," *Library Journal*, Vol.119, No.5, 1994, p.13-14.

19) 秋山勉「LSCA から LSTA へ－米国公共図書館政策の転換－」『カレントアウェアネス』No.222, 1998. http://current.ndl.go.jp/ca1171, (accessed 2014-08-20).

20) McClure, Charles R., et al. "Enhancing the Role of Public Libraries in the National Information Infrastructure," *Public Libraries*. Vol.35, No.4, 1996, p.233.

21) "FY1995 Clinton Budget for Libraries: Year Two-Same Scenario LSCA-Level and Zero," *ALA Washington Office Newsline*. Vol.3, No.7, 1994. http://serials.informations. com/alawon/alawon-v3n07.txt, (accessed 2014-06-17).

22) 1993 年の中間選挙によって第 104 議会では共和党が上下両院で多数派となった。

23) Weaver, Barbara. "Federal funding for Libraries: A state library perspective," *The Bowker annual : library and book trade almanac 41ˢᵗ ed.* R.R.Bowker, 1996, p.215.

24) アメリカ図書館協会および図書館サービス建設法再承認特別委員会の活動について，同協会ワシントン事務所の発行する "ALA Washington Office Newsline" の 1993 年から 1996 年を対象に関連記事を抽出した。その結果，1993 年に 3 件，1994 年に 8 件，1995 年には 21 件，1996 年に 17 件の図書館サービス建設法改正に関する情報を抽出し，整理した。

25) "ALA Lesislation Information Update. Preliminary Agenda for Annual Conference," *ALCTS Network News*. Vol.7, No.17, 1993. http://serials.infomotions.com/ann/ann-v7n17.txt, (accessed 2016-06-01).

26) "Legislative and Policy Sessions at ALA Midwinter," *ALA Washington Office Newsline*. Vol.3, No.3, 1994. http://serials.informations.com/alawon/alawon-v3n03. txt, (accessed 2014-08-01).

27) Gaughan, Thomas M.; Kniffel, Leonard et al. "The way ALA does business: A Midwinter Meeting wrap-up," *American Libraries*. Vol.25, No.4, 1994, p.356-360.

28) "Summary of ALA Council Resolutions Related to Federal Legislation, "*ALA Washington Office Newsline*. Vol.3, No.32, 1994. http://serials.infomotions.com/ alawon/alawon-v3n32.txt, (accessed 2014-08-18).

29) Merrifield, Mark D. "The Funding of Rural Libraries," *Library Trends*. Vol.44, No.1,

1995, p.55.

30）ブロック補助金（block grant）は，使途を特定しない包括補助金であるため，各事業への割当は州や地方団体が決定する。図書館サービス技術法に基づく補助金は使途を指定した特定目的補助金（categorical grant）に該当する。

31）ALA Washington Office. "House Committee would merge Library Programs into Block Grant," *ALA Washington Office Newsline.* Vol.4, No.39, 1995. http://serials. infomotions.com/alawon/alawon-v4n39.txt,（accessed 2014-08-01）.

32）前掲 31.

33）ALA Washington Office "House Committee Approves Library Block Grant," *ALA Washington Office Newsline.* Vol.4, No.48, 1995. http://serials.informations.com/ alawon/alawon-v4n48.txt,（accessed 2014-08-01）.

34）前掲 31.

35）*House Report 104-152.* http://www.gpo.gov/ fdsys/pkg/CRPT-104hrpt152/pdf/ CRPT-104h rpt152.pdf, p.154-155.（accessed 2014-11-07）.

36）ALA Washington Office "House Committee Issues Report on LSTA Block Grant Bill, H.R.1617," *ALA Washington Office Newsline.* Vol.4, No.74, 1995. http://serials. infomotions.com/alawon/alawon-v4n74.txt（accessed 2014-08-13）.

37）前掲 31.

38）前掲 36.

39）*HR1617 Recorded Vote.* http://clerk.house.gov/evs/1995/roll671.xml,（accessed 2014-11-15）.

40）*Arts, Humanities, and Museums Amendments of 1995.* http://www.gpo.gov/fdsys/ pkg/BILLS-104s856is/pdf/BILLS-104s856is.pdf,（accessed 2014-11-27）.

41）*Senate Report 104-135.* http://www.gpo.gov/fdsys/pkg/CRPT-104srpt135/pdf/ CRPT-104srpt135.pdf,（accessed 2014-11-18）.

42）前掲 41.

43）前掲 15, p.135.

44）*U.S. Senate Roll Call Votes 104th Congress - 1st Session, On Passage of the Bill* （H.R.1617 as Amended）. http://www.senate.gov/legislative/LIS/roll_call_lists/ roll_call_vote_cfm.cfm?congress=104&session=1&vote=00487#top,（accessed 2014-11-15）.

45）ALA Washington Office. "Library Groups Recommend LSTA Compromise to Conferees," *ALA Washington Office Newsline.* Vol.4, No.94, 1995. http://serials. infomotions.com/alawon/alawon-v4n94.txt,（accessed 2014-11-18）.

46）前掲 23, p.217.

47）*Bill Summary & Status 104th Congress H.R.1617.* https://www.congress.gov/

bill/104th-congress/house-bill/1617?q=%7B%22search%22%3A%5B%22hr1617%22
%5D%7D&resultIndex=11, (accessed 2016-06-01).

48) *House Report 104-707*. 1996,p.263-271. http://www.gpo.gov/fdsys/pkg/CRPT-104hrpt707/pdf/CRPT-104hrpt707.pdf, (accessed 2014-11-13).

49) 前掲 48.

50) 前掲 45.

51) 前掲 15, p.133.

52) 公法 105-128. *Museum and Library Services Technical and Conforming Amendments of 1997*. GPO, 1997. https://www.gpo.gov/fdsys/pkg/GPO-CDOC-105sdoc18/pdf/GPO-CDOC-105sdoc18-2-5-1.pdf, (accessed 2016-08-10).

53) U.S. Advisory Commission on Intergovernmental Relations. "*The Federal Role in the Federal System*," Washington D.C., U.S. Government Printing Office, 1980, 42p. http://www.library.unt.edu/gpo/acir/Reports/policy/a-84.pdf, (accessed 2014-07-23).

54) NCLIS. *Public Libraries and the Internet 2000*, 25p. http://files.eric.ed.gov/fulltext/EED446780.pdf, (accessed 2014-08-20).

55) Bertot, John Carlo. et al. *Public Libraries and the Internet 2004*. Florida, Florida State University, 2004, p.111. http://www.ii.fsu.edu/content/download/15117/98677/file/Public%20Libraries%20and%20the%20Internet%202004%20-%20Survey%20Results%20and%20Findings%20 (full%20report).pdf, (accessed 2014-7-24).

56) 平野美恵子「2003 年博物館図書館サービス法」『外国の立法』No.221, 2004.8, p.110.

57) 前掲 56, p.110.

第7章

図書館サービス技術法の展開

　第6章では図書館サービス建設法から図書館サービス技術法への改正に焦点をあて，連邦公共図書館支援政策の転換期に影響を与える政治的・技術的要因を明らかにした。

　本章では，図書館サービス技術法1996年制定法，2003年改正法および2010年改正法を対象に，これまで先行研究では詳細に検討されてこなかったアメリカ連邦政府が実施する公共図書館政策の1996年以降の動向を明らかにすることを目的とする。

　具体的には，博物館図書館サービス機構の役割と図書館サービス技術法の内容の変遷に着目し，連邦公共図書館支援政策の変容について次の調査を行う。第1に，研究課題1に挙げた図書館サービス技術法の形成過程に関与するアクターの活動を検討する。第2に，研究課題2に挙げた同法の内容の変遷を調査する。第3に，アメリカ連邦図書館立法を履行する博物館図書館サービス機構の役割の変化を調査する。

　研究方法は文献調査とし，連邦議会および関係委員会等の議事録と報告書，博物館図書館サービス機構の報告書，図書館団体の会議録，報告資料，活動記録等，関連雑誌記事を対象として分析を行う。

　まず，図書館サービス技術法を含む博物館図書館サービス法の構成と，同法の実施にあたる連邦独立行政法人博物館図書館サービス機構の組織の概要を示す。

7.1 法律と組織の概要

図書館サービス技術法を含む博物館図書館サービス法は，合衆国法典第20編「教育」の72章にあたる[1]。1996年9月30日に第104連邦議会において民主党クリントン大統領の署名により成立した（公法104-208，以下図書館サービス技術法1996年制定法）。2003年9月25日に第108議会で共和党ブッシュ大統領の政権下で再授権され（公法108-81，以下図書館サービス技術法2003年改正法），2010年12月22日に，第111議会で民主党オバマ大統領の署名により三たび再授権が行われ（公法111-340，以下図書館サービス技術法2010年改正法），2016年まで再延長された。図書館サービス技術法2010年改正法を含む博物館図書館サービス法2010年改正法の構成を表7-1に示す。

博物館図書館サービス法は，第I節が総則，第II節が図書館サービスおよび技術，第III節が博物館サービスで構成される。このうち第II節が図書館サービス技術法と呼ばれる。図書館サービス技術法2010年改正法の第1款は，基本的プログラム要件として事業ごとの割当額などが定められる。第2款の図書館プ

表7-1　博物館図書館サービス法2010年改正法（公法111-340）

第I節　総則
（略）
第II節　図書館サービスおよび技術
第1款　基本的プログラム要件
第2款　図書館プログラム
州への助成金（第9141条）
第3款　実施条項
A目　州の要件
B目　連邦の要件
ネイティブ・アメリカンへのサービス（第9161条）
ナショナル・リーダーシップ助成金, 契約又は協力協定（第9162条）
ローラ・ブッシュ21世紀図書館員（第9164条）
第III節　博物館サービス
（略）

出典：訳出については平野美恵子「2003年博物館図書館サービス法」『外国の立法』No.221, 2004.8, p.97　を参考とした

ログラムは，図書館サービス技術法予算の約85%を占める州への助成金事業に
関する支出目的が定められる。第3款の実施条項B目には連邦政府直轄の3事業
である，「ネイティブ・アメリカン等への図書館サービス」，「ナショナル・リーダ
ーシップ助成金」，「ローラ・ブッシュ21世紀図書館員」の規定が置かれている。

　博物館図書館サービス機構は，米国芸術・人文科学財団の下に設置された連
邦独立行政機関である[2]。同様の組織に全米芸術基金，全米人文科学基金，芸
術および人文科学に関する連邦評議会がある。博物館図書館サービス機構は，
1976年設立の博物館サービス機構と，1956年設置の連邦教育省図書館プログ
ラム課が合併された組織である[3]。博物館図書館サービス機構は，連邦政府に
よる図書館支援事業の管理運営組織ということでは教育省の役割を引き継いで
いるが，大統領府にも内閣に連なるいずれかの行政省庁の管轄にも属さない，
ひとつの独立した経営組織と定義されている[4]。

　次に博物館図書館サービス機構の組織構成を，図7-1に示す。

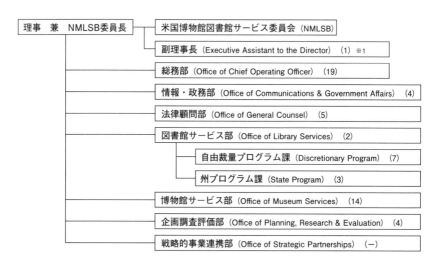

図7-1　博物館図書館サービス機構の組織構成

カッコ内の数字は人数。(http://www.imls.gov/assets/1/AssetManager/IMLS_Organizational_Chart.
pdf, accessed 2015-10-09).
※1　職員録では"Special Assistant"となっている
出典：IMLS Organizational Chart（2013年）に基づき筆者作成.

2015 年 10 月現在の職員数は 60 名[5]で，1996 年の設立当初の 45 名から増加がみられた。図書館サービス部は管理職 2 名と自由裁量プログラム課 7 名，州プログラム課 3 名から構成され，この部門で図書館サービス技術法に基づく事業を所管している。

次節で，図書館サービス技術法 2003 年改正法および 2010 年改正法の形成過程を調査する。

7.2　図書館サービス技術法 2003 年および 2010 年改正法の審議過程

本節では，図書館サービス技術法 2003 年改正法および 2010 年改正法を対象に同法を含む博物館図書館サービス法の形成過程におけるアクターの活動と関係を検討する。

研究図書館協会（Association of Research Libraries）の 2000 年の活動報告書によれば，博物館図書館サービス法再授権に向けた図書館団体の活動の中心的なアクターは，アメリカ図書館協会と州立図書館行政機構長団体であった[6]。また，連邦議会の委員会報告書において図書館界の意見として用いられた情報は，アメリカ図書館協会と州立図書館行政機構長団体のものであった。

そこで，この 2 団体の活動を調査し，図書館団体が連邦政府の図書館政策に求めた内容とその合意に至る過程，および博物館図書館サービス法再授権への関与を明らかにする。次に，連邦議会の立法過程を検討し博物館図書館サービス法再授権にいたる経緯を明らかにする。

7.2.1　2003 年改正法における図書館団体の活動

1996 年制定法が 2002 年に期限満了を迎えるのに先立って，2000 年には図書館サービス技術法再授権に向けた図書館団体の活動がみられた。州立図書館機構長団体では，2000 年に入り 3 回に渡り会合が開かれた[7]。同年 5 月に州立図書館機構長団体は図書館サービス技術法の再授権の支援と，同時に予算の増額要請を決議した[8]。また，州立図書館機構長団体内に置かれた立法委員会は図

書館サービス技術法の改正草案を作成した。改正草案は他のワーキンググルー
プによってさらに検討が加えられた[9]。同年 6 月以降，図書館サービス技術法
再授権の戦略方針会議が数回に渡り開かれた[10]。この会議に参加したのは，州
立図書館機構長団体の他アメリカ図書館協会から立法委員会，ワシントン事務
所，専門・企業図書館部会（ASCLA），学校図書館員部会（AASL），図書館委
員会・支持者部会（ALTA）と，研究図書館協会，アメリカン・インディアン
図書館協会および図書館情報学国家委員会が加わった[11]。

　アメリカ図書館協会は，2001 年 1 月 12 日から 17 日にかけてワシントン
D.C. で開催された冬季大会の理事会において，図書館サービス技術法の再授
権に向けた活動を決議した[12]。続く同年 4 月 30 日から開催された「米国図書
館立法の日（National Library Legislative Day）」の焦点は図書館サービス技術法
の再授権に置かれた[13]。2001 年の夏には，アメリカ図書館協会が作成した図
書館サービス技術法再授権案についてアメリカ図書館協会と州立図書館機構長
団体による検討会が持たれた[14]。

　図書館サービス技術法の改正について，アメリカ図書館協会と州立図書館機
構長団体の各提案内容を検討した結果，州立図書館機構長団体からは州への助
成金の増額が提案され，アメリカ図書館協会からは図書館員および学生への奨
学金事業のためのナショナル・リーダーシップ助成金等事業の資金増額が提案
されたことを把握した。このアメリカ図書館協会の提案は，のちに同法 2010
年改正法で「ローラ・ブッシュ 21 世紀図書館員事業」の新設につながるもの
であった。

7.2.2　2003 年改正法における連邦議会の審議過程

　本項では，図書館サービス技術法 2003 年改正法成立に至る連邦議会の審議
過程を検討する。第 107 議会（2001 年 – 2002 年）において上院下院の両院から
博物館図書館サービス法の再授権に関する法案が提出されたが，成立にはいた
らなかった。第 108 議会（2003 年 – 2004 年）にほぼ同じ内容の法案が再び両院
に提出され，2003 年改正法が成立した。

　最初に，第 107 議会に提出された下院提出法案（以下 H.R.3784 法案）と上院提

出法案（以下 S.2611 法案）を検討する。下院の教育選択小委員会（Subcommittee on Select Education）が，H.R.3784 法案の提出に先立ち，2002 年 2 月 14 日に博物館図書館サービス法の再授権を検討するための公聴会を開催した。この場で当時博物館図書館サービス機構の理事であったロバート・S. マーティン（Robert S. Martin）は，2003 年度の大統領予算教書において，次世代の図書館員の研修機会の増加が要求されていることを引き合いに出し，図書館員の継続的な研修の必要性について述べた[15]。併せて『ザ・マンスリー・レイバー・レビュー（*The Monthly Labor Review*）』の記事を引用し，2009 年頃にベビーブーマー世代の図書館員大量退職がおこると予測されることから，新たな図書館員育成の必要性が高まっていることを伝え[16]，図書館団体による連邦補助金の増額の提案理由を裏付けたうえで，重ねて訴えた。

　公聴会開催後の 2 月 26 日，ピーター・フックストラ下院議員（Peter Hoekstra, 共和党，ミシガン州選出）によって H.R.3784 法案が提出された。同年 3 月 6 日に，下院教育選択小委員会は教育労働委員会宛てに H.R.3784 法案を承認したことを報告した。同年 3 月 20 日，教育労働委員会において H.R.3784 法案の修正提案が行われ，採択された。主な修正提案内容は，予算総額の 350 万ドルへの増額，州への助成金の増額[17]，条文の技術的な変更の 3 点であった。修正の内容は，図書館団体の合意を得ていることが博物館図書館サービス機構から教育労働委員会の委員に宛てた書簡によって述べられており[18]，法案提出後の審議過程において図書館団体や博物館図書館サービス機構の関与がみられた。また同日の教育・労働委員会で，メジャー・オーウェン下院議員（Major Owens, 民主党，ニューヨーク州選出）から提案のあった図書館情報学国家委員会による博物館図書館サービス機構への政策的助言に関する文言の追加については否決されている[19]。この決定に関して教育労働委員会は，H.R.3784 法案に基づく「全米博物館図書館サービス委員会（National Museum and Library Services Board）」の設置は，図書館情報学国家委員会の廃止を提案するものではなく，博物館図書館サービス法のもとに政策的助言機関の責務に関する根拠規定を一本化することを意図しているためとの見解を示した[20]。

　上院では 2002 年 6 月 11 日に，ジャック・リード議員（Jack Reed, 民主党,

ロードアイランド州選出）によって S.2611 法案が提出されたが，審議に至らず第
107 議会が閉会した。この理由として，半野は〝国土安全保障法案の審議が難
航し，連邦議会の議事日程が混乱をきわめたことに起因する〟としている[21]。
第 107 議会での再授権は成立せず，期限を迎えた 1996 年制定法は，継続決議
による 1 年間の延長と統合歳出予算決議による 2003 会計年度分の予算が割り
当てられた[22]。

　第 108 議会会期の 2003 年 1 月 7 日に，下院においてフックストラ議員から
改めて 2003 年改正法案（以下 H.R.13 法案）が提出された。H.R.13 法案に関する
委員会報告書において，州への最低割当金額が 1971 年から増額されていない
ことと，今回の増額改正案が州立図書館機構長団体によって慎重に積み上げら
れたコンセンサスに基づき図書館団体から提案された内容であることが重ねて
伝えられた[23]。結果，H.R.13 法案は 2003 年 3 月 6 日に賛成 416 対反対 2，棄
権 16 で下院本会議を通過し，3 月 10 日に上院へと送付された[24]。

　上院では，博物館図書館サービス法再授権に向けた 2 本の法案が提出され
た。2003 年 1 月 29 日にリード議員によって提案された S.238 法案は審議に至
らなかった。同年 4 月 11 日に，ジャド・グレッグ議員（Judd Gregg, 共和党,
ニューハンプシャー州選出）が，同じ題名の S.888 法案を提出した。S.888 法案で
は，建設資金への図書館サービス技術法資金の使用禁止と，図書館情報学国家
委員会の委員長を新設の米国博物館図書館サービス委員会の委員とする内容が
加えられた[25]。S.888 法案の付託を受けた上院の「厚生・教育・労働・年金委
員会（Committee on Health, Education, Labor, and Pensions）」は 5 月 14 日付けで
満場一致でこの法案を承認した。

　2003 年 8 月 1 日に開かれた上院本会議で，リード議員他 3 名から S.888 法案
修正案（S.Amdt.1541）が提出された。次に，ジョン・ワーナー（John Warner,
共和党, バージニア州選出）議員他の提案により，下院から上院に送付され審議
が行われていなかった H.R.13 法案の内容が S.888 法案修正案（S.Amdt.1541）に
置き換えられ，全会一致により可決された。上院において内容が差し替えられ
た H.R.13 法案は再び下院に送付され，同年 9 月 16 日，下院本会議において承
認された。その後 9 月 25 日にブッシュ大統領の署名により博物館図書館サー

ビス法 2003 年改正法（P.L.108 - 81）が成立した。

博物館図書館サービス法 2003 年改正法案が可決された背景には，2002 年に成立した初等中等教育改正法の影響があった。これは，伝統的に教育政策を重要な政策課題としてきた民主党が博物館図書館サービス法 2003 年改正法案の審議においても協力的であったことによる[26]。同法案の提出者や審議過程の議論において超党的に博物館図書館サービス法再授権に向けた議論がみられた。さらに，当時教育改革を公約としていたブッシュ大統領と元図書館員であったローラ大統領夫人による支援が，「21 世紀図書館員事業」の創設とそれに伴う予算拡大を後押しした。

7.2.3　2010 年改正法における図書館団体の活動

第 111 連邦議会（2009 年 - 2010 年）での図書館サービス技術法の再授権に向け，2008 年にアメリカ図書館協会は草案の起草に着手した[27]。草案作成作業は，アメリカ図書館協会のワシントン事務所，政府関係部（Office for Government Relations）と図書館サービス技術法小委員会の他，議会関係者も加わった。2009 年に示された草案は，①州の裁量の維持，②連邦教育省統計センターの図書館統計事業を博物館図書館サービス機構へ異動，③ 21 世紀図書館員事業の新設，④災害時の地域サービス提供に対する備えの実施，の 4 点が重点項目とされた。アメリカ図書館協会は，博物館図書館サービス法の抜本的な変革は望まないという態度を表明しており[28]，既存事業の維持と整理が提示された。

一方州立図書館機構長団体の立法委員会は，2007 年を情報収集，2008 年に他団体との連携，2009 年は大統領選挙後の新体制における大統領および連邦議会の動きをみるという行動予定を示した。博物館図書館サービス法の再授権に向けた活動としては，アメリカ図書館協会が草案を提示し，それに対して州立図書館機構長団体が見解を示すという形で進められた[29]。州立図書館機構長団体は，州への助成金と裁量の維持を前提に，アメリカ図書館協会が提案する図書館サービス技術法の改正事項に関して，他の提案についても支持するという態度を示した[30]。

アメリカ図書館協会の提案による，図書館統計事業の異動に関する議論が，

州立図書館機構長団体内で見られた。2005 年当時，連邦教育省統計センター
は予算削減の恐れがあり，図書館統計事業の存続が危ぶまれると考えたアメリ
カ図書館協会は，州立図書館機構長団体の協力を得て統計事業とその予算を博
物館図書館サービス機構へと移すことを検討した。そのため，アメリカ図書館
協会と州立図書館機構長団体の共通した政策課題として，博物館図書館サービ
ス機構の役割に「図書館統計業務」を加えることを提案した。州立図書館機構
長団体では連邦教育省統計センターとの関係を考慮しつつ，課題に加えること
を承認し経過を注視することとした[31]。その後，州立図書館機構長団体内の立
法委員会の意見を受け 2006 年 4 月 30 日に開かれた州立図書館機構長団体の総
会においてアメリカ図書館協会提案の支持を決議した[32]。

　2009 年度に入り図書館団体は空白期間を作らないよう博物館図書館サービ
ス法再授権を目指した活動が行われたが，アメリカ図書館協会とともに草案を
作成した議会関係者が，博物館図書館サービス法の審議開始は秋口以降になる
という見通しを示したことで[33]，法案提出の好機とみられず翌年度へ見送られ
た。2009 年度末に期限を迎えた博物館図書館サービス法は 1 年延長の緊急財
政措置が取られた[34]。しかし 2010 年度に入ってからも博物館図書館サービス
法再授権の法案提出の機会はおとずれないであろうという見解をアメリカ図書
館協会は示していた[35]。

　博物館図書館サービス法の 2 度目の再授権に向けた図書館団体の活動を検討
した結果，州立図書館機構長団体からは新たな提案は行われず，アメリカ図書
館協会の改正案への対応にとどまった。その結果，州立図書館機構長団体は既
存事業である州への助成金と州の裁量維持を前提条件として，それ以外はアメ
リカ図書館協会の提案を承認した。アメリカ図書館協会においても，大規模な
変革は意図されず，既存事業の維持と他の連邦機関の図書館関係事業の縮小を
避けるための博物館図書館サービス機構への事業集約の提案が行われた。

7.2.4　2010 年改正法における連邦議会の審議過程

　2010 年秋に入り，4 名の上院議員[36] によって図書館サービス技術法再授権
に関する会合が開かれ，法案が作成された。この法案には，アメリカ図書館協

会の提案が反映された。2010 年 11 月 29 日に上院で 2010 年改正法案（以下 S.3984 法案）が提出され，12 月 14 日に下院を通過し，12 月 22 日に大統領の署名により 2010 年改正法（公法 111-340）が成立した。提出から成立までに要した日数は 24 日間と短期間での成立となった。連邦議会での博物館図書館サービス法再授権の成立経緯は次のとおりであった。

　上院においてリード議員から S.3984 法案が提出された。この法案は同日のうちに厚生・教育・労働・年金委員会に付託され，12 月 3 日に内容に修正を加えず承認されたことが報告された。12 月 7 日には上院本会議で可決され，下院へと送付された。下院では 12 月 14 日の本会議において，ラウル・グリハルバ議員（Raúl Grijalva，民主党，アリゾナ州選出）の動議により発声投票が実施され，S.3984 法案が可決された。そして 12 月 22 日，オバマ大統領の署名により 2010 年改正法が成立した。しかし予算に関する法案は成立せず，1 年延長されたのち，第 112 連邦議会において 2016 会計年度までの支出が承認された[37]。

　2010 年改正法の内容では，新たにヘッドスタート法（Head Start Act）および労働力投資法（Workforce Investment Act）に基づく施策と博物館図書館サービス機構の実施する施策とを調整することが，理事の職務として規定された[38]。2003 年改正法での初等中等教育法との活動調整に加え，さらに他の連邦政策との連携が進められた。

7.3　図書館サービス技術法の事業内容

　本節では図書館サービス技術法を含む博物館図書館サービス法 1996 年制定法，2003 年改正法，2010 年改正法の改正内容を整理し，実施事業の変容を明らかにする。7.3.1 項で図書館サービス技術法の目的の変遷と事業別予算配分の推移を整理し，7.3.2 項以降で各事業の動向を検討する。

7.3.1　図書館サービス技術法の目的と予算

　図書館サービス技術法の目的を検討した結果から，制定当初は連邦図書館事

表 7 - 2　図書館サービス技術法の目的の変遷

1996 年制定法　9121 条　目的
①連邦の図書館支援プログラムの一元的な管理 ②すべての館種における情報資源へのアクセス促進 ③ネットワークを通じた情報アクセスの提供 ④図書館間相互協力 ⑤地理的・文化的・社会経済的な理由による図書館利用困難者への図書館サービスの促進
2003 年改正法　9121 条　目的
①連邦の図書館支援プログラムの一元的な管理 ②すべての館種における図書館サービスの改善 ③すべての館種における情報アクセスの提供 ④すべての館種における資源共有の促進
2010 年改正法　9121 条　目的
①連邦の図書館支援プログラムの調整の強化 ②すべての館種における図書館サービスの改善 ③すべての館種における情報アクセスの提供 ④すべての館種における資源共有の促進 ⑤リテラシー，教育，生涯学習の促進と労働力開発・デジタルリテラシースキル関連のサービスの拡大 ⑥図書館労働力および図書館情報サービス分野の専門職の能力向上 ⑦すべてのフォーマットでの蔵書等の保存と，災害時の地域への奉仕準備 ⑧調査・教育・革新を支援する情報基盤としての図書館の役割向上 ⑨連邦，州，地域，地区および国際的なコラボレーションとネットワークへのアクセス提供促進

出典：博物館図書館サービス法 1996 年制定法，2003 年改正法，2010 年改正法の条文を基に筆者作成.

業の統合が進められ，その後館種横断的なサービスが促進され，現在では他の連邦政策との連携に重点が置かれるという変化がみられた。図書館サービス技術法の第 9121 条に掲げられた目的の変遷を表 7 - 2 に示した。

　1996 年制定法では，それ以前に公共図書館，大学図書館など館種別に実施されていた連邦図書館支援事業を，図書館サービス技術法の下に統合することを目的の最初に掲げている。続いて当時クリントン政権下の主要政策であった全国情報基盤構想に沿って，情報通信技術を活用したアクセス促進と，図書館利用困難者へのサービス提供の実施が挙げられた。2003 年改正法では，あらゆる館種におけるサービスの実施が強調された。2010 年改正法では冒頭①連邦図書館支援プログラムの「一元的な管理」から「調整強化」へと表現が修正

された。また，⑤から⑨は，図書館サービス技術法の目的と実施事業を明確に
対応させる内容となっている。⑤に挙げられたリテラシー，教育，生涯学習の
促進と労働力開発，デジタル・リテラシー・スキルはオバマ政権の教育・労働
政策課題に該当し，省庁横断的に取り組まれるものであった。これらの政策課
題が，2010年改正法において図書館サービス技術法の目的に反映されるとと
もに，第9134条で州の図書館サービス計画作成時にも省庁連携促進の記載が
求められるものとなった[39]。

　次に，図書館サービス技術法の1997会計年度から2015会計年度までの歳出
承認額の推移を図7−2に示す。もっとも高いのは2003年改正法成立時の
215,253,000ドルで，2010年改正法成立時の213,523,000ドルが続いた。1997会
計年度から2003会計年度は図書館サービス法1996年制定法の実施期間にあた
る。この時期は予算額の増加がみられた。2004会計年度から2010会計年度は

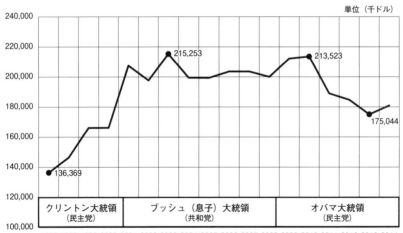

図7−2　図書館サービス技術法の歳出承認額の推移（1997−2015会計年度）

出典：1997-2002会計年度のデータはCRS Report for Congress "Federal Aid to Libraries:LSTA.",
　　　(http://www.ipmall.info/hosted_resources/crs/RL31320_031217.pdf)，2003-2012会計年度の
　　　データはIMLS "Appropriations History, 2003-2013. (http://www.imls.gov/assets/1/Asset
　　　Manager/Appropriations03-13.pdf)，2013-2015会計年度のデータはIMLS Appropriations
　　　History, 2013-2016."(http://www.imls.gov/assets/1/AssetManager/BudgetHistory_13-16.
　　　pdf) による。（acccᴈᴈcd 2015.5.21）.

同法 2003 年改正法の期間に該当し，この間はおおむね 2 億ドルの歳出額が維持された。2011 会計年度以降は同法 2010 年改正法の期間であり，2010 会計年度以降減額傾向にある。

　政権政党を重ねてみると，民主党クリントン政権時に増額し，共和党ブッシュ政権時に歳出承認額が維持され，民主党オバマ政権時には減額していた。1960 年代から 1980 年代にみられた大統領提案額の動きである民主党政権時における歳出拡大と共和党政権時における歳出縮小または維持のパターンとは異

表 7 － 3　図書館サービス技術法（LSTA）事業別予算内訳額（1997 － 2016 会計年度）

（単位　千ドル）

会計年度	LSTA に基づく図書館事業				LSTA 合計額
	州への助成金	ネイティブ・アメリカン	ナショナル・リーダーシップ	ローラ・ブッシュ 21 世紀図書館員	
1997	112,500	2,577	7,500	－	136,369
1998	133,901	2,561	5,488	－	146,340
1999	135,367	2,908	9,565	－	166,175
2000	138,118	2,616	10,455	－	166,251
2001	148,939	2,940	11,081	－	207,469
2002	149,014	2,941	10,081	－	197,602
2003	150,435	3,055	11,009	9,935	215,253
2004	157,628	3,206	11,263	19,882	199,418
2005	160,704	3,472	12,301	22,816	199,293
2006	163,746	3,638	12,375	23,760	203,519
2007	163,746	3,638	12,375	23,760	203,519
2008	160,885	3,574	12,159	23,345	199,963
2009	171,500	3,717	12,437	24,525	212,179
2010	172,561	4,000	12,437	24,525	213,523
2011	160,032	3,960	12,225	12,818	189,035
2012	156,365	3,869	11,946	12,524	184,704
2013	150,000	3,667	11,377	10,000	175,044
2014	154,848	3,861	12,200	10,000	180,909
2015	154,848	3,861	12,200	10,000	180,909
2016 ※	154,500	4,063	17,500	10,500	186,563

出典：1997 － 2002 会計年度のデータは CRS Report for Congress *"Federal Aid to Libraries: LSTA."*，（http://www.ipmall.info/hosted_resources/crs/RL31320_031217.pdf），2003 － 2012 会計年度のデータは *IMLS Appropriations History, 2003-2013.*（http://www.imls.gov/assets/1/Asset Manager/Appropriations03-13.pdf），2013 － 2015 会計年度のデータは *IMLS Appropriations History, 2013-2016.*（http://www.imls.gov/assets/1/AssetManager/BudgetHistory_13-16.pdf）による（accessed 2015-05-21）．※　2016 会計年度は予算要求額．

なる推移を示した。

　次に 1997 会計年度から 2016 会計年度までの図書館サービス技術法の事業別予算内訳額を表 7-3 に示した。毎年度の歳出予算額のうちネイティブ・アメリカン等への図書館サービス事業に 1.75%，全国リーダーシップ助成等事業に 3.75% が留保されることとなっている。そのため予算の推移も総額の増減と一致している。「ローラ・ブッシュ 21 世紀図書館員事業」は 2009-2010 会計年度をピークに，2013 会計年度以降はほぼ 1,000 万ドルが続き，もっとも予算削減されている事業である。この 3 つの事業は，連邦政府の直轄事業である。いずれも公募により助成先が決定される。歳出予算の約 8 割を占める州への助成金事業は 2010 年度をピークに減額傾向にある。

7.3.2　州への助成金事業

　図書館サービス技術法予算の約 8 割を占める州への助成金事業は，図書館サービス技術法の中心となる事業である。州を通じて全国の図書館サービス向上が図られる。連邦政府からの助成金の受領要件として，州は一定割合の財政負担と，サービス計画立案および報告の義務が課せられる。このことから，図書館行政の主体である州の財源確保および機能強化が図られている。州は下部組織である郡，市町村等に対し，主として公募方式による助成事業を行う[40]。郷土資料のデジタル化，ネットワークを通じたアクセス拡充から公共・学校図書館のパートナーシップの構築，高齢者へのアウトリーチ等，地域のニーズに応じたサービスに対し幅広い支援が提供される。

　州への助成金事業を検討した結果，財政面と政策面での変化がみられた。財政面では，2003 年改正法により最低助成金額が 34 万ドルから 68 万ドルへの増額が行われた。連邦資金の使途は法律の範囲内において州の裁量で決定されることとなっており，これは州立図書館機構長団体の活動に見られたとおり図書館サービス技術法再授権にあたっての州図書館行政機関の最優先の要望事項であった。

　政策面では，全国情報基盤構想に基づくインターネット環境の構築支援から情報インフラ整備後のサービス強化へと重点が変化した。具体的には，1996

年制定法では"図書館間の電子的接続の確立，電子ネットワークを通じた情報アクセス支援"[41] が挙げられており，2010 年改正法では基本的な方針は維持されつつ"あらゆる館種，あらゆるフォーマットで国民の教育，生涯学習，労働力開発，デジタル・リテラシー・スキルへのニーズを支援すること，図書館情報およびサービス分野に関連する連邦事業との連携強化，労働力開発とデジタルリテラシー技術に関するサービス提供の拡大すること"[42] が重点事業とされた。

　図書館サービス技術法に基づく連邦資金の受領に影響を与えたのが 2000 年12 月に成立した児童インターネット保護法（Children's Internet Protection Act，以下 CIPA）である。CIPA との関係により，2003 年改正法でインターネットの安全性についての条項が加えられた。これにより図書館サービス技術法に基づく連邦資金の受領には CIPA の要件を満たしていることが必要となった。

7.3.3　ナショナル・リーダーシップ助成金等事業

　ナショナル・リーダーシップ助成金等事業の前身は高等教育法第Ⅱ編 B で行われていた大学図書館支援事業であった。しかし図書館サービス技術法に統合され博物館図書館サービス法の一部に含まれたことで，事業内容に変化がみられた。博物館事業との連携に始まり，その後他省庁との連携協力を実施する事業へと展開された。その結果，モデル事業，他省庁との連携協力活動等を実施する際の受け皿となる事業へと発展した。

　1996 年制定法では，教育と研修，調査とデモ，保存と電子化，図書館と博物館のコラボレーションモデル事業の 4 つのカテゴリを対象としたプロジェクト等への財政支援が実施された。対象となったプロジェクトの内容は資料のデジタル化が多くみられ，実施機関は大学図書館や州立図書館が多くみられた。図書館・博物館連携部門は，当初図書館資料と博物館資料のデジタル化に重点が置かれていたが，その後多様なテーマが採択されたことが菅野[43] によって明らかにされている。

　2015 年 5 月現在で，博物館図書館サービス機構のウェブサイトにある「ナショナル・イニシアチブおよびパートナーシップ（National Initiatives and

Partnerships）」[44] には博物館図書館サービス機構の主催事業を含め 31 件の連携事業が掲載されている。内容は就学前教育，資料のデジタル化・保存，健康情報，金融リテラシー，ラーニング・ラボ，移民へのサービス等がある。現在，オバマ大統領によって科学，技術，工学，数学（Science, Technology, Engineering, and Mathematics: STEM）分野に焦点を当てた事業が進められており，博物館図書館サービス機構においても幼年期の子どもを対象としたプログラムに重点が置かれている[45]。

7.3.4　ネイティブ・アメリカンおよびハワイアンへの図書館サービス事業

　ネイティブ・アメリカンおよびハワイアンへの図書館サービス事業は，インディアンの部族，アラスカ先住民ならびに先住ハワイ人を対象とした補助金交付事業である。図書館サービス技術法の歳出予算額の 1.75％ が留保され，競争的資金として利用される。この事業に関しては内容の変化がみられなかった。事業面でも，基本的な図書館サービス支援，職員教育・技術補助，改善の実施内容に変化はみられなかった。予算額は，1998 会計年度の 257 万ドルから 2015 会計年度の 406 万ドルへと，図書館サービス技術法予算全体の増額に合わせて増額している。

　この事業は，1984 年に図書館サービス建設法で「インディアン部族サービス」として開始以来，現在も継続されている事業である。2011 年度のアメリカ先住民サービスは，基本的な図書館サービス，教育的支援，サービス評価に対する強化拡充の三事業が実施された[46]。

7.3.5　ローラ・ブッシュ 21 世紀図書館員事業

　「ローラ・ブッシュ 21 世紀図書館員事業」は，第 43 代大統領ジョージ・W・ブッシュ夫人であり元図書館員であるローラ・ブッシュから名付けられた。2003 年に全国リーダーシップ助成等事業内で始まった当初は「21 世紀図書館員事業」と呼ばれ，博物館図書館サービス法 2010 年改正法において独立事業となった。図書館員の研修，大学院生への奨学金支給といった人材育成面

の支援が実施されている。

　2011年以降，図書館員の多様な労働力啓発を目的に①中学生を含む次世代図書館員の図書館情報学のキャリア支援，②図書館情報学大学院生への支援とリーダーおよび教員の養成，③図書館員の研修と専門性の向上が取り組まれている。

　プロジェクトの例として，①図書館情報学を学ぶ大学院生数の増加，②将来図書館専門職を志望する中高生への啓発，③図書館員と図書館労働力のための専門開発プログラムの開発と向上，④認定図書館情報学部大学院カリキュラムの向上，⑤博士課程教育の向上，次世代図書館専門職教育および図書館リーダーのための学部の発展，⑥次世代図書館員のための就職および教育を成功させるための調査等がある[47]。また2013年には当該事業の2003年度から2009年度を対象とした評価報告書が出されている[48]。

　2015年1月15日まで博物館図書館サービス機構の理事を務めたスーザン・H. ヒルドリヒ（Susan H. Hildreth）は，ナショナル・リーダーシップ助成等事業とローラ・ブッシュ21世紀事業を博物館図書館サービス機構の重要な事業と捉え，行政機関に向けて広く知らせる必要性を強調している。

7.4　博物館図書館サービス機構の役割

　本節では，博物館図書館サービス機構の1996年設立時から2014年までにみられた役割の変容を明らかにする。7.4.1項で博物館図書館サービス機構の任務・組織・業務の変化を検討する。7.4.2項で他分野の事業との連携協力の状況を概観する。7.4.3項で博物館図書館サービス機構内に置かれる政策諮問機関である全米博物館図書館サービス委員会の変化を検討する。

7.4.1　博物館図書館サービス機構の任務・組織・業務の変化

　博物館図書館サービス機構の設立当初の任務は，21世紀の学習者のニーズの拡大と変化を支援すること[49]であった。その後，生涯学習の促進と支援に向けた図書館と博物館の機能を向上することへと変化した[50]。2014年は図書

館と博物館の活動によってイノベーション，生涯学習，および文化と市民との関わりを促進し，さらに図書館と博物館に関する調査研究，政策諮問，補助金を通じた指導力を発揮することを掲げている[51]。

　博物館図書館サービス機構の任務の変化を検討した結果，博物館図書館サービス機構は設立以来図書館と博物館の活動支援を通じて全国の学習者を支援することを使命としていた。博物館図書館サービス法2010年改正法以降は，これに政策策定や調査研究を通じた図書館政策における指導力を発揮することが加えられた。

　組織の変化については，連邦政府による図書館支援事業が連邦教育省から独立行政機関である博物館図書館サービス機構に移されることに関して，モルツとダインによる次の指摘があった。博物館図書館サービス機構で図書館支援事業が実施される肯定的な点は，資金が事業別に執行され事務手続きの透明性が上がることで，図書館に関わる諸問題がこれまでより確実に取り扱われることになるかもしれないことであった[52]。また欠点として，内閣に連なる行政省庁から分離され，連邦図書館支援事業の運営のために教育省からわずか14名の職員を異動させた点を挙げた[53]。しかしグウェン・グレゴリー（Gwen Gregory）（1999）[54]の1998年の調査によって，博物館図書館サービス機構移行後の事務事業の対応は好意的な評価であることも報告されている。

　もう1点，博物館サービス機構との合併について"MLA連携は情報共有までであって，3セクターが1つの組織に統合されることは避けなければならない。統合されることで予算や人員が減らされたりすることがあってはならない"[55]との菅野育子の指摘については，博物館図書館サービス機構設立以降，予算および人員面で大きな減少はみられなかった。

　ただし専門的助言を行う組織については，博物館図書館サービス機構設立当初博物館サービスは博物館図書館サービス機構内に設置される米国博物館サービス委員会，図書館サービスは図書館情報学国家委員会に役割が分かれていた。しかし2003年改正法により全米博物館図書館サービス委員会が設置され，組織が統合された。財政事務の面では，2003年度より予算作成業務組織の統合が進められた。

　また，それまで図書館サービス部局の予算は労働保健福祉教育（Labor, Health and Human Services, and Education, 以下 L-HHS-ED）予算案で，博物館リービス課の予算は内務省で編成されていたが，これが L-HHS-ED の予算案に一本化された[56]。

　組織面の変化を検討した結果，博物館図書館サービス機構設立時から現在までの間で職員数の増加と部局の新設がみられた。しかしこれは全米教育統計センターから図書館統計業務が移管されたことに伴うもので，図書館サービス部局の規模や職員数には大きな変化はみられなかった。

　業務の変化においては，グレゴリーの調査（1999）[57]で，書類作成業務における簡略化において博物館図書館サービス機構が高く評価され，また博物館図書館サービス機構職員による助言が州の図書館サービス計画の立案に有用であったとの結果が示された。また 1999 年の『アメリカン・ライブラリーズ（American Libraries)』において，図書館サービス技術法事業についてより簡潔な規則・法令となった結果，実施事業は図書館サービス建設法より明確で焦点が絞られたとの州の図書館行政担当者の意見があった[58]。つまり，州においては図書館サービス技術法に基づく算定配分補助金と博物館図書館サービス機構によるサポートが評価されていた。

　次に，博物館図書館サービス機構の理事による活動の評価から業務の変化を分析する。1996 年制定法の実施期間中から 2003 年改正法の成立時期にかけて理事職にあったロバート・S. マーティン（在任期間 2001.6.–2005.7）と，2010 年改正法成立直後から理事職にあったスーザン・H. ヒルドリヒ（Susan H. Hildreth, 在任期間 2011.2–2015.1）による評価を対象とした。

　マーティンは，博物館図書館サービス法の再授権に関する下院の公聴会で 1996 年制定法の成果について問われ，"地域の博物館と図書館の協力関係の構築と，地域の公教育支援にむけた基盤強化"であると証言している[59]。また 2003 年の国際図書館連盟（IFLA）の会議において，博物館図書館サービス法の重要性について，図書館と博物館の連携が連邦制定法に基づいていることと，博物館図書館サービス機構という組織において図書館・博物館支援事業が行われていることを挙げた[60]。マーティンは重要な博物館図書館サービス機構

の活動例として文化遺産関係機関の連携支援を挙げ，とくにデジタル化プロジェクトによる資料の利用範囲の拡大について成果があったとした[61]。

　ヒルドリヒは，博物館図書館サービス機構の活動において重要であるのは主要な連邦政策が始まる際に，図書館と博物館がその政策を効果的に後押しする方法を定めることであり，それに対して博物館図書館サービス機構は成果をあげたとした[62]。例として，いわゆるオバマ・ケア法におけるメディケア・メディケイドサービスセンターとの協力を挙げた。また連邦・州・地方自治体の政府間の調整に関して州や地方に対する協働のモデル化の提示を実施したことを挙げた。加えて政策立案担当者に対して博物館・図書館の関与を働きかけたことと，図書館団体と他の連邦機関との仲介者としての役割を果たしたことを挙げた。

　もうひとつの成果として，『学習者の国の創造；戦略計画 2012 - 2016 (*Creating a Nation of Learners; Strategic Plan 2012 - 2016*, 以下，戦略計画)』(2011)[63]の策定とこの計画に基づく事業の実施を挙げた。2 人の理事の活動の評価から，博物館図書館サービス機構の業務は初期において図書館と博物館の連携の基盤づくりが進められ，その後博物館図書館サービス機構と他省庁との政策目標の共有と事業連携の推進への変化がみられた。

7.4.2　博物館図書館サービス機構と他機関との連携の拡大

　1996 年以降の博物館図書館サービス機構の動向として，教育，福祉，労働，金融，移民政策など，関連分野または他分野において他機関との協力関係が構築されていた。また連携先の機関は，連邦政府各省庁のほか，財団や NPO なども含まれた。2003 年改正法で博物館図書館サービス法と初等中等教育法との活動調整[64] が，2010 年改正法で，ヘッドスタート法[65] と労働力投資法[66] の活動調整が理事の職務に追加された。これにより，2012 年 4 月 24 日に博物館図書館サービス機構と保健社会福祉省児童家庭局ヘッドスタート課 (U.S. Department of Health and Human Services, Administration for Children and Families, Office of Head Start, 以下 OHS) および児童保護課 (Office of Child Care) と博物館図書館サービス機構の間に協力関係が結ばれた。

　ヘッドスタート法と博物館図書館サービス法に基づく協力活動の成果は『グ
ロウイング・ヤング・マインド．ハウ・ミュージアムズ・ライブラリー・クリ
エイト・ライフロング・ラーニング（*Growing Young Minds: How Museums
Libraries Create Lifelong Learners*）』（2013）[67] という報告書にまとめられた。当
時博物館図書館サービス機構の理事であったヒルドリヒは，この報告書が現場
の業務担当者と政策担当者の議論に役立ったと述べた[68]。また，2010 年に博
物館図書館サービス機構と「連邦労働省雇用訓練局（U.S. Department of Labor
Employment and Training Administration）」の間で求職支援活動に関する協力関
係が結ばれた[69]。

　博物館図書館サービス法の条項に明記されていないものも含め，博物館図書
館サービス機構のウェブサイトには 2015 年 5 月現在 31 件の連携協力機関が掲
載されている[70]。連邦政府機関では 2013 年に米国市民権・移民業務局[71]，保
健福祉省メディケア・メディケイドサービスセンターと，消費者金融保護局と
の協働が開始された。この他に財団，NPO 等との協力事業が挙げられている。
またこれらの活動には，博物館サービスに関するものも含まれる。

7.4.3　図書館情報学国家委員会から全米博物館図書館サービス委員会 への移管

　図書館情報学国家委員会は 1970 年 7 月 20 日にニクソン政権下で創設された
大統領直属の諮問機関であり，図書館のニーズに関する調査と計画や，州・地
方の図書館行政機関への専門的な助言等が行われていた。これまでに 1979 年
と 1991 年の 2 回，図書館および情報に関するホワイトハウス会議を開催し，
その他に図書館および情報サービスに関する調査・報告を行ってきた。さらに
1996 年の博物館図書館サービス法制定に伴い，博物館図書館サービス機構の
理事長に対する政策助言の役割が図書館情報学国家委員会の役割に加わっ
た[72]。

　しかし 2003 年改正法案の審議において，政策助言の根拠規定を博物館図書
館サービス法に一本化することが提案され，下院・上院の 4 法案すべてに新た
な諮問委員会の設置に関する規定が含まれた[73]。この結果，図書館と博物館に

対する専門的な助言等の機能を持つ全米博物館図書館サービス委員会が新設される
ることとなり，図書館情報学国家委員会からは委員の1人として図書館情報
学国家委員会委員長が参加することとなった。その後図書館情報学国家委員会
は廃止が決定され，2008年3月30日にその役割を終えた[74]。

7.5 まとめ

　本書では1996年以降のアメリカ連邦政府の公共図書館政策の動向を明らか
にするために，図書館サービス技術法を対象として次の3点の調査を行った。
1点目は図書館サービス技術法を含む博物館図書館サービス法改正時の法案形
成過程におけるアクターの活動を検討した。2点目は図書館サービス技術法の
改正内容の変遷を整理し，その変容を明らかにした。3点目は博物館図書館サ
ービス機構の役割の変化を分析し，その変容を明らかにした。以下に調査の結
果と考察を述べる。

7.5.1　図書館サービス技術法の形成過程におけるアクターの活動

　博物館図書館サービス法再授権の過程における図書館団体の関与を明らかに
するため，アメリカ図書館協会と州図書館機構長団体の活動を対象に検討を行
い，次の点を明らかにした。アメリカ図書館協会と州立図書館機構長団体は図
書館団体の中心的なアクターであり，同法の再授権に影響を及ぼした。双方は
互いの目的を共有し，検討し，合意形成する場を持っていた。そして図書館団
体全体の要望を含めたものとして博物館図書館サービス法改正草案を作成し
た。草案は，同法1996年制定法の内容を大きく変えないことで再授権をより
確実にすることが意図された。

　アメリカ図書館協会は，「21世紀図書館員事業」の新規創設に対しアメリカ
図書館協会年次大会での決議表明や改正法案への盛り込みなど積極的な活動を
行った。同協会はまた博物館図書館サービス機構，図書館情報学国家委員会，
全米教育統計センターといった図書館に関する事業に携わる組織の全体的な改
編を促す提案を行った。具体的には，図書館情報学国家委員会から博物館図書

館サービス機構内に設置される全米博物館図書館サービス委員会への図書館政策諮問等の役割移管と，全米教育統計センターから博物館図書館サービス機構への公共・州図書館統計業務の移管を提案した。その結果，提案内容を含む法案が可決され，連邦図書館事業の博物館図書館サービス機構への業務の集約が図られた。

　州立図書館機構長団体は図書館サービス技術法に基づく州への助成金の増額と州の裁量の継続を改正時の最優先事項とした。2003年改正時には組織内で立法委員会の活動がみられたが，2010年改正時にはアメリカ図書館協会の提案に対して意見を述べるにとどまるなど独自の活動はあまり活発には行われなかった。また全米教育統計センターから博物館図書館サービス機構への図書館統計業務の移管に関するアメリカ図書館協会の提案については，全米教育統計センターとの関係を考慮し当初経過をみるなど慎重な態度が取られた。

　次に連邦議会での審議過程を検討した結果，2003年改正法，2010年改正法とも大規模な改正は行われなかったことが明らかになった。また，2度の改正法とも期限が1年延長されたのちに審議が行われていた。歳出承認額の推移からは，1997年度から2003年度まで増額し，2010年度以降は新規事業が追加されたにも関わらず減額傾向にあった。

　2003年改正法の再授権では，図書館団体の支援と大統領による教育政策の重点化によるよい影響を受け，議会では2002年度の成立は見送られたものの，2003年度での成立に至った[75]。併せて，新規事業の開始とこれに付随した予算の増加があり，図書館サービス技術法の事業拡大へとつながった。2010年改正法に関する連邦議会の法案審議の過程を検討した結果，迅速な審議が行われていた[76]。上下両院委員会において法案に修正は加えられず，本会議において可決された。一方で2009年度での法案提出は行われておらず，2010年度の終盤において法案が提出された点から，法案成立が見込まれる時期の判断がされたといえる。

7.5.2　図書館サービス技術法の変容

　図書館サービス技術法の改正経緯を検討した結果から，連邦公共図書館支援

政策は「統合」から「連携」へと変容したことが明らかになった。1996 年制定法では連邦政府による図書館支援事業の統合と博物館支援事業との協働が目指された。2003 年改正法では館種横断的な資料提供とアクセス支援が強調され，2010 年改正法では他分野の連邦政策との調整が加えられた。この図書館サービス技術法の改正経緯から，図書館支援を目的とした連邦資金は，あらゆる館種の図書館を対象とした事業の他に博物館との連携事業，情報インフラ整備・改修，先進的なサービスの取組等へと使途が拡大したことが判明した。公共図書館は支援対象機関のひとつに含まれるものとなり，あらゆる館種の図書館が支援の対象となったことで館種を横断した図書館政策の策定が可能となり，州政府のニーズに応じた事業実施が可能となった。一方で 2003 年以降は建設のための資金利用の禁止と CIPA の規定により図書館サービス技術法資金の受領に条件が加わった。

　事業別にみると州への助成金事業は 1971 年以来となる増額が行われた。ナショナル・リーダーシップ助成金等事業は技術的な進歩に対応した事業が実施されており，また他の連邦政策との連携に基づくさまざまな取り組みを行う事業への展開がみられた。ネイティブ・アメリカン等図書館サービス事業は制定以降継続的な支援事業が実施されていた。「ローラ・ブッシュ 21 世紀図書館員事業」は将来の図書館員不足への対応策として開始され，現職への継続教育ならびに図書館情報学を学ぶ学生の支援，若年層を対象とした図書館情報学への関心の喚起などの人材育成が行われていた。21 世紀図書館員事業の開始は，すでに予算措置がなされていた事業の条項上の分離ではあるが，図書館サービス技術法の事業が拡大したといえる。

7.5.3　博物館図書館サービス機構の変容

　博物館図書館サービス機構の役割および責務の範囲は 1996 年から 2014 年の期間で拡大していた。連邦政府の図書館支援事業を所管する組織の再編が進められたことで，補助金事業，政策助言機能，統計業務が博物館図書館サービス機構に集約された。

　1996 年に設立された当初は図書館事業の統合と博物館事業との協働が規定

され，2003 年改正法以降に連邦図書館事業に関する政策提言，調査研究，事業評価，統計業務が加わった。具体的には，連邦公共図書館支援政策に関する諮問委員会の改編とこれに伴う図書館情報学国家委員会の廃止，および全米教育統計センターが実施していた図書館統計業務の博物館図書館サービス機構への移動が行われた。また博物館図書館サービス機構への連邦公共図書館支援事業の集約に伴い博物館図書館サービス機構の組織の拡大がみられた。

　さらに博物館図書館サービス機構の理事の役割に他の省庁・機関との活動調整が加えられた。これに基づき教育，福祉，労働政策と図書館政策との事業協力が行われている。具体的には 2003 年改正法以降に教育省，保健・福祉省，労働省との事業連携が行われ，2014 年には米国市民権・移民業務局，保健福祉省メディケア・メディケイドサービスセンター，消費者金融保護局との協働が開始された。博物館図書館サービス機構と他省庁との協力関係の構築を重視する方針への変容は，博物館図書館サービス法の目的を定めた条文の変遷からも明らかであり，2010 年改正法成立後に出された戦略計画においても反映されていた。

7.5.4　今後の課題

　オバマ大統領が 2016 年度の予算教書において，ナショナル・プラットフォーム事業のために博物館図書館サービス法に対して 880 万ドルの予算増額を提案した[77]。歳出予算承認額は 2010 会計年度をピークに減額傾向にあったが，上昇に転じる機会となる。一方下院の予算委員会では，来年度の博物館図書館サービス機構に対する予算削減が提案されている[78]。同時に，博物館・図書館支援に対する財源負担を州・地方および民間へと促進するという提案がなされている。そのため，今後の図書館支援に対する連邦政府の役割について再考される時期となることが予想される。

【注・引用文献】
1) U.S.Code Title20 Chapter72 §9101-9176. http://www.gpo.gov/fdsys/pkg/USCODE-2011-title20/pdf/USCODE-2011-title20-chap72.pdf, (accessed 2015-9-10).
2) U.S.Code Title20 Chapter26 Subchapter I §953 (a). http://www.law.cornell.edu/

uscode/text/20/953, (accessed 2014-10-21).

3) Marco, Guy A. *The American Public Library Handbook*, Libraries Unlimited, 2012, p.225.

4) Molz, Redmond Kathleen. and Dain, Phyllis.『シビックスペース・サイバースペース：情報化社会を活性化するアメリカ公共図書館』[*Civic space/Cyberspace: the American Public Library in the Information Age*] 山本順一訳, 勉誠出版, 2013, p.135.

5) IMLS. ①Staff Directory. http://www.imls.gov/about/staff.aspx, ②Organization Chart. http://www.imls.gov/assets/1/AssetManager/IMLS_Organizational_Chart. pdf, (accessed 2015-10-09).

6) Bradley Houseton. *ARL Activities Report*. Indiana University Press, 2000, p.20.

7) COSLA. *General Meeting Minutes* (*spring*). 2000. http://www.cosla.org/content. cfm/id/meeting_archive, (accessed 2015-01-05).

8) COSLA. *General Meeting Minutes* (*fall*). 2000. http://www.cosla.org/content.cfm/ id/meeting_archive, (accessed 2015-03-16).

9) 前掲 8.

10) 前掲 8.

11) 前掲 8.

12) ALA. "Resolution on LSTA Reauthorization," *Midwinter Conference 2000-2001 CD#20.5*, http://www.ala.org/offices/sites/ala.org.offices/files/content/wo/ reference/colresolutions/PDFs/000001-CD20.6.pdf, (accessed 2015-03-19).

13) COSLA. *General Meeting Minutes* (*spring*). 2001. http://www.cosla.org/ documents/minutes_042901.doc, (accessed 2015-01-05).

14) COSLA. *General Meeting Minutes* (*summer*). 2001. http://www.cosla.org/content. cfm/id/meeting_archive, (accessed 2015-01-05).

15) Subcommittee on Select Education. *Equipping Museums and Libraries for the 21st Century Hearing, No. 107-45*. Washington DC, U.S. Government Printing Office, 2002, p.42.

16) 前掲 15, p.43.

17) 準州（バージン諸島，グアム，米国領サモア等）は 4 万ドルから 6 万ドルへ，各州は 34 万ドルから 50 万ドルと改訂された。

18) The Committee on Education and the Workforce. *107th Congress Report, House of Representatives 2d Session 107-395, Museum and Library Services Act of 2002*. GPO, 2002, p.13. http://www.gpo.gov/fdsys/pkg/CRPT-107hrpt395/pdf/CRPT-107hrpt395.pdf, (accessed 2015-04-02).

19) 前掲 18, p.8-9.

20）前掲 18, p.13.
21）平野美恵子「2003 年博物館図書館サービス法」『外国の立法』No.221, 2004.8, p.89
22）前掲 21, p.89.
23）The Committee on Education and the Workforce. *108th Congress Report, House of Representatives 1st Session 108-16, Museum and Library Services Act of 2003*. GPO, 2003, p.9.　http://www.gpo.gov/fdsys/pkg/CRPT-108hrpt16/pdf/CRPT-108hrpt16. pdf,（accessed 2014-12-15）.
24）Library of Congress. *Congressional Record*. Vol.149, No.36, H1651-1652, 2003. https://www.congress.gov/congressional-record/2003/03/06/house-section/article/ H1649-3,（accessed 2015-04-06）.
25）The Committee on Health, Education, Labor, and Pensions. *108th Congress 1st session S.888［Report No. 108-83］To reauthorize the Museum and Library Services Act, and for other purposes*. GPO, 2003.　https://www.congress.gov/bill/108th-congress/ senate-bill/888/text,（accessed 2015-04-06）.
26）前掲 21, p.87.
27）ALA Committee on Legislation. *ALA Annual Conference, Report to Council*. 2008. http://www.ala.org/aboutala/sites/ala.org.aboutala/files/content/governance/ council/council_documents/2008_annual_council_docus/CD20.7.doc,（accessed 2015-01-26）.
28）COSLA. *General Meeting Minutes（spring）*. 2009.　http://www.cosla.org/content. cfm/id/minutes,（accessed 2015-04-10）.
29）①COSLA. *General Meeting Minutes（fall）*. 2008.　http://www.cosla.org/content. cfm/id/minutes,（accessed 2015-04-10）.　②COSLA. *General Meeting Minutes（midwinter）*. 2009.　http://www.cosla.org/content.cfm/id/minutes,（accessed 2015-04-10）.
30）COSLA. *General Meeting Minutes（spring）*. 2008.　http://www.cosla.org/content. cfm/id/minutes,（accessed 2015-04-10）.
31）COSLA. *General Meeting Minutes（midwinter）*. 2005.　http://www.cosla.org/ content.cfm/id/minutes,（accessed 2015-04-08）.
32）COSLA. *General Meeting Minutes（spring）*. 2006.　http://www.cosla.org/content. cfm/id/minutes,（accessed 2015-04-09）.
33）*Report on Washington Office Activities*, ALA Washington Office, 2009.　http:// www.ala.org/aboutala/sites/ala.org.aboutala/files/content/governance/officers/eb_ documents/2008_2009ebdocuments/ebd12_50wash_rpt.pdf,（accessed 2015-01-26）.
34）COSLA. *General Meeting Minutes（fall）*. 2010.　http://www.cosla.org/content.cfm/ id/minutes,（accessed 2015-04-10）.

35) COSLA. *General Meeting Minutes*（*summer*）. 2010. http://www.cosla.org/content.cfm/id/minutes,（accessed 2015-04-10）.

36) 州立図書館機構長団体の 2010 年秋の *General Meeting Minutes* によれば，共和党 Burr 議員，Enzi 議員，民主党 Reed 議員，Harkin 議員とある。http://www.cosla.org/content.cfm/id/minutes,（accessed 2015-04-10）.

37) Dave Bogart, Dave ed. *Library and book trade almanac 56th ed*. Medford, Information Today, 2011, p.266.

38) MLSA of 2010. §9103 条（f）（2）および（3）.

39) MLSA of 2010. §9134 条（b）（6）.

40) 州による助成事業の一覧の参考資料として，次の資料がある。Ann Kepler ed. *The ALA book of library grant money 8th ed*. Chicago, American Library Association, 2012, 429p.

41) MLSA of 1996 §9141（a）.

42) MLSA of 2010 §9141（a）.

43) ①菅野育子「米国・欧州の政策と実践から見た MLA 連携」『図書館・博物館・文書館の連携（シリーズ・図書館情報学のフロンティア；no. 10）』日本図書館情報学会研究委員会編，勉誠出版，2010, p.29. および②菅野育子「IMLS（博物館図書館サービス振興機構）の動向」『米国の図書館事情 2007：2006 年度国立国会図書館調査研究報告書』国立国会図書館関西館図書館協力課編．日本図書館協会，2008, p.185-186.

44) IMLS. *About us, National Initiatives and Partnerships*. http://www.imls.gov/Initiatives.aspx,（accessed 2015-05-28）.

45) Hildreth, Susan and Chute, Mary L. "IMLS and STEM," *Library and book trade almanac 56th ed*., Medford, Information Today, 2011, p.316.

46) Bogart, Dave ed. *Library and book trade almanac 57th ed*. Medford, Information Today, 2012, p.312-313.

47) 前掲 46, 2012, p.323.

48) ICF. *Laura Bush 21st Century Librarian Program Evaluation*（*Grant Years 2003-2009*）*Vol.1 final project report*. IMLS, 2013, 162p. http://www.imls.gov/assets/1/AssetManager/LB21%20Evaluation%20Report.pdf,（accessed 2014-10-03）.

49) Sheppard, Beverly B. *IMLS Annual Report 1997-1998*, IMLS, 1998, p.2.

50) IMLS. *Performance and Accountability Report Fiscal Year 2008*. IMLS, 2008, p.4.

51) IMLS Mission. http://www.imls.gov/about/,（accessed 2015-04-23）.

52) 前掲 4, p.135.

53) 前掲 4, p.135.

54) Gregory, Gwen. "The Library Services and Technology Act: How Change from

LSCA are Affecting Libraries," *Public Libraries*. Vol.38, No.6, 1999, p.378-382.

55) 前掲 43, ①, p.139

56) McCallion, Gail. "Federal Aid to Libraries : The Library Services and Technology Act," *CRS Report for Congress. RL31320*, 2003, p.3. http://www.ipmall.info/hosted_resources/crs/RL31320_031217.pdf, (accessed 2015-06-02).

57) 前掲 54, p.381.

58) Gregory, Gwen. "From Construction to Technology: An Update on Federal Funding," *American Libraries*. Vol.30, No.6, 1999, p.22-23.

59) 前掲 15, p.8-9.

60) Martin, Robert S. "Cooperation and Change: Archives, Libraries and Museums in the United States," *World Library and Information Congress: 69th IFLA General Conference and Council*, Berlin, 2003.8. http://webdoc.sub.gwdg.de/ebook/aw/2003/ifla/vortraege/iv/ifla69/papers/066e-Martin.pdf, (accessed 2015-01-07).

61) 前掲 60.

62) Miller, Rebecca T. and Schwartz, Meredith. "Susan H. Hildreth: reflects on her tenure as head of the Institute of Museum and Library Services," *Library Journal*. Vol.139, No.17, 2014, p.23.

63) IMLS. *Five-Year Strategic Plan 2012–2016*, IMLS, 2011, 38p. https://www.imls.gov/assets/1/AssetManager/StrategicPlan2012-16_Brochure.pdf, (accessed 2016-06-01).

64) MLSA of 2003 § 9103 (e).

65) Office of the Administration for children and families early childhood learning & knowledge Center (ECLKC). *Head Start, Child Care, and Public Libraries: Partnerships to Support Young Children and Their Families, ACF-IM-HS-12-04*. ECLKC, 2012. http://eclkc.ohs.acf.hhs.gov/hslc/standards/im/2012/resour_ime_004_050912.html, (accessed 2015-05-28).

66) IMLS. *Public Libraries and the Workforce*. https://www.imls.gov/issues/national-initiatives/public-libraries-and-workforce, (accessed 2016-06-01).

67) Howard, Mary Lynn. "*Growing Young Minds: How Museums Libraries Create Lifelong Learners*," IMLS. 2013, 47p. http://www. imls.gov/assets/1/AssetManager/GrowingYoungMinds.pdf, (accessed 2015-04-28).

68) 前掲 62, p.23.

69) IMLS. *About us, National Initiatives and Partnerships, Public Libraries and the Workforce*. IMLS. http://www.imls.gov/about/workforce.aspx, (accessed 2015-05-20).

70) 前掲 66.

71) IMLS. *About us, memorandum of understanding.* http://www.imls.gov/assets/1/
AssetManager/USCIS_Agreement.pdf, (accessed 2015-05-20).

72) 前掲 21, p.89.

73) 前掲 21, p.89.

74) U.S.Code Title20 Chapter72 §9101-9176. http://www.gpo.gov/fdsys/pkg/
USCODE-2011-title20/pdf/USCODE-2011-title20-chap72.pdf, (accessed 2015-9-10).

75) Shekeoff, Emily and Farrelman, Joshua. "Museum and Library Services Act of
2003," *The Bowker Annual 49th ed.* Medford, Information Today, 2004, p.277.

76) 立法過程については次の資料を参照した。①岩野一郎「合衆国議会」『事典現代の
アメリカ』小田隆裕他編, 大修館書店, 2004, p.268-284. と②Oleszek, Walter J.『米
国議会の実際知識 – 法律はいかに制定されるか – (米国政治情報ファイル)』
[*Congressional Procedures and the Policy Process*] 青木栄一訳, 日本経済新聞社,
1982, 251p.

77) Maher, Kevin. "President Obama's budget increases library funding," The District
Dispatch, ALA Washington Office, 2015.2.2. http://www.districtdispatch.
org/2015/02/president-obamas-budget-increases-library-funding/, (accessed
2015.5.25).

78) The Committee on the Budget House of Representatives. *Concurrent Resolution
on the Budget FY2016.* GPO, 2015, p.89. http://www.gpo.gov/fdsys/pkg/CRPT-
114hrpt47/pdf/CRPT-114hrpt47.pdf, (accessed 2015-05-25).

─── 第8章 ───

結論　アメリカ連邦図書館立法の歴史的総括と展望

　本書は，アメリカの連邦図書館立法の成立と変遷をテーマとする。本書は，公共図書館支援に関する連邦政府の方針の表明である法律に着目し，研究の目的をアメリカ連邦図書館立法を通史的に分析し，解明することに設定した。これまでの研究は，図書館サービス法または図書館サービス建設法の部分的または概略的な言及に留まっていた。

　本章では，本書の総括と考察を行う。第8.1節で各章のまとめを述べる。第8.2節で研究課題の検討を通して明らかになったことを述べる。第8.3節で本書の限界と今後の課題を述べる。

8.1　本書のまとめ

　本書では，これまで部分的または概略的な言及に留まっていたアメリカ連邦図書館立法の歴史を文献調査により通史的に分析し，成立と変遷を解明することを試みた。この目的に対して次の研究課題を設定した。

研究課題1：アメリカ連邦図書館立法の形成過程とその形成に関与するアクター（大統領府・連邦議会・図書館団体等）の活動を明らかにする

研究課題2：図書館サービス法から図書館サービス技術法に至るアメリカ連邦図書館立法の改正経緯と法律内容の変遷を明らかにする

　アメリカ連邦図書館立法を通史として研究する際に，研究課題1では政策形成過程の検討を行い，各時代を垂直的な視点から分析した。研究課題2ではア

メリカ連邦図書館立法の改正経緯を通時的な視点から分析した。この2つの視点からアメリカ連邦図書館立法の成立と変遷を解明した。

　研究課題1に対してアメリカ連邦図書館立法の立法過程を含む政策形成過程とその形成に関与するアクターの活動を明らかにするために，アメリカ連邦政府の政治経済状況を踏まえた上で調査を行った。具体的には，調査a）で図書館団体の政策形成過程への関与に関する調査を，調査b）で連邦議会における立法過程の調査を行った。

　「研究課題2　図書館サービス法から図書館サービス技術法に至るアメリカ連邦図書館立法の改正経緯と法律内容の変遷を明らかにする」については図書館サービス法から，図書館サービス建設法，および図書館サービス技術法に至る法律内容の変遷を明らかにするために，調査c）アメリカ連邦図書館立法の改正経緯調査で図書館サービス法成立以降の再授権時における改正内容を時系列に調査した。

　以上の研究課題に基づき次の時代区分を用い，各章で調査を行った。①図書館サービス法の成立（第2章），②図書館サービス建設法前期（第3章），③図書館サービス建設法中期（第4章），④図書館サービス建設法後期（第5章），⑤図書館サービス技術法の成立（第6章），⑥図書館サービス技術法の展開（第7章）。この時代区分に基づき各時期におけるアメリカ連邦図書館立法の成立と変遷を分析した。研究課題1の政策形成過程調査によって，アメリカ連邦図書館立法の形成過程と各アクターの活動を解明した。研究課題2の法律内容変遷調査によって，アメリカ連邦図書館立法の成立から現行法までの改正経緯を通史として整理し，各時期に実施された事業内容の変容を明らかにした。次項以下で，第2章から第7章までの研究のまとめを述べる。

8.1.1　図書館サービス法：公共図書館行政への連邦政府の関与

　次に，各章のまとめを述べる。

　「第2章　図書館サービス法の成立」では，連邦政府の公共図書館行政への関与の端緒となった図書館サービス法の成立について，図書館団体の活動と連邦議会の立法過程を軸に論じた。

　最初に図書館団体の活動について述べる。公共図書館への連邦支援の要望
は，アメリカ図書館協事務局長であったカール・H. マイラムをはじめとする
図書館界の指導者から発現していた。その後アメリカ図書館協会が中心となっ
て草案の作成と連邦議会へのロビイング活動が行われた。これと並行して政策
実施のための環境整備が行われていた。具体的には①連邦行政府の組織面の整
備，②アメリカ図書館協会ワシントン事務所によるロビイング体制の強化，③
全国の図書館に関するデータの収集・分析の実施，の3点が行われた。

　このような段階を経て，連邦政府が取り組むべき政策課題として公共図書館
支援が位置付けられる状態となった。具体的には次のとおりである。①行政府
の組織面の整備とは，連邦と州において図書館サービス法に基づく事業を執行
する部局の設置が進められたことである。②ロビイング体制の強化とは，同協
会ワシントン事務所の開設と連邦議会および他団体とのネットワークづくりが
進められたことである。③全国の図書館に関するデータの収集・分析の実施と
は，アメリカ連邦図書館立法の必要性をアピールする根拠となる大規模な図書
館調査が実施され，全国の農村部における公共図書館サービスの欠如を示した
ことである。

　続いて連邦議会における立法過程を検討した結果を述べる。図書館サービス
法案の提出から成立までに約10年間を要したのは，連邦議員の間に公共図書
館サービスに関する連邦の役割が共通認識として確立していなかったことによ
る。さらに，連邦議員の間には図書館サービス法成立後に補助金事業が恒常化
することに対する危惧があった。しかしアメリカ図書館協会および各州からの
連邦援助の要望は徐々に連邦議員に認識された。この認識の拡大に伴い，図書
館サービス法案の支持者も拡大していった。1956年に図書館サービス法が成
立に至った背景には，民主党政権期における連邦政府の福祉政策の拡大があっ
た。図書館サービス法は当初5年間の期限後に州政府への権限移譲が意図され
ていたが，小規模な予算で効果的な成果を挙げた点が評価され，1960年の再
授権につながった。

　一方，当初連邦政府が意図した状況が作り出せなかった面もあった。連邦の
補助金はあくまで呼び水として提供され，その後は州や自治体の努力によって

自立した図書館運営を期待したものだったが，実際の州計画の中には補助金交付期間の3年で終了が予定されるなど一時的なものもあり，図書館サービス法の効果は州によって異なるものとなった。

次に図書館サービス法1956年制定法の構成と事業内容を検討した結果，州の役割を強調している点が特徴として挙げられた。また連邦補助金を受領する要件として州の法制度，組織，政策策定，財政を整備することが意図されていたことを示した。

事業内容については，農村地域への図書館サービス拡張を目的とした施策が展開されていた。州ごとにサービス計画が策定されるが，予算はおおむね人件費，図書・資料購入費，ブックモービル購入・広域サービスシステム構築に利用されていた。同法は連邦教育省からも施行期限後の同事業の継続の必要性が示唆された。連邦教育省による図書館サービス法の評価は，少額の投資で大きな効果を出したとされ高く評価された。この好評価は連邦議会の予算審議へもよい影響を与え，1960会計年度以降の750万ドルの歳出承認満額配分を訴えるためのよい材料となった。

制度面からみると，図書館サービス法1956年制定法で構築された連邦と州の役割と資金配分の制度は，その額や割合の変化はみられるものの，図書館サービス技術法2010年改正法まで維持されている。つまり図書館サービス法は以降のアメリカ連邦図書館立法の原形となったといえる。同時に時限立法という形態も継続されており，1956年の成立以降，改正と再授権が繰り返されている。

8.1.2　図書館サービス建設法前期：事業の拡大

第3章では，図書館サービス建設法前期を対象に政策形成過程および法律内容の変遷の分析を行った。まず，研究課題1の政策形成過程を分析した結果，図書館サービス建設法成立の要因は，経済の順調な成長を背景とした図書館サービス建設法の制定に関する大統領府と連邦議会の方針の一致によるものであることが導き出された。ケネディ―ジョンソン両大統領が特別教書，予算教書等によって図書館サービス建設法の提案と延長を勧告した。これらの勧告を受

け連邦議会が立法化を実現したことにより，図書館サービス建設法が成立しその後再授権されたといえる。

　1960 年当時，図書館サービス法の再授権に対し連邦議会では共和党議員の反対があったが，図書館サービス建設法 1966 年改正時においては超党派的に法案作成が行われるという変化がみられた。民主党政権期であった第 87 議会（1961 年 – 1962 年）から第 90 議会（1967 年 – 1968 年）の期間は，上下両院とも民主党が多数議席を占めており，大統領の積極的な福祉拡大政策を連邦議会が立法・予算両面から支援する体制にあった。

　次に，研究課題 2 の法律内容の変遷の検討から，図書館サービス建設法 1964 年制定法および 1966 年改正法の内容を整理した結果，この時期にアメリカ連邦図書館立法の中心となる 3 つの事業が開始されたことを指摘した。図書館サービス建設法 1964 年制定法で「第 1 編　図書館サービス」と「第 2 編　図書館建設」が，同法 1966 年改正法で「第 3 編　相互協力」が規定された。図書館サービス建設法前期に始まった上記の 3 事業は，図書館サービス建設法の施行期間を通じて継続された。

8.1.3　図書館サービス建設法中期：連邦政府の役割変更の試み

　図書館サービス建設法中期は連邦政府の役割変更が試みられた時期といえる。第 4 章において研究課題 1 の政策形成過程を分析した結果，①ニクソン大統領による事業縮小の提案が行われたこと，②図書館団体によるより広範囲な全国図書館法の提案が行われたこと，③双方の提案が連邦議会の審議によって不成立となり，図書館サービス建設法が継続されたことが明らかになった。

　この時期は 1960 年代に拡大した連邦公共図書館支援政策を縮小し州と地方への権限移譲を進める動きと，反対に全国図書館法の成立を目指しより拡大する動きが並行して起こった。新しい連邦公共図書館支援政策の展開が模索された時期である。大統領府は公共図書館支援に関する連邦政府の役割を縮小しようとした。そのために既存の図書館サービス建設法の予算削減および廃止を提案した。さらに補助金制度の変換を含めたうえで既存の図書館サービス建設法から図書館パートナーシップ法案への変更が試みられた。

　一方図書館団体は連邦の役割の拡張を意図し，WHCLIS での決議を後ろ盾に全国図書館法案の成立を試みた。双方とも，連邦政府の役割を変化させることを意図したものであった。そして双方の法案とも，連邦議会において不成立となり，図書館サービス建設法の一部改正が行われるに留まった。連邦議会は既存の連邦公共図書館支援政策の維持を選択した。

　次に，研究課題 2 の法律内容の変遷の検討から，図書館サービス建設法 1970 年，1973 年，1974 年，1977 年改正法を検討し，利用対象別の事業が展開されたことを明らかにした。「第 1 編　図書館サービス」から「第 3 編　相互協力」には図書館サービス建設法前期から変更がなかった。「第 4 編」に置かれた事業は同法 1973 年改正法で「第 4 編　高齢読者に対する図書館サービス」が規定されたが，1984 年の改正時に「第 1 編　図書館サービス」の下に統合された。同法「第 4 編」の下に実施される事業の資金は，州や地方で新規事業を開始する際に財源となった。しかし「第 1 編　図書館サービス」に統合されたのちの事業の継続については州の判断とされた。

8.1.4　図書館サービス建設法後期：新しい連邦図書館立法の検討

　第 5 章では図書館サービス建設法後期を対象に，連邦政府の役割の縮小・廃止の提案が行われたことを踏まえ，図書館サービス建設法の見直しに至る状況を検討した。研究課題 1 の政策形成過程を分析した結果，共和党政権期の事業廃止および予算削減提案は連邦議会において退けられたこと，一方でこれまで再授権が繰り返されてきた図書館サービス建設法が再検討の時期であることを図書館団体が認識したことを解明した。

　共和党政権時には新自由主義に基づく連邦財政を縮小する経済政策の方針によって，連邦公共図書館支援政策の予算の縮小や削減の提案が進められた。一方民主党政権時には拡大または経済不況を背景とした維持継続が図られた。

　しかし事業別の大統領予算提案額の推移をみると，共和党政権時においても図書館サービス建設法「第 3 編　相互協力」に基づく広域図書館システムや情報通信技術を活用したネットワーク・サービスについては予算が付けられていた。つまり，連邦政府が担う公共図書館支援の重点は，新しい技術を活用した

サービスへの取り組みに重点が置かれたことが明らかとなった。

　次に，研究課題2の法律内容の変遷について図書館サービス建設法後期の法律改正経緯を検討した結果，事業面では基本の図書館サービスの拡大と，図書館の建設，そして社会的に不利な条件を持つ人々へのアウトリーチサービスの拡大傾向があったことを明らかにした。予算面では，大都市図書館と小規模図書館との連携によるサービス水準の向上といったネットワーク構築に重点が置かれた。

　同法の構成には，次のような変遷がみられた。「第1編　図書館サービス」から「第3編　相互協力」は変更がなく，改正によって新規事業が設置される際には，それまで第4編の下に置かれていた事業が「第1編　図書館サービス」の下に移動され，州への交付金の範囲で実施されるというパターンがみられた。図書館サービス建設法後期に実施された新規事業にはネイティブ・アメリカンサービス，外国語資料の収集，リテラシー事業，図書館学習センター事業があった。一方1990年代に入り，図書館サービス建設法の8事業のうち予算措置されない事業があるなど，事業内容の見直しが課題となっていた。

8.1.5　図書館サービス建設法から図書館サービス技術法へ

　第6章では，図書館サービス建設法から図書館サービス技術法への転換期（1995年–1996年）に焦点をあて，連邦図書館政策の形成に影響をあたえる要因を解明することを目的として，研究課題1の政策形成過程の分析を行った。まず全国情報基盤構想と図書館サービス建設法の関係を整理した上で，同法の改正に向けて図書館団体が作成した図書館サービス技術法草案と連邦議会での法案審議を中心に政策形成過程を分析した。その結果，(1) 全国情報基盤構想に示された図書館の役割が，図書館サービス建設法を情報通信技術活用支援の方針転換に向かわせたこと，(2) 州への交付金事業の継続は，州図書館行政機関長団体の要望によるものであったこと，③連邦議会での議論において，公共・学校・大学図書館を支援する連邦図書館政策の一元化と，図書館行政と博物館行政との連携が決定されたことを抽出した。

（1）全国情報基盤構想と図書館サービス建設法

　全国情報基盤構想に示された図書館の役割は，ユニバーサル・サービス提供機関であった。1994年から2000年にかけてインターネット通信網が全国に普及し定着した要因には，連邦政府による全国情報基盤構想の推進と，公共機関向けの料金割引等の関連制度があわせて整備されたことが挙げられる。1990年代にはすでに図書館サービス建設法の予算のうち約20%は電気通信技術を利用したサービスに使用されていたが，その使途は主に図書館間のネットワーク化や電子的なデータベースへのアクセスにあり，全国情報基盤構想で示された図書館の役割には合致していなかった。その結果，NII構想の目的と一致させることから，図書館サービス技術法はインターネットを利用した情報アクセスの支援に焦点をあてたものとなった。

　図書館政策形成に関与するアクターであるアメリカ図書館協会等図書館団体，連邦議会両院委員会における図書館サービス技術法案の作成および審議過程から，次の二点を明らかにした。

（2）図書館団体の働きかけによる州への交付金制度の維持

　アメリカ図書館協会等図書館団体によって作成された図書館サービス技術法草案の内容を検討した結果，図書館サービス建設法で実施されていた8事業が3事業に整理され，インターネットを通じた情報アクセス支援に焦点が当てられたことが確認できた。また，連邦の権限の範囲や州および地方との政府間関係には変更された点はみられず，草案内容から，図書館団体は連邦と州および地方の関係維持を意図したとみることができる。

　連邦議会での議論を経て図書館サービス技術法に基づく事業執行の主体は博物館図書館サービス機構に移されたが，図書館団体が作成した同法草案が生かされた内容となった。図書館サービス建設法再承認特別委員会が作成した同法草案はアメリカ図書館協会の他，公共図書館協会，都市図書館協議会など複数の図書館団体の意見が反映されたものであった。また上院が立案した図書館サービス技術法法案はこの草案に修正を加えたものであることが，上院104-135報告書に記載されている。

　このことから，図書館サービス技術法の内容には図書館団体の意見が影響し
ていることが明らかになった。議会の審議過程での関与については，他の連邦
図書館支援事業との統合に対して当初反対声明が出されたものの，結果的によ
り多額な予算の獲得のために下院より予算提示額が高額であった上院案が支持
された。図書館団体による新しいアメリカ連邦図書館立法の働きかけによっ
て，連邦と州および地方との関係は保持された。

（3）連邦議会における公共図書館支援政策統合議論

　第104議会での審議内容を検討した結果，上院下院に共通して連邦政府が実
施する図書館支援事業の整理統合が検討されたことが明らかになった。下院に
おいては，図書館補助金事業と経済・労働補助金事業との統合が検討された。
上院では，公共図書館を対象とする図書館サービス建設法と，高等教育法に置
かれていた大学図書館支援事業，初等中等教育法に置かれていた学校図書館支
援事業等を図書館サービス技術法の下に統合することが検討された。また連邦
公共図書館支援事業と博物館支援事業を同一の組織の元で管理運営する組織改
革案も提出された。最終的に上院案が両院を通過し，博物館図書館サービス法
が成立した。この法律によってアメリカ連邦図書館立法と博物館立法の一元化
と，管理組織の一本化が図られた。図書館サービス技術法をめぐる議論では，
第104議会における法案の投票数から政党による意見の偏りはみられなかっ
た。

8.1.6　図書館サービス技術法：連邦図書館行政機関・事業の集中化

　第6章では，図書館サービス技術法2003年改正法と2010年改正法を対象
に，1996年以降の連邦公共図書館政策の動向を検証した。具体的には次の3
点を調査した。①研究課題1の政策形成過程の解明に関して，改正法案の成立
過程を分析した。②研究課題2の法律内容の変遷に関して改正内容の調査を行
った。③図書館サービス技術法を履行する組織の活動を明らかにするために博
物館図書館サービス機構の役割の変化を分析した。その結果を次のとおり導き
出した。①図書館サービス技術法の改正法案は図書館団体の提案内容が反映さ

れており，議会において短期間で成立した。②同法の目的は「統合」から「連携」へと変容し，館種間での資料共有や情報へのアクセス支援が進められ，また教育，労働政策分野等との連携協力への取り組みが増加した。③連邦政府の図書館支援事業に関与する組織の再編が進められ，補助金交付，政策助言，統計業務が博物館図書館サービス機構に移行された。

　具体的に①は図書館サービス技術法再授権における図書館団体の関与を明らかにするため，アメリカ図書館協会と州立図書館機構長団体の活動を対象に検討を行い，次の点を明らかにした。アメリカ図書館協会と州立図書館機構長団体は互いの目的を共有し，検討し，合意形成する場を持っていた。そして図書館界の要望がまとめられた博物館図書館サービス法改正草案は，再授権をより確実にするために1996年制定法からの大幅な内容の変更は提案されなかった。

　アメリカ図書館協会は，21世紀図書館員事業の新規創設，博物館図書館サービス機構，図書館情報学国家委員会，全米教育統計センターなどの連邦図書館事業に携わる各組織に渡る全体的な改編を促す提案を行い，州立図書館機関長団体の合意を求めるなど積極的な活動を行った。その結果提案内容を含む法案が可決され，連邦図書館事業の博物館図書館サービス機構への業務の集約が図られたことから，連邦公共図書館政策への関与がみられた。州立図書館機構長団体は図書館サービス技術法に基づく州への助成金の増額と州の裁量の継続を改正時の最優先事項とするなど，活動の焦点は州の利益にあてられた。

　次に②は連邦議会での審議過程を検討した結果，2003年改正法，2010年改正法とも大規模な改正は行われなかったことが明らかになった。また，2度の改正法とも期限が1年延長されたのちに審議が行われていた。歳出承認額の推移からは，1997年度から2003年度まで増額し，2010年度以降は新規事業が追加されたにも関わらず減額傾向にあった。

　2003年改正法の再授権では，図書館団体の働きかけの成果と大統領による教育政策の重点化による影響を受け，議会では2002年度の成立は見送られたものの，2003年度での成立に至った。併せて，新規事業の開始とこれに付随した予算の増加があり，図書館サービス技術法の事業拡大へとつながった。2010年改正法に関する連邦議会の立法過程を検討した結果，迅速な審議が行

われていた。上下両院委員会において法案に修正は加えられず，本会議において可決された。一方で 2009 年度での法案提出は行われておらず，2010 年度の終盤において法案が提出された点から，法案成立が見込まれる時期が判断された。

　③では，博物館図書館サービス機構の役割および責務の範囲が 1996 年から 2014 年の期間で拡大していたこと，連邦政府の図書館支援事業を所管する組織の再編が進められたことで，補助金事業，政策助言機能，統計業務が博物館図書館サービス機構に集約されたことを明らかにした。

8.2　本書で明らかになった事項

　本節では，前節で述べた各章のまとめを総括し本書で明らかになった事項を述べる。本書の目的は，アメリカの連邦政府による公共図書館支援に関する法律に着目し，アメリカ連邦図書館立法の成立と変遷を通史的に解明することである。図書館サービス法の成立過程や図書館サービス建設法の一部を対象とした歴史研究は存在するが，図書館サービス法 1956 年制定法から図書館サービス技術法 2010 年改正法までを対象とした通史研究はこれまで行われていなかった。

　そこで本書では，通史的にアメリカ連邦図書館立法を分析し，成立と変遷の解明を試みた。まず，アメリカ連邦図書館立法の構成要因を明らかにするため，次の 2 つの研究課題を設定した。研究課題 1 では立法過程を含む政策形成過程の分析を行った。研究課題 2 では法律内容の変遷の分析を行った。

　この分析により，アメリカ連邦図書館立法の形成過程と構成要因であるアクターの活動内容を明確にした。さらに，法律内容の改正経緯を明らかにすることで，各時代の実施事業の変容と同法の目的の変容を明確にし，アメリカ連邦図書館立法の変化を解明することができた。解明については，以下で述べる 2 つの研究課題を分析することにより可能となったものである。

8.2.1　アメリカ連邦図書館立法に関する政策形成過程とアクター

本節では次の研究課題1に関わる総合的な考察を行う。

研究課題1：アメリカ連邦図書館立法の形成過程とその形成に関与するアクタ
　　　　　ー（大統領府・連邦議会・図書館団体等）の活動を明らかにする

　上記の研究課題1を明らかにするために，第2章から第6章にかけてアメリ
カ連邦図書館立法に関する立法過程を含む政策形成過程を調査した。具体的に
は，調査a）で図書館団体の政策形成過程への関与に関する調査を，調査b）
で連邦議会における立法過程の調査を行った。
　アメリカ連邦図書館立法の構成要因として，アクターの抽出とその活動を描
出した。主要なアクターとなるのは①大統領，②図書館団体，③連邦議会であ
った。以下に，アメリカ連邦図書館立法に関する政策形成過程と各過程に関与
する各アクターの活動を分析した。

大統領

　最初に，大統領の活動について述べる。各時期の社会経済状況を背景に大統
領が示す主要政策方針によって，アメリカ連邦図書館立法は，法律内容，事業
内容，予算額の面で影響を受けた。年代別にみると，図書館サービス法が成立
した1956年から図書館サービス建設法が実施された1960年代にかけて，アメ
リカ連邦図書館立法の拡大にもっとも影響を与えたのは民主党ケネディ－ジョ
ンソン大統領であった。1970年代から1980年代，ニクソン大統領からレーガ
ン－ブッシュ（父）大統領へと続く共和党政権時には，アメリカ連邦図書館立
法は縮小，廃止，および予算削減の提案を受けた。その結果，図書館団体は図
書館サービス建設法の継続と予算を維持することに注力することとなった。
　1990年代に入り，クリントン大統領が行った全国情報基盤構想がアメリカ
連邦図書館立法の転換に影響を与え，図書館サービス建設法から図書館サービ
ス技術法へと改正が行われた。2000年以降は，共和党ブッシュ（息子）大統
領，民主党オバマ大統領とも図書館サービス技術法に対して好意的であり，同

法の再授権や大統領予算提案額においても大きく変動する提案は行われなかった。

　アメリカ連邦図書館立法を通史的に分析した結果，図書館サービス建設法1964 年制定法および 1966 年改正法の成立時期は，大統領の強力な後押しがあったことで，事業の拡大とこれに伴う予算の増額が図られた。一方で大統領が連邦政府の役割を縮小または補助金事業の削減を進めようと試みた際には，連邦議会において阻止されていた。

　結論として，大統領が示す政策方針は，アメリカ連邦図書館立法の規模が拡大される際の推進力となった。アメリカ連邦図書館立法の画期として① 1956年の図書館サービス法，② 1964 年の図書館サービス建設法，③ 1996 年の図書館サービス技術法の成立，④図書館サービス技術法 2003 年改正法の成立が挙げられる。これらはいずれも時の大統領の主要政策や政策方針に影響されている。

　①は直接的ではないが，1929 年に始まる大恐慌に対してルーズベルト大統領が実施したニューディール政策が影響している。当該政策により住宅政策や雇用政策に連邦資金が投入され，公共事業における連邦の関与が拡大した。カール・H. マイラムを始めとする図書館界の指導者達は，公共図書館を対象とした連邦援助を引き出す好機と捉えた。1940 年代，アメリカ図書館協会は連邦議会に対し図書館サービス振興法案の提案を開始した。この活動が 1956 年の図書館サービス法成立へと繋がった。② 1964 年の図書館サービス建設法は，ケネディ - フォード大統領による直接の言及の成果といえる。③ 1996 年の図書館サービス技術法は，民主党クリントン大統領が実施した全国情報基盤構想で公共図書館がユニバーサル・サービス機関として位置づけられたことが，アメリカ連邦図書館立法の転換点となった。NII 政策の方針に沿って情報通信技術を活用したサービスに重点が置かれた図書館サービス技術法が成立したといえる。④図書館サービス技術法 2003 年改正法案で新規事業の追加が提案された際に，ブッシュ大統領はローラ大統領夫人とともにこの提案の支持を表明し，成立を後押しした。

　一方で，大統領から出された連邦図書館立法の縮小や廃止，予算削減の提案

は，連邦議会において承認されず，実現しなかった。アメリカ連邦図書館立法
の変遷において，大統領が示す拡大提案は具現化し，縮小や廃止の提案は実現
していない。つまり，大統領が示す政策方針および提案は，アメリカ連邦図書
館立法の拡大時においては推進力となった。

図書館団体

　次に図書館団体の活動について述べる。アメリカ連邦図書館立法に関与する
図書館団体の中心アクターはアメリカ図書館協会および同協会ワシントン事務
所である。同協会は政策形成過程全体を通して連邦図書館立法に関与した。ま
た，政策決定過程に恒常的に関与する態勢が整備されていた。具体的には政策
課題化，図書館界の意見集約，草案作成，ロビイング活動，連邦議会各委員会
公聴会における証言，アドボカシー活動，再授権時の働きかけに重要な役割を
果たした。つまり，アメリカ図書館協会を中心とする図書館団体は広範な調
査・政策作成活動にあたる能力を持っているといえる。

　その活動の中心にあったのがアメリカ図書館協会と同協会ワシントン事務所
であることはこれまでの研究で述べられてきたが，これ以外の図書館団体の活
動にはこれまであまり言及されてこなかった。本書では，第6章において図書
館サービス技術法案の作成および改正法案作成の過程を分析し，州立図書館機
関長団体の関与を明らかにした。同団体は下部組織に立法委員会等を擁し，ア
メリカ図書館協会とともにアメリカ連邦図書館立法の形成に深く関与した。と
くに，図書館サービス技術法における州への補助金制度の維持は，同団体が強
く主張したものであった。

連邦議会

　立法機関である連邦議会は立法過程および予算成立過程に重要な役割を持
つ。アメリカでは連邦議会上下両院の議員が法案提出者となる。その後，法案
を付託された委員会，小委員会において個別に法案審議が行われるため，委員
会の判断は非常に重要である。また，予算を決定する権限を持ち，大統領の提
案とは異なる決定が行われることから，連邦議会はアメリカ連邦図書館立法施

行の根拠となる法律と予算の枠組みを決定する機関である。

　本書において，連邦議会がアメリカ連邦図書館立法に深く関与した件として，第 3 章と第 4 章で 1970 年代と 1980 年代に予算面で大統領と対立したことを挙げた。図 8-2 にアメリカ連邦図書館立法に関する大統領の予算提案額と連邦議会の歳出承認額の推移を示す。通史的に検討した結果，2 度とも共和党政権時に対立関係がみられた点を明らかにした。さらに最終的に連邦議会が図書館サービス建設法の予算を維持した点に言及し，アメリカ連邦図書館立法における重要な関与があったことを示した。

　また，連邦議会はアメリカ連邦図書館立法の変化と維持の決定を行った。具体的には，本書の第 5 章と第 6 章で述べた，連邦公共図書館支援政策と博物館支援政策の担当組織の統合，公共図書館と他館種で別に行われていた補助金事業の一本化の決定である。組織面，事業面における集中化が連邦議会議員の提案により進められたことを挙げ，連邦政府の役割の変化を起こしたことを指摘した。

8.2.2　アメリカ連邦図書館立法の変遷

　本節では，「研究課題 2　図書館サービス法から図書館サービス技術法に至るアメリカ連邦図書館立法の改正経緯と法律内容の変遷を明らかにする」に関わる総合的な考察を行う。

研究課題 2：図書館サービス法から図書館サービス技術法に至るアメリカ連邦　　　　　　図書館立法の改正過程において，法律内容の変遷を明らかにする。

　上記の研究課題 2 については図書館サービス法から，図書館サービス建設法，および図書館サービス技術法に至る法律内容の変遷を明らかにするために，調査 c）アメリカ連邦図書館立法の改正経緯調査を実施し，連邦図書館法成立以降の再授権時の改正内容を時系列に調査した。

　アメリカ連邦図書館立法の改正経緯を通史として整理し，本書における時代

区分によって各時期を次のとおり特徴づけた。①図書館サービス法は公共図書館行政への連邦政府の関与の開始点となった。同法は農村地域への図書館サービス拡大とこれを実施する州政府の図書館行政能力向上を目的とした。同法はこの目的を達成するための連邦援助の根拠として時限立法として定められた。②図書館サービス建設法前期は，事業が拡大された。連邦補助金は州への交付金，建設交付金，相互協力体制の構築の主要3事業に加え，特別なサービスを必要とする対象者への支援へと範囲が拡大された。③図書館サービス建設法中期は，連邦政府の役割の変更が試みられた。図書館団体は全国図書館法の提案を通じて連邦政府の役割のより一層の拡大を働きかけた。また大統領府からは連邦政府の役割をより限定的なものにする別の法案が提案された。しかし双方とも連邦議会を通過せず，連邦政府の役割の変化は起こらなかった。図書館サービス建設法中期の法律内容には，上記主要3事業の他に新規事業が盛り込まれたが，単発的な事業に留まり，事業の継続については財源を含め州の判断に委ねられた。④図書館サービス建設法後期は，多様な事業が展開されるとともに，新たな連邦図書館立法の必要が検討された。図書館サービス建設法後期の法律内容には，主要3事業にインディアン部族サービス等が加わり，全部で8事業が盛り込まれた。しかし通信技術の進展に伴う図書館への要求が変化するとともに，図書館団体は同法の見直しが必要であると認識された。⑤図書館サービス技術法の成立は，NII政策の影響を受けたものであった。法律題名や主要事業が通信技術を活用したサービス提供に移されたが，制度面では公共図書館支援政策における連邦政府の役割に大きな変化はなかった。⑥1996年以降の図書館サービス技術法の展開として組織面，業務面で集約が進んだ。同時に公共図書館のみではなく，他館種，博物館を含めた支援が連邦政府の役割となった。さらに教育，労働，保健政策との連携協力が進められた。

　次に，アメリカ連邦図書館立法の法律内容の変遷について述べる。1956年から2016年にかけてのアメリカ連邦図書館立法の事業変遷を図8－1に示した。

　図書館サービス法は，農村地域への図書館サービスの拡大に際し州の役割が強調された。連邦政府は財政面からこれを支援するものとなった。そのため連

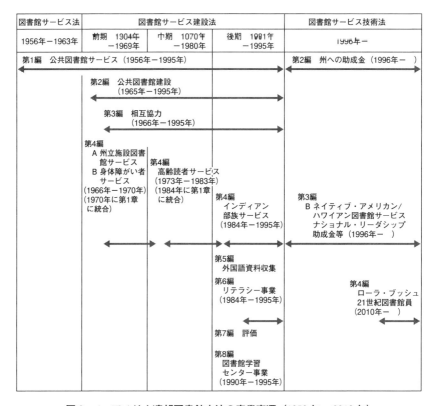

図書館サービス法	図書館サービス建設法			図書館サービス技術法
1956年－1963年	前期　1904年 －1969年	中期　1070年 －1980年	後期　1991年 －1995年	1996年－
第1編　公共図書館サービス（1956年－1995年）				第2編　州への助成金（1996年－　）

図8－1　アメリカ連邦図書館立法の事業変遷（1956 年－2016 年）

出典：アメリカ連邦図書館立法の改正に基づき筆者作成.

　邦補助金を受領する要件として州の法制度，組織，政策策定，財政を整備することが意図された。同時に連邦は州と地方の権限を侵すものではないことが規定された。

　図書館サービス法では，農村地域への図書館サービス拡張を目的とした施策が展開された。州ごとにサービス計画が策定されるが，おおむね人件費，図書・資料購入費，ブックモービル購入・広域サービスシステム構築に資金が投入された。同法は少額の連邦資金を有効に活用した補助金事業として行政府・連邦議会に評価された。連邦教育省は同法に関する報告書において，連邦によ

る支援の継続の必要性を示唆した。つまり図書館サービス法の成功が，図書館サービス建設法につながったといえる。図書館サービス建設法は，農村地域を対象とした限定的な補助金事業から，都市部を含めた援助地域の拡大や図書館建設補助，自治体間の広域図書館サービス構築補助へと事業規模が拡大した。

　次に，図書館サービス建設法の改正経緯から各年代の主要政策の変遷を整理する。図書館サービス法前期には，図書館施設の建設と，資源共有や共同目録作業にみられる図書館相互協力の始まりがみられる。この時期以降，図書館サービス建設法の施行期間を通じて，「第1編　公共図書館サービス」，「第2編　公共図書館建設」，「第3編　相互協力」は継続された。

　図書館サービス建設法中期にはさまざまな利用対象別の事業が展開された。たとえば州立施設居住者および身体障がい者等，地域の公共図書館に来館できない人々へのサービス提供に取り組まれた。具体的には視覚障がいを持つ人々に対する視聴覚資料の提供や，高齢者に対する図書館員の戸別訪問などのアウトリーチサービスの実施に重点が置かれた。

　図書館サービス建設法後期には，インディアン部族サービス，外国語資料の収集，リテラシー事業，図書館学習センター事業が展開された。支援内容の多様化が進み，法律の構成も細分化した。しかし財政面ではレーガン－ブッシュ大統領の経済政策により削減の提案が行われ，財源の拡大は伴わなかった。連邦議会では大統領による予算削減の提案に反して図書館サービス建設法への予算充当が行われたが，先に示したとおり支援事業の多様化に対する予算増額はなされなかった。

　図書館サービス技術法の改正経緯を検討した結果，同法の実態が「統合」から「連携」へと変容したことが明らかになった。博物館図書館サービス法1996年制定法に図書館サービス技術法が置かれ，連邦政府による図書館支援事業の統合と博物館支援事業との協働が目指された。2003年改正法では館種横断的な資料提供とアクセス支援が強調され，2010年改正法では他分野の連邦政策との調整が加えられた。この図書館サービス技術法の改正経緯から，図書館支援を目的とした連邦資金は，あらゆる館種の図書館を対象とした事業の他に博物館との連携事業，情報インフラ整備・改修，先進的なサービスの取組

等へと使途が拡大したことが判明した。

　アメリカ連邦図書館立法の内容の変遷の整理とともに，同法に充当された予算額の推移を分析した。その結果，大統領の予算提案額に反して一定水準の維持とプログラムの拡大に比例した増額が連邦議会によって行われてきたことを明らかにした。図8-2にアメリカ連邦図書館立法に関する大統領の予算提案額と連邦議会の歳出承認額の推移（1957-2015会計年度）を示す。次に表8-1にアメリカ大統領政権と連邦議会政党別議席数（1955年-2016年）を示す。

　連邦補助金に関与するアクターの活動は前項で述べた。本項では通史的な視点から予算額の推移を分析し，以下に考察を行った。大統領予算提案額の推移を各時期の政党政権に照らしてみると，共和党政権時には提案額が下がり，民

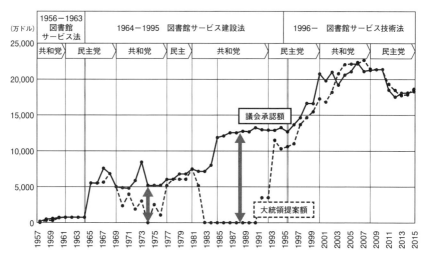

図8-2　アメリカ連邦図書館立法に関する大統領の予算提案額と連邦議会の歳出承認額の推移（1957-2015会計年度）

出典：以下の資料を参照．①1957会計年度-1982会計年度：Holley, Edward G. and Schremser, Robert F. *The Library Services and Construction Act: a historical overview from the viewpoint of major participants.* Greenwich, JAI Press, 1983, p.150-155. ②1983会計年度-2006会計年度：Simora, Filomena ed. *The Bowker annual : library and book trade almanac,* R.R. Bowker の各年度を参照した．③2007会計年度-2014会計年度：Committee for Education Funding. *The Budget Response.* http://cef.org/how-we-help/annual-budget-responses/, (accessed 2016-06-01). の各年度を参照した

表8-1 アメリカ大統領政権と連邦議会政党別議席数（1955年-2016年）

議会期	年	大統領	政党	上　院（人）				下　院（人）			
				民主	共和	無所属	欠員	民主	共和	無所属	欠員
84	1955-1956	アイゼンハワー	共和	48	47	1		232	203		
85	1957-1958			49	47			234	201		
86	1959-1960			64	34			283	153		
87	1961-1962	ケネディ	民主	64	36			262	175		
88	1963-1964	ケネディ/ジョンソン		67	33			258	176		1
89	1965-1966	ジョンソン		68	32			295	140		
90	1967-1968			64	36			246	187		2
91	1969-1970	ニクソン	共和	58	42			243	192		
92	1971-1972			54	44	2		255	180		
93	1973-1974	ニクソン/フォード	共和	56	42	2		239	192	1	3
94	1975-1976	フォード		61	37	2		291	144		
95	1977-1978	カーター	民主	61	38	1		292	143		
96	1979-1980			58	41	1		276	157		2
97	1981-1982	レーガン	共和	46	53	1		243	192		
98	1983-1984			46	54			268	166		1
99	1985-1986			47	53			252	182		1
100	1987-1988			55	45			258	177		
101	1989-1990	G.W.H. ブッシュ（父）	共和	55	45			259	174		2
102	1991-1992			56	44			267	167	1	
103	1993-1994	クリントン	民主	57	43			258	176	1	
104	1995-1996			47	53			204	230	1	
105	1997-1998			45	55			207	227	1	
106	1999-2000			45	55			211	223	1	
107	2001-2002	G.W. ブッシュ（息子）	共和	50	50			211	221	2	1
108	2003-2004			48	51	1		205	229	1	
109	2005-2006			44	55	1		201	232	1	1
110	2007-2008			49	49	2		233	202		
111	2009-2010	オバマ	民主	55	41	2	1	256	178		1
112	2011-2012			51	47	2		193	242		
113	2013-2014			53	45	2		200	233		2
114	2015-2016			44	54	2		188	246		1

出典：廣瀬淳子「アメリカ連邦議会議員選挙制度-中間選挙をめぐる課題-」『レファレンス』国立国会図書館調査および立法考査局，2015, p.30. http://dl.ndl.go.jp/view/download/digidepo_9368694_po_077202.pdf?contentNo=1, (accessed 2016-11-04).

主党政権時には回復することが繰り返されてきた。また1990年代ブッシュ政権時の予算提案額の増額といったこれまでの経緯からみると例外的な場合もあった。一方予算の決定権は連邦議会にあり，議会歳出承認額の推移からはアメリカ連邦図書館立法のプログラムの拡大に比例して段階的に増額されていることがわかる。とりわけ図書館サービス法から図書館サービス建設法への改正時と1985年の図書館建設事業予算の復活時に大きく伸びている。

　図書館サービス技術法に基づく事業の予算配分は1998年から行われた。その際に図書館サービス建設法の予算額に高等教育法の図書館情報学支援プログラム事業分の上積み分が増額となった。以上のとおり予算推移の面からも，アメリカ連邦図書館立法は大統領による予算縮小や事業廃止が提案された場合に，連邦議会において撤回されプログラムと予算の維持が行われてきたことから，政党に偏らず超党派的に展開されてきたといえる。

8.2.3　アメリカ連邦図書館立法の成立と変遷：その実態と課題

　本書は，政策形成過程という垂直的な視点と法律内容の変遷という通時的視点から，アメリカ連邦図書館立法の構成要因を分析した。その結果，アメリカ連邦図書館立法の成立と変遷が明らかになった。これまでの検討結果を踏まえ，アメリカ連邦図書館立法の構成要因として，①当該立法の画期と各アクターの関与の特性，②法律内容の変遷と補助金制度の維持について結論づけた。

　まず，①アメリカ連邦図書館立法の画期と各アクターの関与の特性について述べる。本書での検討結果として，アメリカ連邦図書館立法に関与する主要アクターとして①大統領，②図書館団体，③連邦議会を挙げ，関与の際の特性を描出した。①大統領の活動は，アメリカ連邦図書館立法の規模拡大時の推進力となった。その活動は各政権の主要政策との関係に基づくものであった。②図書館団体は，アメリカ図書館協会を中心に政策形成過程全体および当該立法の歴史を通して関与が見られた。とくに政策課題化，法案作成，再授権の働きかけに重要な役割を果たした。また，補助金制度の維持についてはとくに州図書館行政機関長団体の強い要望があった。③連邦議会はアメリカ連邦図書館立法の維持と変化両方への関与があった。当該立法の維持については，大統領から

規模を縮小する内容の新たな図書館立法の提案時に，また連邦補助金削減の予算提案時に，連邦議会は提案に反し図書館サービス建設法の継続と予算支出の承認を決定したことを明らかにした。当該立法の変化への関与については，図書館サービス技術法案の審議過程において博物館サービス法との統合を決定したことを指摘した。

次に，②法律内容の変遷と補助金制度の維持について述べる。まず研究結果として，アメリカ連邦図書館立法の変遷を次のとおり明らかにした。①当初，図書館サービス法は州政府における図書館行政機関の設置と州政府による図書館行政能力・財政支出の確保を意図していた。②図書館サービス建設法前期は事業が拡大された。連邦補助金の交付先は州への交付金の他に建設交付金，相互協力体制の構築，特別なサービスを必要とする対象者への支援へと拡大した。③図書館サービス建設法中期は，図書館団体から全国図書館法が提案され，連邦政府の役割の拡大が要望された。また大統領府からは連邦政府の役割をより限定的なものにする別の法案が提案された。しかし両法案とも連邦議会を通過せず，図書館サービス建設法が継続された。④図書館サービス建設法後期は，事業数が増加し多様なサービスが展開されたが，通信技術の進展に伴う図書館へのニーズの変化により，図書館団体は新しい法律が必要であると認識した。⑤NII政策を受け，図書館サービス技術法が成立したが制度面では州への補助金交付制度が維持された。⑥1996年以降は図書館サービス技術法の下に組織面，業務面で集約が進んだ。同時に公共図書館のみではなく，他館種，博物館を含めた支援が統合された。さらに教育，労働，保健政策との連携協力が進められた。通史的に見ると，アメリカ連邦図書館立法は制度面では1956年以降大きな変化はなく，法的枠組みの範囲での変更に留まった。

以上の検討結果を踏まえ，アメリカ連邦図書館立法の実態と課題について述べる。まず，アメリカ連邦図書館立法の実態を通史的に分析した結果，①各時代の状況に応じ，各アクターの活動の影響を受け変化または維持されたこと，②制度面では，図書館サービス法1956年制定法で構築された連邦と州の役割と補助金制度は，その額や割合の変化はみられるものの，図書館サービス技術法2010年改正法まで維持されている。つまり図書館サービス法は以降のアメ

リカ連邦図書館立法の原形として現在まで継続されていることを結論づけた。

　次に図書館サービス技術法の現状における課題を述べる。図書館サービス技術法の下で，公共図書館支援事業は多様な館種の支援事業と統合された。連邦図書館支援事業の統合によって，公共図書館はより広範囲な支援対象のひとつに置かれた。そのため，広範囲で多様な支援事業にどのように公共図書館支援事業を位置づけるかが課題となることを指摘した。

　以上の分析結果および考察により，これまで通史的に明らかにされてこなかったアメリカ連邦図書館立法の成立と変遷を解明することができた。60年に渡り連邦制定法を根拠とした補助金交付制度が整備されかつ継続されているという状況は，今日に至る公共図書館サービスの発展には連邦政府の関与が存在していることを意味している。本書で，ナショナル・レベルの公共図書館支援政策の形成過程におけるアクターを浮かび上がらせ，各アクターの性質を解明することによって，今後の図書館情報政策形成過程に関わる研究に貢献できた。また今後図書館情報政策研究を深めていく上で，本書の通史的な分析は，歴史研究，政策履行研究または政策評価研究への展開に貢献するものである。

8.3　本書の限界と今後の課題

　本書では，アメリカ連邦図書館立法の立法過程を含む政策形成過程と法律内容の変遷に焦点をあてた検討を行った。そのため，政策の履行および評価の過程に踏み込むに至らなかった。このことが本書の限界である。これを踏まえ，今後次のような研究が必要である。

（1）アメリカ連邦図書館立法に基づく事業履行調査
　アメリカ連邦図書館立法に基づく実施事業の実態を把握することを目的に，アメリカ連邦図書館立法に基づく事業の履行状況を明らかにする。調査内容は，州が策定する図書館サービス計画を対象とした分析を行う。この調査により，政策決定の次の段階として州の図書館行政の活動の一端が解明される。

（2）アメリカ連邦図書館立法に基づく事業評価調査

　アメリカ連邦図書館立法に基づき実施された事業について，どのような評価が行われているのか明らかにすることを目的に，図書館サービス建設法1990年改正法で設けられた事業評価に基づく活動を調査する。この調査により，事業評価方法が明らかになるとともに，その評価が次の政策形成に与える影響を検討することが可能となる。

（3）州レベルの公共図書館政策形成における連邦公共図書館支援政策の影響

　州の公共図書館政策の形成における連邦公共図書館支援政策の影響を解明することを目的に，州レベルの公共図書館政策の形成過程を対象とした調査を行う。調査内容は先行研究を踏まえつつ州独自の公共図書館政策とアメリカ連邦図書館立法との関係を明らかにする。この調査により，州の図書館事業における連邦の支援事業の位置づけを検討することが可能となる。これらの研究により，アメリカ連邦図書館立法をより多面的に捉えることを今後の課題とする。

引用・参考文献一覧

　本書において引用ならびに参考にした文献について，最初に一次資料，次に著者名順に一覧にした。日本語文献については五十音順，外国語文献についてはA-Z順とするに配列した。また，無署名の記事については便宜上タイトルに基づいて配列した。

一次資料
連邦制定法
Library Services Act of 1956（P.L. 84-597）
Library Services Act of 1960（P.L. 85-679）
Library Services and Construction Act of 1964（P.L. 88-269）
Library Services and Construction Act of 1966（P.L. 89-511）
Library Services and Construction Act of 1970（P.L. 91-600）
Library Services and Construction Act of 1977（P.L. 95-123）
Library Services and Construction Act of 1984（P.L. 98-480）
Library Services and Construction Act of 1990（P.L. 101-254）
Museum and Library Services Act of 1996（P.L.104-208）
Museum and Library Services Act of 2003（P.L.108-81）
Museum and Library Services Act of 2010（P.L.111-340）

法　案
・S.856, Arts, Humanities, and Museums Amendments of 1995. http://www.gpo.gov/fdsys/pkg/BILLS-104s856is/pdf/BILLS-104s856is.pdf,（accessed 2014-11-27）.
・H.R.1617, Workforce and Career Development Act of 1996. https://www.congress.gov/bill/104th-congress/house-bill/1617/text?q=%7B%22search%22%3A%5B%22hr1617%22%5D%7D&resultIndex=11,（accessed 2016-06-01）.

連邦議会
・*Congressional Record* 96th, 2nd. Vol.126, No.64, 1980.4.24, p. H2979-2981.
・*Congressional Record*, 97th, 1st. Vol.127, No.98-partⅡ, 1981.6.25, p.S7111-S7116.
・*Congressional Record* Vol.135. 1989.6.22, p. E2284.

· *Congressional Record.* Vol.149. No.36, H1651-1652, 2003.
· The Committee on Education and the Workforce. *107ᵗʰ Congress Report, House of Representatives 2d Session 107-395, Museum and Library Services Act of 2002.* GPO, 2002, http://www.gpo.gov/fdsys/pkg/CRPT-107hrpt395/pdf/CRPT-107hrpt395.pdf, (accessed 2015-04-02).
· *House Report 104-152.* p.154-155. http://www.gpo.gov/fdsys/pkg/CRPT-104hrpt152/pdf/CRPT-104hrpt152.pdf, (accessed 2014-11-07).
· *House Report 104-707.* 1996, p.263-271. http://www.gpo.gov/fdsys/pkg/CRPT-104hrpt707/pdf/CRPT-104hrpt707.pdf, (accessed 2014-11-13).
· *Senate Report 104-135.* http://www.gpo.gov/fdsys/pkg/CRPT-104srpt135/pdf/CRPT-104srpt135.pdf, (accessed 2014-11-18).
· The Committee on Education and the Workforce. *108th Congress Report, House of representatives 1st session 108-16, Museum and Library Services Act of 2003.* GPO, 2003, p.9. http://www.gpo.gov/fdsys/pkg/CRPT-108hrpt16/pdf/CRPT-108hrpt16.pdf, (accessed 2014-12-15).
· The Committee on Health, Education, Labor, and Pensions. *108th Congress 1st session S.888 [Report No. 108-83] To reauthorize the Museum and Library Services Act, and for other purposes.* GPO, 2003. https://www.congress.gov/bill/108th-congress/senate-bill/888/text, (accessed 2015-04-06).
· The Committee on the Budget House of Representatives. *Concurrent Resolution on the Budget FY2016.* GPO, 2015, http://www.gpo.gov/fdsys/pkg/CRPT-114hrpt47/pdf/CRPT-114hrpt47.pdf, (accessed 2015-05-25).
· The Subcommittee on Education. *Hearing before the Subcommittee on Education of the Commission on Labor and Public Welfare U.S. Senate 84th Congress Second Session on S.205 a Bill to Promote the Further Development of Public Library Service in the Rural Areas and H.R.2840 an Act to Promote the Further Development of Public Library Service in Rural Areas.* Government Printing Office, 1956, 77p.
· The Subcommittee on Select Education. *Equipping Museums and Libraries for the 21ˢᵗ Century Hearing, No.107-45.* Washington DC, U.S. Government Printing Office,2002, p.42.
· The Subcommittee on Postsecondary Education, House Education and Labor Committee. *Hearing on the Reauthorization of the LSCA.* Cong. Publications, U.S. Cong. Serial Set, Mar. 31, 1989.
· The Subcommittee on Postsecondary Education, House Education and Labor Committee, and the Subcommittee on Education, Arts, and Humanities, Senate Labor and Human Resources Committee. *Hearing on the Reauthorization of the*

LSCA. Cong. Publications, U.S.Cong. Serial Set, Apr.11, 1989.

政府関係

・U.S. Commission on Intergovernmental Relations, Study Committee on Federal Responsibility in the Field of Education. *A Study Committee Report on Federal Responsibility in the Field of Education, Submitted to the Commission on Intergovernmental Relations*. Washington, D.C., U.S. Government Printing Office, 1955, 154p. http://www.library.unt.edu/gpo/acir/Reports/Y3In87R29.pdf, (accessed 2015-12-15).

・ACIR. *Categorical Grants: Their Role and Design; The Intergovernmental Grant System: An Assessment and Proposal Policies, A-52*. Washington, D.C., ACIR, 1977, 319p.

・Flemming, S., Derthick, Lawrence G. *State Plans under the Library Services Act, Supplement 2. A Progress Report the First Five Years: Fiscal Years 1957, 1958, 1959*. U.S. Department of Health, Education, and Welfare, Library Services Branch, 1960, 144p. http://files.eric.ed.gov/fulltext/ED543968.pdf, (accessed 2016-10-07).

・Kennedy, John F., *Special Message to the Congress on Education*. http://www.presidency.ucsb.edu/ws/?pid=9487, (accessed 2016-06-01).

・NCLIS. *Public Libraries and the Internet 2000*, 25p. http://files.eric.ed.gov/fulltext/EED446780.pdf, (accessed 2014-08-20).

・U.S. Advisory Commission on Intergovernmental Relations. *The Federal Role in the Federal System*. Washington D.C.,U.S. Government Printing Office, 1980, 42p. http://www.library.unt.edu/gpo/acir/Reports/policy/a-84.pdf, (accessed 2014-07-23).

博物館図書館サービス振興機構

・Sheppard, Beverly B. IMLS Annual Report 1997-1998, IMLS, 1998, p.2.

・*Performance and Accountability Report Fiscal Year 2008*. IMLS, 2008, p.4.

・*Five-Year Strategic Plan 2012 – 2016*. IMLS, 2011. http://www.imls.gov/assets/1/workflow_staging/AssetManager/2000.PDF, (accessed 2015-03-02).

・IMLS. Amount and Percentage Distribution of Federal Revenue of State Library administrative agencies (SLAAs), by type of federal program: Fiscal Year 2012,

・*State Library Agency Survey: Fiscal Year 2012; Supplementary Tables*, IMLS, 2014.5. https://www.imls.gov/sites/default/files/legacy/assets/1/AssetManager/SLAA2012T.pdf, (accessed 2016-04-08).

・ICF. *Laura Bush 21st Century Librarian Program Evaluation (Grant Years 2003-2009) Vol.1 final project report*. IMLS, 2013, 162p. http://www.imls.gov/assets/1/

AssetManager/LB21%20Evaluation%20Report.pdf,（accessed 2014-10-03）.
・Howard, Mary Lynn. *Growing Young Minds: How Museums Libraries Create Lifelong Learners*, IMLS. 2013, 47p. http://www.imls.gov/assets/1/AssetManager/GrowingYoungMinds.pdf,（accessed 2015-04-28）.
・IMLS. Total Operating Revenue of Public Libraries and Percentage Distribution of Revenue, By Source of Revenue and State: Fiscal year 2013, Public Libraries in the United States Survey: Fiscal Year 2013, IMLS, 2016.3, https://www.imls.gov/sites/default/files/fy2013_pls_tables_21_thru_31a.pdf,（accessed 2016-04-08）.

日本語文献
あ
・秋山勉「LSCA から LSTA へ－米国公共図書館政策の転換－」『カレントアウェアネス』No.222，1998.
・アメリカ教育学会編『現代アメリカ教育ハンドブック』東信堂，2010，201p.
・五十嵐武士，久保文明編『アメリカ現代政治の構図　イデオロギー対決とそのゆくえ』東京大学出版会，2009，334p.
・石川徹也，根本彰，吉見俊哉『つながる図書館・博物館・文書館　デジタル化時代の知の基盤づくりへ』東京大学出版会，2011，272p.
・石丸和人『アメリカの政治を知るために』教育社，1986，274p.
・稲川薫「アメリカ図書館関係法の制定過程と行政」『現代の図書館』Vol.25, No.1，1987，p.28-32.
・牛島悦子「図書館・情報関係は大巾削減　1983年レーガン政府予算」『カレントアウェアネス』No.36 1982.7.10，p.1.
・牛島悦子「連邦図書館に行革の嵐－USA－」『カレントアウェアネス』No.48 1983.7.10.
・大嶽秀夫『政策過程』東京大学出版会，1990，253p.
・岡本哲和『アメリカ連邦政府における情報資源管理政策－その様態と変容－』関西大学出版部，2003，318p.
・小田隆裕ほか編『事典現代のアメリカ』大修館書店，2004，1470p.

か
・金子善次郎『米国連邦制度：州と地方団体』良書普及会，1977，369p.
・川崎良孝，高鍬裕樹『図書館・インターネット・知的自由：アメリカ公立図書館の思想と実践』京都大学図書館情報学研究会，2000，207p.
・川崎良孝「アメリカ愛国者法と知的自由－図書館はテロリストの聖域か－」『図書館雑誌』Vol.99, No.8，2005.8，p.507-512.
・川崎良孝，吉田右子『新たな図書館・図書館市研究：批判的図書館研究を中心とし

て』京都図書館情報学研究会，2011，402p.　ISBN 978-4-8204-1103-1.

・川崎良孝『図書館トリニティの時代から揺らぎ・展開の時代へ』京都図書館情報学研究会（発行），日本図書館協会（発売），2015，497p.

・川瀬憲子『アメリカの補助金と州・地方財政　ジョンソン政権からオバマ政権へ』勁草書房，2012，295p.

・木下淑恵「公共図書館建設費　米国の最近年の調査と展望」『カレントアウェアネス』No.105，1988.5.20，p.3-4.

・清原聖子『現代アメリカのテレコミュニケーション政策過程：ユニバーサル・サービス基金の改革』慶應義塾大学出版会，2008，245p.

・金容媛「図書館情報政策の形成に関する考察」『学術情報センター紀要』No.6，1994，p.35-66.

・金容媛『図書館情報政策』丸善．2003，234p.

・金容媛「米国の図書館・博物館政策の動向－関連法規および政策諮問機構の統合を中心に－」『文化情報学』Vol.15，No.2,，2008，p.37-45.

・草野厚『政策過程分析入門』　東京大学出版会．1997，201p.

・久保憲一「アメリカにおける連邦政府の組織的膨張および補助金制度の展開」『行動科学研究』Vol.18，No.1，1984，p.141-151.

・久保文明編『アメリカの政治　新版』弘文堂，2013，268p.

・小池治『アメリカの政策過程と政府間関係』第一法規，1990，366p.

・古賀崇，三浦太郎，中村百合子『情報基盤としての公共図書館の可能性』東京大学大学院教育学研究科図書館情報学研究室，2000，68p.

・国立国会図書館関西館図書館協力課編集『米国の図書館事情2007：2006年度国立・国会図書館調査研究報告書』図書館研究シリーズ：No.40，日本図書館協，2008，365p.

・国立国会図書館調査および立法考査局『主要国の議会制度（基本調査シリーズ5）』国立国会図書館調査および立法考査局，2009，53p.

・後藤敏行『図書館の法令と政策』樹村房，2015，97p.

・駒村圭吾『権力分立の諸相』南窓社，1999，273p.

さ

・渋谷博史，渡瀬義男編『アメリカの連邦財政』（アメリカの財政と福祉国家　第1巻）日本経済評論社，2006，285p.

・初宿正典，辻村みよ子編『新解説世界憲法集 第2版』，三省堂，2010.4，426p.

・菅野育子「欧米における図書館，文書館，博物館の連携－Cultural Heritage Sectorとしての図書館－」『カレントアウェアネス』No.294，2007.12，p.10-16.

・菅野育子「米国・欧州の政策と実践からみたMLA連携」『図書館・博物館・文書館の連携』日本図書館情報学会研究委員会編，勉誠出版，2010，186p.

た

・高橋弘「図書館及び情報サービスに関するホワイトハウス会議（WHCLIS）－アメリカ－」『カレントアウェアネス』No.7，1980.2.10，p.1.

・高橋弘「ホワイトハウス会議（WHCLIS）のその後－アメリカ－」『カレントアウェアネス』No.19，1981.2.10，p.2.

・高橋弘，中野捷三「情報を，もとめるすべての公衆の手に－図書館及び情報サービスに関するホワイトハウス会議（米国）の概要－」『現代の図書館』Vol.18，No.3，1989.9，p.130.

・千代由利「第二回図書館及び情報サービスに関するホワイトハウス会議」『カレントアウェアネス』No.147，1991.11.20，p.2-3.

・塚原修一「米英の教育に関する政策評価制度」『国立教育政策研究所紀要』No.131，2002.3，p.145-152.

・辻中豊『政治学入門 公的決定の構造・アクター・状況』放送大学教育振興会，2012，317p.

・手塚眞「米国連邦政府の1986年度図書館関連予算」『カレントアウェアネス』No.82 1986.5.10，p.1-2.

・堂前幸子「第二回図書館及び情報サービスに関するホワイトハウス会議－特色と背景－」『カレントアウェアネス』No.149，1992.1.20，p.2-3.

な

・長倉美恵子「米国学校図書館行政史－連邦援助法を中心として－」『図書館短期大学紀要』No.1，図書館短期大学．1966，p.81-88.

・長澤雅男ほか『図書館学の研究方法（論集・図書館情報学の歩み第2集）』日外アソシエーツ，1982，214p.

・中島正明「アメリカ公立図書館制度に関する研究－州図書館行政機関の設立を中心にして－」『安田女子大学紀要』 No.24，1996，p.209-217.

・長嶺宏作「アメリカの連邦制度構造化におけるESEAによる補助金の意義－1965年の初等中等教育法の成立過程の考察を中心として－」『教育學雑誌』No.42，2007.3，p.29-41.

・中本悟，宮崎礼二編『現代アメリカ経済分析－理念・歴史・政策』日本評論社，2013，304p.

・苗代あおい「図書館のサービス及び建設法」『外国の立法』Vol.24，No.4，1985，p.145-163.

・日本図書館協会編『図書館法研究 図書館法制定30周年記念図書館法研究シンポジウム記録』日本図書館協会，1980，214p.

・日本図書館協会インフォメーションサーヴィス班「図書館サーヴィス法」『J.L.A.

INFORMATION SERVICE』1951, p.47.

・日本国際間題研究所『アメリカ連邦議会の変化と展望（外務省委託研究報告書)』1994, 101p.

・日本国際問題研究所『アメリカ連邦議会の変化と展望』（平成5年外務省委託研究報告書). 1994.3, 101p.

・日本システム開発研究所『アメリカのレーガン政権下における歳出削減等財政政策についての調査研究報告書（昭和57年度大蔵省委託調査)』日本システム研究所, 1983.3, 171p.

・日本図書館協会編『図書館法研究　図書館法制定30周年記念・図書館法研究シンポジウム記録』日本図書館協会, 1980, 214p.

・日本図書館情報学会用語辞典編集委員会編『図書館情報学用語辞典第4版』丸善, 2013, 284p.

・根木昭『文化政策の法的基盤』水曜社, 1984, 285p.

は

・橋立達夫, 法貴良一, 齋藤俊明, 中村陽一『政策過程と政策価値』三嶺書房, 1999, 259p.

・橋本（白石）麿美, 川戸理恵子「第2部各国調査報告 第5章アメリカの公共図書館」『諸外国の公共図書館に関する調査報告書』（平成16年度文部科学省委託事業 図書館の情報拠点化に関する調査研究), シィー・ディー・アイ編, 文部科学省生涯学習政策局社会教育課, 2005, p.150-180.

・橋本麿美「1990年代前半におけるアメリカ連邦政府の図書館政策の展開－LSCAからLSTAへの改正を中心に－」『日本図書館情報学会誌』Vol.61, No.1, 2015.3, p.1-17.

・橋本麿美「1996年以降におけるアメリカ連邦政府の図書館政策：図書館サービス技術法に基づく補助金事業の動向」『日本図書館情報学会誌』Vol.61, No.4, 2015.12, p.215-231.

・早川純貴ほか『政策過程論－「政策科学」への招待』学陽書房, 2004, 261p.

・樋口陽一訳, 吉田善明編『解説世界憲法集　第4版』三省堂, 2001, 394p.

・平野美恵子「2003年博物館図書館サービス法」『外国の立法』No.221, 2004.8, p.87-114.

・廣瀬淳子「アメリカの政策形成過程と政官関係」『外国の立法』No.213, 2002.8, p.1-9.

・廣瀬淳子「アメリカ連邦議会議員選挙制度－中間選挙をめぐる課題－」『レファレンス』国立国会図書館調査及び立法考査局, 2015.5, p.30. http://dl.ndl.go.jp/view/download/digidepo_9368694_po_077202.pdf?contentNo=1, (accessed 2016-11-04).

・廣田美穂「情報スーパーハイウェイとアメリカ図書館界」『カレントアウェアネス』No.178, 1994, p.2.
・堀米庸三『歴史の意味』中央公論社, 1970, 277p.

ま

・牧村正史「NREN と図書館」『カレントアウェアネス』No.162, 1993.02.20. http://current.ndl.go.jp/ca857, (accessed 2016-06-01).
・村上美代治「アメリカ公共図書館法の発展と法－LSA, LSCA の成立, 意義, 発展－」『ライブラリアンシップ』No.11, 1980, p.1-16.
・森耕一『公共図書館（日本図書館学講座 4）』雄山閣出版, 1976, 268p.
・森脇俊雅『政策過程（BASIC 公共政策学第 5 巻）』ミネルヴァ書房, 2010, 202p.

や

・山本順一「アメリカ連邦図書館立法に関する一考察」『図書館学会年報』Vol.32, No.1, 1986, p.1-10.
・山本順一「アメリカの知的自由と図書館の対応に関するひとつの視角：愛国者法から図書館監視プログラム, そして COINTELPRO に遡ると」『現代の図書館』Vol.42, No.3, 2004, p.157-163.
・郵政省郵政研究所編『1996 年米国電気通信法の解説－21 世紀情報革命への挑戦－』商事法務研究会, 1997, 353p.
・吉田武大「アメリカ連邦における創設期中等後教育改善基金の法制的特質－1972 年教育改正法と連邦規則集を手がかりとして－」『関西国際大学研究紀要』No.12, 2011, p.75-87.
・吉田武大「1970 年代アメリカ連邦政府における高等教育財政援助政策の変容－機関援助と FIPSE 型援助に焦点をあてて－」『日本教育行政学会年報』No.39, 2013, p.150-166.

ら

・「Library Services Act（図書館奉仕法）」『ひびや　東京都立日比谷図書館報』1960, 23 巻, 10 号, p.33-36.
・「Library Services Act」『JLA Information Service New Series』Vol.1, No.2, 1960.7, p.14-16.

わ

・渡瀬義男「アメリカの予算編成過程と財政民主主義」『経済研究所年報』No.27, 2014, p.55-80.

外国語文献

【A】

・ALA. "Resolution on LSTA Reauthorization," http://www.ala.org/offices/sites/ala.org.offices/files/content/wo/reference/colresolutions/since2001/Libraries/000001-CD20.5.pdf, (accessed 2016-06-01).

・*ALA Bulletin.* ALA. Vol.52, No.1,1958.1.

・ALA Washington Office. "Legislative and Policy Sessions at ALA Midwinter,"*ALA Washington Office Newsline.* Vol.3, No.3, 1994. http://serials.informations.com/alawon/alawon-v3n03.txt, (accessed 2014-08-01).

・ALA Washington Office. "FY1995 Clinton Budget for Libraries: Year Two-Same Scenario LSCA-Level and Zero," *ALA Washington Office Newsline.* Vol.3, No.7, 1994. http://serials.informations.com/alawon/alawon-v3n07.txt, (accessed 2014-06-17).

・ALA Washington Office. "Summary of ALA Council Resolutions Related to Federal Legislation," *ALA Washington Office Newsline.* Vol.3, No.32, 1994. http://serials.infomotions.com/alawon/alawon-v3n32.txt, (accessed 2014-08-18).

・ALA Washington Office. "House Committee Would Merge Library Programs into Block Grant," *ALA Washington Office Newsline.* Vol.4, No.39, 1995. http://serials.infomotions.com/alawon/alawon-v4n39.txt, (accessed 2014-05-31).

・ALA Washington Office. "House Committee Approves Library Block Grant," *ALA Washington Office Newsline.* Vol.4, No.48, 1995. http://serials.infomotions.com/alawon/alawon-v4n48.txt, (accessed 2014-05-31).

・ALA Washington Office. "Native American Assistance Part of House Block Grant Bill," *ALA Washington Office Newsline.* Vol.4, No.50, 1995. http://serials.infomotions.com/alawon/alawon-v4n50.txt, (accessed 2014-05-31).

・ALA Washington Office. "Museum and Library Services Act, S.856, Outline Provided," *ALA Washington Office Newsline.* Vol.4, No.51, 1995. http://serials.infomotions.com/alawon/alawon-v4n51.txt, (accessed 2014-05-31).

・ALA Washington Office. "House Committee Issues Report on LSTA Block Grant Bill, H.R.1617, "*ALA Washington Office Newsline.* Vol.4, No.74, 1995. http://serials.infomotions.com/alawon/alawon-v4n74.txt (accessed 2014-08-13).

・ALA Washington Office. "Library Groups Recommend LSTA Compromise to Conferees Action Needed: Express Support of Library Community Recommendations for the Final House-Senate Conference Version of LSTA in H.R.1617," *ALA Washington Office Newsline.* Vol.4, No.94, 1995. http://serials.infomotions.com/alawon/alawon-v4n94.txt, (accessed 2014-05-31).

・ALA Washington Office. "Library Services and Technology Act Needs Final Push!

Immediate Action Needed," *ALA Washington Office Newsline*. Vol.5, No.49, 1995. http://serials.infomotions.com/alawon/alawon-v5n49.txt, (accessed 2014-05-31).
- Association for Library Collections and Technical Services. "ALA Legislation Information Update. Preliminary Agenda for Annual Conference," *ALCTS Network News*. Vol.7, No.17, 1993. http://serials.infomotions.com/ann/ann-v7n17.txt, (accessed 2016-06-01).

【B】
- "Bearman, Shimon at legislation briefing, "*Library Journal*, Vol.119, No.5, 1994, p.13-14.
- Bertot, John Carlo. et al. *The 1996 National Survey of Public Libraries and the Internet: Progress and Issues: Final Report*. Washington D.C., National Commission on Libraries and Information Science, 1996. http://files.eric.ed.gov/fulltext/ED398932.pdf, (accessed 2014-07-24).
- Bertot, John Carlo. et al. *The 1997 National Survey of Public Libraries and the Internet: Final Report*. Washington D.C., National Commission on Libraries and Information Science, 1997. http://www.gradstudies.fsu.edu/index.php/layout/set/print/content/download/15163/99017/file/The%201997%20National%20Survey%20of%20U.S.%20Public%20Libraries%20and%20the%20Internet%20-%20Final%20Report.pdf, (accessed 2014-07-24).
- Bertot, John Carlo. et al. *The 1998 National Survey of U.S. Public Library Outlet Internet Connectivity: Moving Toward More Effective Public Internet Access*. Washington D.C., National Commission on Libraries and Information Science,1999. http://ipac.umd.edu/sites/default/files/publications/1998_plinternet.pdf, (accessed 2014-07-24).
- Bertot, John Carlo. et al. *Public Libraries and the Internet 2004*. Florida, Florida State University, 2004. http://www.ii.fsu.edu/content/download/15117/98677/file/Public%20Libraries%20and%20the%20Internet%202004%20-%20Survey%20Results%20and%20Findings%20 (full%20report).pdf, (accessed 2014-07-24).

【C】
- Casey, Geneviele M. "Administration of State and Federal Funds for Library Development," *Library Trends*. 1978, p.145-164.
- Clinton, Bill. and Gore, Al. *Putting People First: How We Can All Change America*. New York, Times Books, 1992, 232p.
- "Clinton Budget Eliminates Two LSCA Titles," *American Libraries*. Vol.26. No.2,

1995, p.210.

・Coleman, Brenda Weeks. *Keeping the Faith: The Public Library's Commitment to Adult Education, 1950-2006*. Mississippi, the University of Southern, 2008, 662p.

・The Committee on Education and the Workforce. 107th Congress Report House of Representatives 2d Session 107-395, Museum and Library Services Act of 2002. GPO, 2002, p.15. http://www.gpo.gov/fdsys/pkg/CRPT-107hrpt395/pdf/CRPT-107hrpt395.pdf, (accessed 2015-04-02).

【E】

・"Education Gets a Boost in Clinton's Budget," *American Libraries*. Vol.28, No.3, p.13.

【F】

・Flagg, Gordon. "At Senate Hearing, Librarians Seek Their Place on the Information Highway," *American Libraries*. Vol.25, No.6, 1994, p.492-608.

・Fry, James W. "LSA and LSCA, 1956-1973: A Legislative History," *Library Trends*. 1975, Vol.24, No.1, p.7-26.

・Fuller, Peter F. "The Politics of LSCA during the Regan and Bush Administrations: An Analysis," *Library Quarterly*. Vol. 64, No. 3, 1994, p.294-318.

・Fyan, Loleta D. "Progress and Policies under the Library Services Act," *Library Quarterly*. Vol.27, No.4, 1957, p.235-248.

・Fyan, Loleta D. 『Library Services Act 成立後の進歩と諸政策』［*Progress and Policies under the Library Services Act*］鈴木賢祐訳，『JLA Information Service New Series』Vol.1, No.2, 1960, p.1-13.

【G】

・Garceau, Oliver, et al. *The Public Library in the Political Process*. Westport, Conn. Greenwood Press, 1974, 254p.

・Gaughan, Thomas M. and Kniffel, Leonard et al. "The Way ALA Does Business: A Midwinter Meeting Wrap-up," *American Libraries*. Vol.25, No.4, 1994, p.356-360.

・Gordon, Flagg. "At Senate hearing, librarians seek their place on the information highway,"*American Libraries*. vol.25, No.6, 1994, p.492.

・Gore, Albert Jr. ほか著『情報スーパーハイウェイ』［*Information Super Highway*］門馬淳子訳，電通，1994，299p.

・Gore, Albert Arnold『GII 世界情報基盤』［*Global Information Infrastructure*］浜野保樹監修・訳，ビー・エヌ・エヌ，1995，421p.

・Gregory, Gwen. "The Library Services and Technology Act: How Change from

LSCA Are Affecting Libraries," *Public Libraries*. 1999, Vol.38, No.6, p.378-382.

· Gregory, Gwen. "From Construction to Technology: An Update on Federal Funding," *American Libraries*. Vol.30, No.6, 1999, p.22-23.

· Gregory, Gwen M. "Refocusing Our Efforts: Case Studies on Implementation of the Library Services and Technology Act," *Public Library Quarterly*. Vol.19, No.3, 2001, p.3-13.

【H】

· Healey, James Stewart. *The Emergence of National Political Leadership for Library Development: The Case of Representative John E. Fogarty*. Columbia University, 1973, 195p.

· Herman, Deirdre. "Frankel Testifies on IMLS Appropriations," *American Libraries*. Vol.28, No. 5, 1997, p.14.

· Holley, Edward G. and Schremser, Robert F. *The Library Services and Construction Act: a historical overview from the viewpoint of major participants*. Greenwich, JAI Press, 1983, 165p.

· Hughey, Elizabeth H. "The Library Services and Construction Act during Fiscal Year 1971," *The Bowker annual of library & book trade information 17th ed*. Janice Johnson ed. New York, R. R. Bowker, p.214-225.

· Hughey, Elizabeth H. "The Library Services and Construction Act During Fiscal Year 1972," *The Bowker annual of library & book trade information 18th ed*. Janne J. Henderson ed. New York, R. R. Bowker, 1973, p.363-368.

【I】

· IMLS. *Toward Equality Access: The Role of Public Libraries in Addressing the Digital Divide*. 2001. https://www.imls.gov/assets/1/AssetManager/Equality.pdf, (accessed 2016-06-01).

· IMLS. *Public Library Trends Analysis, Fiscal Years 1992-1996*. U.S. Department of Education, 2001. http://www.imls.gov/assets/1/News/PLSTrendsFY1992-1996_3-2001.pdf, (accessed 2016-06-01).

· IMLS. *State Library Agencies Fiscal Year 2002*. U.S. Department of Education. 2004. http://www.imls.gov/assets/1/News/StLA2002.pdf, (accessed 2016-06-01).

· IMLS. *Status of Technology and Digitization in the Nation's Museum and Libraries 2002 Report*. 2006. http://www.imls.gov/assets/1/AssetManager/Technology_ Digitization.pdf, (accessed 2016-6-1).

【 J 】

・Jaeger, Paul T. et al. "Libraries, Policy, and Politics in a Democracy: Four Historical Epochs," *Library Quarterly.* Vol.83, No.2, 2013, p.166-181.

・Jaeger, Paul T. et al.『公立図書館・公共政策・政治プロセス：経済的・政治的な制約の時代にコミュニティに奉仕し，コミュニティを変化させる』[*Public Libraries, Public Policies, and Political Processes*] 川崎良孝訳，京都図書館情報学研究会，2016, 246p.

・Joeckel, Carleton B. et al. *A National Plan for Public Library Service.* American Library Association, 1948, 168p.

・Johnson, Elmer D.『西欧の図書館史』[*A history of libraries in the western world*] 小野泰博訳，帝国地方行政学会，1974, 553p.

・Jolliffe, Harold. *Public Library Extension Activities.* American Library Association, 1962, 343p.

・Josey, E. J. *Libraries in the Political Process.* Phoenix, Oryx Press, 1980, 322p.

【 K 】

・Kaiser, Walter H. "Postwar Standards for Public Libraries," *ALA Bulletin.* Vol.37, No.8, 1943, p.267-269.

・Kepler, Ann ed. *The ALA Book of Library Grant Money 8th ed.* Chicago, American Library Association, 2012, 429p.

・Kingma, Bruce et al. *The Impact of Federal Funding on State Library Agencies: The LSCA to LSTA Transition.* U.S. National Commission on Libraries and Information Science. 2002. U.S. Department of Education. (StLA Data and Public Policy Questions Data, Working Paper 2), http://stlasurvey.pbworks.com/f/StLA.Policy.Paper2.2002. pdf. (accessed 2016-06-01).

・Kniffel, Leonard. "Libraries and Museum in a Hands-on Age," *American Libraries.* Vol. 28, No. 3, 1997, p.28.

・Knight, Douglas M. and Nourse E. Shepley. *Libraries at Large: Tradition, Innovation, and the National Interest.* New York, R.R. Bowker, 1969, 667p.

・Krettek, Germaine. "LSA, The Federal Government, and The Profession," *The Impact of the Library Services Act: Progress and Potential.* Donald E. Strout, ed. Urbana, Graduate School of Library Science, University of Illinois at Urbana-Champaign. 1961, p.17-29.

【 L 】

・Ladenson, Alex. *American Library Law.* 5th ed. American Library Association, 1983,

2009p.

・Ladenson, Alex 『アメリカ図書館法』[*Library law and legislation in the United States*] 藤野幸雄監訳, 山本順一訳, 日本図書館協会, 1988, 204p.

・Library Services Branch. *State Plans under the Library Services Act, Supplement 2. A Progress Report the First Five Years: Fiscal Years 1957, 1958, 1959.* U.S. Department of Health, Education, and Welfare, 1960, 144p. http://files.eric.ed.gov/fulltext/ED543968.pdf, (accessed 2016-06-01).

【M】

・Majone, Giandomenico 『政策過程論の視座』[*Evidence, Argument, and Persuasion in the Policy Process*] 今村都南雄訳, 三嶺書房, 1998, 207p.

・Manjarrez, Carlos A. et al. "A Demographic Overview of the Current and Projected Library Workforce and the Impact of Federal Funding," *Library Trends.* Vol.59, No.1, 2010, p.6-29.

・Martin, Robert S. "Cooperation and Change: Archives, Libraries and Museums in the United States," World Library and Information Congress: 69th IFLA General Conference and Council, 2003.8, Berlin. http://webdoc.sub.gwdg.de/ebook/aw/2003/ifla/vortraege/iv/ifla69/papers/066e-Martin.pdf, (accessed 2016-06-01).

・Martin, Robert S. "Institute of Museum and Library Services Library Programs Part2, Legislation, Funding, and Grants," *The Bowker Annual Library and Book Trade Almanac 2004 49th ed.* Medford, 2004, p.321-340.

・Marco, Guy A. *The American Public Library Handbook.* Santa Barbara, Libraries Unlimited, 2012, 533p.

・Mason, Marilyn Gell. *The Federal Role in Library and Information Services.* Knowledge Industry Publications, 1983, 177p.

・McCallion, Gail. "Federal Aid to Libraries: The Library Services and Technology Act," CRS Report for Congress. December 17, 2003. http://www.ipmall.info/hosted_resources/crs/RL31320_031217.pdf, (accessed 2016-6-2).

・McClure, Charles R., et al. *Public Libraries and the Internet: Study Results, Policy Issues, and Recommendations: Final Report.* Washington D.C., National Commission on Libraries and Information Science, 1994, 72p. http://files.eric.ed.gov/fulltext/ED371768.pdf, (accessed 2014-07-24).

・McClure, Charles R., et al. "Enhancing the Role of Public Libraries in the National Information Infrastructure," *Public Libraries.* Vol.35, No.4, 1996, p.233.

・McCook, Kathleen de la Peña. 『アメリカ公立図書館職入門』[Introduction to Public Librarianship] 田口瑛子ほか訳, 日本図書館協会, 2008, 445p.

・McCrossan, John Anthony『アメリカにおける州の図書館振興行政：州図書館振興機関の機能と役割』[State Library Development Agencies] 都立中央図書館翻訳グループ訳，全国公共図書館協議会，1980，103p.

・Merrifield, Mark D. "The Funding of Rural Libraries," *Library Trends*. Vol.44, No.1, 1995, p.49-62.

・Mersel, Jules, et al. *An Overview of the Library Services and Construction Act Title I*. New York, R. R. Bowker, 1969, 373p.

・Miller, Rebecca T. and Meredith Schwartz. "Susan H. Hildreth: Reflects on Her Tenure as Head of the Institute of Museum and Library Services." *Library Journal*. Vol.139, No.17, 2014, p.22-25.

・Molz, Redmond Kathleen. *The Federal Roles in Support of Public Library Services: An Overview*. Chicago, American Library Association, 1990, 30p.

・Molz, Redmond Kathleen. and Phyllis Dain. *Civic space/cyberspace: the American Public Library in the Information Age*. Cambridge, MIT Press, 1999, 259p.

・Molz, Redmond Kathleen. and Phyllis Dain『シビックスペース・サイバースペース：情報化社会を活性化するアメリカ公共図書館』[*Civic space/cyberspace: the American Public Library in the Information Age*] 山本順一訳，勉誠出版，2013，337p.

【N】

・National Commission on Libraries and Information Science ed.『図書館・情報サービスの国家計画へ向って：実行目標』[*Toward a National Program for Library and Information Services：Goals for Action*] 文部省学術国際局情報図書館課訳，文部省学術国際局情報図書館課，1976，93p.

・The Networking and Information Technology Research and Development. *High-Performance Computing Act of 1991*. The Networking and Information Technology Research and Development. https://www.nitrd.gov/congressional/laws/102-194.pdf, (accessed 2016-06-01).

【O】

・Oleszek, Walter J. 『米国議会の実際知識：法律はいかに制定されるか：米国政治情報ファイル』[*Congressional Procedures and the Policy Process*] 青木栄一訳，日本経済新聞社，1982，251p.

・Order, Norman. "New Federal lib. Agency mulls grants," *Library Journal*. Vol.122, No.7, 1997, p.14-15.

[R]

· Raber, Douglas. "Ideological Opposition to Federal Legislation: The Case of the Library Services Act of 1956," *Public Libraries*. Vol.34, No.3, 1995, p.162-169.
· Rubin, Richard E. *Foundations of Library and Information Science Third Edition*. New York, Neal-Schuman, 2010, 471p.

[S]

· Sager, Don. "In Retrospect: Public Library Services during the Past Fifty Years," *Public Libraries*.Vol.35, May/June, 1996, p.167.
· Shavit, David. *The Impact of Federal Aid on State Library Agencies: Selected Case Studies*. Ph.D. dissertation, Columbia University, 1984, 244p.
· Shavit, David. "Federal Aid & State Library Agencies," *Library Journal*. Vol.110, No.1, 1985, p.54-56.
· Shavit, David. *Federal Aid and State Library Agencies: Federal Policy Implementation*. Westport, Greenwood Press, 1985, 146p.
· Shavit, David. *The Politics of Public Librarianship*. Greenwood Press, 1986, 157p.
· Shubert, Joseph F. "The Impact of the Federal Library Services and Construction Act," *Library Trends*. Vol.24, No.1, p.27-44.
· St. Lifer, Evan and Michael Rogers "Bearman, Shimon at Legislation Briefing," *Library Journal*.Vol.119, No.5, 1994, p.13-14.
· St. Lifer, Evan. "A 'promised land' for federal library funding?," *Library Journal*. Vol.123, No.8, 1998, p.40-42.
· Strout, Donald E. *The Impact of the Library Service Act: Progress and Potential*. Illini Union Bookstore, 1962, 120p.
· Sullivan, Peggy. *Carl H. Milam and the American Library Association*. New York, H. W. Wilson, 1976, 390p.

[T]

· Turock, Betty. "The New Case for Federal Library Support," *Library Journal*. Vol. 119, No.3, 1994, p.126-128.

[U]

· U.S. Advisory Commission on Intergovernmental Relations. *The Federal Role in the Federal System: The Dynamics of Growth-Federal Involvement in Libraries*. Washington D.C., U.S. Government Printing Office, 1980, 42p. http://www.library.unt.edu/gpo/acir/Reports/policy/a-84.pdf, (accessed 2014-07-23).

・US Inflation Calculator. *Consumer Price Index Data from 1913 to 2016*, US Inflation Calculator. http://www.usinflationcalculator.com/inflation/consumer-price-index-and-annual-percent-changes-from-1913-to-2008/,（accessed 2016-09-09）.

【W】

・Weaver, Barbara. "Federal funding for Libraries: A state library perspective," *The Bowker annual : library and book trade almanac 41st ed.* R.R.Bowker, 1996, p.215.
・Wellisch, Jean B. et al. *The Public Library and Federal Policy.* Westport, Greenwood Press, 1974, 349p.
・Wilson, Louis R. *The Geography of Reading: A Study of the Distribution and Status of Libraries in the United States.* Chicago, American Library Association, 1938, 481p.

【Y】

・Yarrow, Alexandra, et al.『公立図書館・文書館・博物館協同と協力の動向（KSP シリーズ 7）』［*Public Libraries, Archives and Museums: Trends in Collaboration and Cooperation*］垣口弥生子ほか訳，京都大学図書館情報学研究会，2008，68p.

付　　録

付録 1　アメリカ連邦図書館立法に関する年表

年	連邦図書館法に関する事項	アメリカ図書館界の活動	アメリカ社会・政府の動向
1929			世界大恐慌
1931			ニューディール宣言
1933		ALA 理事会でカール・マイラムが図書館振興のための全国計画の必要性を提案 政策立案者に当時連邦政府の社会計画策定に関与していた人物 3 名を挙げる	
1934		ALA 理事会でカール・マイラムが長期図書館計画および基本方針と目標の声明を提案 ALA に計画委員会の設置を提案しメンバー確定	
1935		アメリカ図書館協会「全国計画」で図書館システムの調整の欠如を指摘	
1938			1 月 連邦教育局図書館サービス部（Library Services Branch）設置
1945		ALA ワシントン事務所開設 ALA「公共図書館サービスの最低基準」発表	
1948		「全国図書館サービス計画」発表 ALA「図書館の権利に関する宣言」採択	
1956	法律 84-597 号　図書館サービス法（LSA）制定 人口 1 万人未満の農村地域を対象とする公共図書館サービスに対する連邦補助金交付開始 法律 84-896 号　LSA 適用対象地域にグアムを加える	ALA 公共図書館サービスの最低基準とその評価指針発表	
1957			スプートニク・ショック
1958			国家防衛教育法成立
1959		ALA 評議会で図書館サービス法延長支援決議承認	

年	連邦図書館法に関する事項	アメリカ図書館界の活動	アメリカ社会・政府の動向
1960	公法 86-679　図書館サービス法 5 年間延長		
1961			ケネディ大統領就任
1962	公法 87-688　LSA 適用対象地域にアメリカン・サモアを加える		ケネディ大統領，特別教育教書発表
1963			ジョンソン大統領就任
1964	公法 88-269　図書館サービス建設法（LSCA）制定 都市地域も適用対象とする 「第 2 編　建設」を加える 対象地域にワシントン DC を加える		ジョンソン大統領「貧困に対する戦い」発表 保健・教育・厚生省　教育庁図書館プログラム課設置
1965	初等中等教育法，高等教育法，医学図書館援助法制定		ジョンソン大統領，年頭教書で「偉大な社会」政策発表
1966	公法 89-511　図書館サービス建設法の 1966 年改正法成立 「第 3 編　図書館協力」「第 4 編 A 収容施設に対する州の図書館サービス」「第 4 編 B 身体障がい者に対する図書館サービス」新設 信託統治領太平洋諸島を対象地域に加える	ALA 公共図書館システムの最低基準 1966 年版発表	大統領令 11301 号により全米図書館諮問委員会設置
1967	公法 90-157　技術的な法改正　第 2 編の適用対象となり得る支出として，公共図書館への転用を目的とする既存建物の購入を認める		
1968			全国図書館諮問委員会答申で常設諮問機関として図書館情報学国家委員会の設置を提言 アパラチア地域開発法および公共事業と経済法成立

年	連邦図書館法に関する事項	アメリカ図書館界の活動	アメリカ社会・政府の動向
1969		ALA 他団体「教育事業予算のための緊急委員会」設置	全米図書館諮問委員会『図書館の全体像：伝統，革新，全米の利益（Libraries at large : tradition, innovation, and the national interest)』発行 ニクソン大統領就任
1970	公法 91-600　図書館サービス建設法の 1970 年改正法第 1 編，第 4 編 A，第 4 編 B の統合		法律 91-346 号　図書館情報学国家委員会法制定
1971			ニクソン大統領，ドル防衛策発表
1973	公法 93-29　図書館サービス建設法改正法 「第 4 編　高齢読者サービス」追加図書館サービス建設法「公共図書館」の定義に研究図書館を加える改正		ウォーターゲート裁判開始第 1 次石油危機 高齢アメリカ人に対する総合的なサービス提供についての改正法成立 全米芸術・人文学財団に関する改正法成立
1974	1 月「図書館パートナーシップ法案」が大統領より提案 公法 93-380　限られた英会話能力しかもたない人たちの住む地域へのサービスの重点化を行う改正		公法 93-568　フォード大統領によって「図書館および情報サービスに関するホワイトハウス会議（WHCLIS)」の開催承認 教育法改正
1975			ベトナム戦争終結宣言 全米図書館情報学国家委員会「図書館・情報サービスの全国計画」(Toward a National Program for Library and Information Services: Goals for Action) 発表
1976	図書館サービス建設法の 1 年延長		連邦政府の会計年度開始月を 10 月に変更
1977	公法 95-123　図書館サービス建設法 1977 年改正法 都市部図書館の機能強化を重点化		カーター大統領就任

年	連邦図書館法に関する事項	アメリカ図書館界の活動	アメリカ社会・政府の動向
1980			保健・教育・厚生省が教育調査改善庁（the Assistant Secretary for Educational Research and Improvement）のもとに図書館・教材課（Office of Libraries and Learning Technologies）新設
1981	公法 97-35　1981 年の総合的予算調整法により図書館サービス建設法第 1 編，第 3 編を 1984 年会計年度まで延長		レーガン大統領就任，経済再建計画（レーガノミクス）発表 教育統合改善法（ECIA） オムニバス予算調整法
1983	公法 98-8　H.R.1718 緊急補正資金法によって図書館サービス建設法「第 2 編建設交付金」に五千万ドル予算配分		National Commission on Excellence in Education（NCEE）が公教育に対する連邦の資金提供に関する報告書を発行 教育省図書館事業課（Library Program Division, LPD）に改称し図書館サービス建設法と高等教育法を管轄
1984	公法 98-480　図書館サービス建設法「第 4 編インディアン部族サービス」に改正，「第 5 編外国語資料の収集」，「第 6 編図書館リテラシープログラム」を新設		
1985			財政均衡法により 1986 会計年度予算一律 5% 削減
1986			教育省再編成．教育調査・改善部図書館プログラム課設置 1987 会計年度予算 4.3% 削減 公法 99-494　レーガン大統領による「読書の年」
1987			第 2 回 WHCLIS 法成立
1988	公法 100-569　図書館サービス建設法の第 5,6 編が 1989 年まで延長		学校改善法（SIA）成立 ECIA が ESEA に改正 1998 年インディアン教育法成立
1989			ブッシュ大統領就任

年	連邦図書館法に関する事項	アメリカ図書館界の活動	アメリカ社会・政府の動向
1990	公法 101-254　図書館サービス建設法延長「第 7 編　評価」,「第 8 編　図書館学習センタープログラム」を新設		財政赤字削減法成立
1991			公法 102-194　高性能コンピューティング法（High Performance Computing Act: HPCA）成立。インターネットの機能向上および拡大による全米研究教育ネットワーク（NREN）の推進 第 2 回 WHCLIS 開催。95 件の政策提言が行われた。最優先の活動として，児童と若者のリテラシー・イニシアティブ，NREN への図書館の関与，図書館および関連事業への十分な財政支援を提言
1992			大統領選挙年。クリントン大統領候補，ゴア副大統領候補による情報スーパーハイウェイ構想発表ゴアによる「情報インフラストラクチャー・技術法」不成立
1993		図書館団体による図書館サービス建設法再承認タスクフォース結成	クリントン大統領就任 「NII 行動アジェンダ」発表 連邦支出削減法案ワールド・ワイド・ウェブ開発
1994		ALA 冬季大会において，LSCA 再承認と情報基盤を議題とした討議実施 ALA の Hardy Franklin 理事が上院の教育・芸術・人文科学小委員会公聴会「情報基盤における図書館およびその役割」に出席 ALA 年次大会で連邦図書館法に関する ALA 評議会決議	1 月「電気通信改正法案に関する政府白書（The Administration White Paper on Communication Act Reform）」公表 商務省予算 2,600 万ドルでの図書館含む公的機関の情報通信基盤助成金事業を新設 アメリカ学校改善法成立
1995			予算不成立による連邦政府機能の一時停止 Windows95 発売

年	連邦図書館法に関する事項	アメリカ図書館界の活動	アメリカ社会・政府の動向
1996	公法 104-209 図書館サービス技術法含む博物館図書館サービス法成立		改正電気通信法成立. 学校・図書館がユニバーサル・サービス実施対象機関に該当 博物館図書館サービス機構（IMLS）設立
1997	公法 105-128　図書館サービス技術法技術的な改正		
1998			学校・図書館向けの通信料金割引制度である E-Rate 事業実施
2001			ブッシュ大統領就任 パトリオット法成立
2003	公法　108-81　博物館図書館サービス法 2003 年改正法諮問機関として全米博物館図書館サービス委員会（NMLSB）を設置		図書館情報学国家委員会廃止の決定
2010	公法 111-340　博物館図書館サービス法 2010 年改正法「第 4 編ローラ・ブッシュ 21 世紀図書館員事業」追加 NMLSB から図書館情報学国家委員会委員長の要件削除 他の連邦政府機関との連携推進		オバマ大統領就任

付録2　アメリカ連邦図書館立法の歳出承認額とインフレ率の推移
（1957−2016 会計年度）

年代	歳出承認額 （単位：万ドル）	インフレ率 （CPI）		1986	12,050	1.9
				1987	12,550	3.6
1957	205	3.3		1988	12,504	4.1
1958	500	2.8		1989	12,717	4.8
1959	600	0.7		1990	12,632	5.4
1960	750	1.7		1991	13,216	4.2
1961	750	1.0		1992	12,966	3.0
1962	750	1.0		1993	12,863	3.0
1963	750	1.3		1994	12,887	2.6
1964	750	1.3		1995	13,275	2.8
1965	5,500	1.6		1996	12,700	3.0
1966	5,500	2.9		1997	13,637	2.3
1967	7,599	3.1		1998	14,634	1.6
1968	6,799	4.2		1999	16,618	2.2
1969	4,988	5.5		2000	16,625	3.4
1970	4,866	5.7		2001	20,747	2.8
1971	4,779	4.4		2002	19,760	1.6
1972	5,870	3.2		2003	21,000	2.3
1973	8,450	6.2		2004	19,198	2.7
1974	5,174	11.0		2005	20,595	3.4
1975	5,174	9.1		2006	21,056	3.2
1976	5,174	5.8		2007	22,407	2.8
1977	6,023	6.5		2008	21,056	3.8
1978	6,023	7.6		2009	21,218	-0.4
1979	6,750	11.3		2010	21,352	1.6
1980	6,750	13.5		2011	21,352	3.2
1981	7,450	10.3		2012	18,470	2.1
1982	7,152	6.2		2013	17,504	1.5
1983	7,152	3.2		2014	18,091	1.6
1984	8,000	4.3		2015	18,091	0.1
1985	11,800	3.6		2016	18,294	−

出典：US Inflation Calculator. *Consumer Price Index Data from 1913 to 2016*, US Inflation Calculator, http://www.usinflationcalculator.com/inflation/consumer-price-index-and-annual-percent-changes-from-1913-to-2008/, (accessed 2016-09-09).

Summary

Enactment and Transition in US Federal Government Library Legislation

The objective of this study is to clarify the history of the enactment and subsequent changes in US Federal Government library legislation. The US Constitution states that the authority of the educational administration, including public library policy, resides in State governments. The state can endow authority as concerns taxation for the setting up of public libraries, designating the local government administration as a substructure. Participation in public library administration by the federal government is based on a general welfare article in the Federal Constitution, specifically Article 1 Section 8, and gives it the role of safeguarding equality of opportunity. Since 1956, the Federal government has provided financial aid for States and public libraries across the country. Several entities — Federal, State, and local governments — therefore participate in the development of public library services in the US. This study examines the role of the Federal government in this process.

The Library Service Act (LSA, 1956 - 1963), the Library Services and Construction Act (LSCA, 1964 - 1995), and the Library Services and Technology Act (LSTA, 1996 -) constitute the legal foundation of the Federal government's public library support policy. This study describes the three abovementioned legal frameworks as "The US Federal Government's library legislation." It was originally a temporary statute with a 5-year lifespan, but numerous revisions, in response to political and social changes, continue to be made.

Previous research has covered the establishment of the LSA and includes historical studies on parts of the LSCA; however, as yet there have been no overarching studies on the US Federal Government's library legislation. This study posed the two following research questions to clarify policy-making processes and the process of transitions and amendments to laws within the US Federal Government's library legislation.

Research Question 1: To clarify the endeavors of specific actors (the Executive Office of the President, the US Congress, library interest groups) participating in the policy-making processes of the US Federal Government's library legislation.

Research Question 2: To clarify the history of amendments to the act and the contents of the Act from the Library Service Act of 1956 to the Library Services and Technology Act of 2010.

This study consisted of historical source/material research. Under Research Question 1, this study elucidated the influence of the President's policy and the participation of library interest groups, focusing mainly on bills deliberated in Congress. Under Research Question 2, this study set out the process of revision of the US Federal Government library legislation into a complete history.

The following six periods were used in this study: enactment of the LSA, the LSCA's earlier period, the LSCA's middle period, the LSCA's latter period, enactment of the LSTA, and Development of the LSTA. This study applied the research questions to each chapter.

Chapter 1 lays out the background, objectives and methods of this study, and discusses terms and definitions, previous studies, the significance of this study, and the overall organization of the thesis.

Chapter 2 discusses the enactment of the LSA and clarifies how the enactment of the LSA was realized due to pressure exerted by library interest groups on the US Congress and the federal government. On examining the activities of library interest groups based on research into the policy-making process, this study noted that (1) a charge bureau was set up in the Federal government; (2) the system for lobbying the US Congress was strengthened; and (3) the collection of data on libraries over the whole country and its analysis was made a requirement. Research into the actual content of the LSA revealed that the role of states is in fact stronger, due to the fact that, to be able to qualify for Federal subsidy, they are required to develop their own legal system, organization, policy development system and finances.

The investigations in Chapter 3 focus on the policy-making process during an earlier period of the LSCA. They suggest that the major factors supporting adoption of the Act were that Congressional policy accorded with that of the President, and the process took place against a backdrop of favorable economic growth. Chapter 3 also analyzes the content of the LSCA and notes that "Title 1. Library Services," "Title 2. Library Construction," and "Title 3. Interlibrary cooperation," were the targets of the central part of the US Federal Government's library legislation, which was launched at this time.

Chapter 4 analyzes the middle period of the LSCA, using the results of an analysis of the policy-making process. Three points become apparent. (1) The President attempted to reduce the role of the Federal government, and suggested a Library Partnership Bill; (2) library interest groups hoped for the opposite, i.e., an expansion of the Federal role, and began urging a National Library Bill. (3) Congress, however, voted down both these bills and instead chose to keep the LSCA in place. Further research into the content of the Act revealed that LSCA Titles 1, 2 and 3 remained the same, whereas the content of Title 4 departed from services for establishment (or institutional) residents and, for the first time, described user services for the elderly.

Chapter 5 examines the situation that led to a review of the LSCA based on a policy-making process analysis of the latter period of the LSCA. The following was discovered: (1) Congress rejected proposals made by the

Republican administration to abolish the program and cut its budget; and (2) Library interest groups recognized that reauthorization of the LSCA would not be possible. Further, this study of the rationale behind the legislative revisions of the Act showed that a new program had been set up and its content broadened.

Chapter 6 describes the results of a study on the establishment of the LSTA and analyzes questions based on policy-making process analysis, focusing chiefly on the process of deliberating the Bill in Congress. Three points become apparent. (1) The role of libraries, as laid out in the National Information Infrastructure Initiative (NIII), led to a move in Federal library policy towards supporting the utilization of information and communications technology; (2) the continuation of the grants-to-State program now depended on the demands of the library interest groups; (3) Congress moved to unify Federal library policy to support public, school, and university libraries and to foster cooperation between library and museum administrations.

Chapter 7 is a study based on both policy-making process analysis and research into the contents of the Act that centers on the changes in the US Federal Government's library legislation on the LSTA of 2003 and 2010, the aim being to identify patterns in legislation after 1996. This chapter also analyzes the changes in the role of the Institute of Museum and Library Services (IMLS). Three points emerge. (1) Requests by the library community were fed through to the LSTA Reform Bill, and (2) the purpose of the LSTA was converted from "consolidation" to "enhanced coordination." Inter-organizational resource-sharing and support for access to information were also promoted, combined with moves to foster cooperation in the field of education and labor policy. (3) The reorganization of the institutions that contributed to the Federal government's library policy was expedited, and grant-in-aid programs, policy advice, and the obligation to collect statistics were made the responsibility of the IMLS.

Chapter 8 gives a summary of the study and lists the specific items to which the study has brought some clarity. This Chapter lays out proposed answers to each research question. As a result of investigations prompted by Research Question 1, this study highlights the roles of actors that participated in the US Federal Government's library legislation: (1) the President influenced the US Federal Government's library legislation by announcing a policy line. This became the driving force when the scale of the LSCA's earlier period was extended. (2) Library interest groups participated in a Federal public library support policy throughout the whole policy formation process. They played an important role in setting policy issues, bill-making and exerting pressure for reauthorization. (3) Congress decided what stayed and what would change in the US Federal Government's library legislation. This study also reveals that the consolidated organization side and the business side were brought to center stage at the prompting of Congress.

In this study, investigations based on Research Question 2 elucidated the process of revision of the US Federal Government's library legislation, making it possible to distinguish individual periods based on the following characteristics: (1) the LSA provided rationales for the participation of the Federal Government in public library administration. The purpose of the Act was extended to cover public library services in rural areas and to better enable State governments to engage in library administration. The law was established with "sunset clauses" to achieve this purpose. (2) In the earlier history of the LSCA, the program was extended. Federal grants were issued in line with three main programs: grants to states, library construction, and interlibrary cooperation. The range was also extended to provide support to persons needing special services. (3) In the LSCA's middle period, a new program was set up in addition to the three main programs mentioned above, but was not designed specifically as an extension program. (4) In the latter period of the LSCA, a variety of programs were set up, and the need for new

Federal library legislation was considered. Ultimately, eight programs were implemented. Library interest groups recognized the need for a review of the Act, because what people wanted from libraries was changing with the development of communications technology. (5) The LSTA focused on the provision of communications technology. On the other hand, the role of the Federal government in public library support policy did not show major changes. (6) The LSTA required, after 1996, the setting up of organizations with specific duties. Federal government support was extended not only to public libraries, but to every library and museum. Furthermore, in the LSTA, a policy was adopted to promote cooperation between the fields of education, labor and health.

The examination of US Federal library legislation from a vertical viewpoint and a diachronic viewpoint as a complete history reveals that the program changed and adapted to each situation as it developed. On the other hand, the system side did not show much in the way of changes after 1956. This study also identified another key issue: the legally-required area of support for broadening library service technology. Cooperation with policy in other fields is now an important area of contention: namely, how to position a community library support policy within a broad range of differing policies.

This study identifies the following point as the key challenge. The LSTA already supports a wide range of entities, but is under pressure to adapt to policies in other fields. The issue, therefore, is how to reconcile these different policies with the need to develop and maintain a coherent public library support strategy.

あとがき

　本書は，筑波大学大学院図書館情報メディア研究科に提出した博士論文『アメリカ連邦図書館立法の成立と変遷』に修正を加えたものである。また，本書は，これまでに発表した以下の論文をもとにしている。

1. 「1990 年代前半におけるアメリカ連邦政府の図書館政策の展開 − LSCA から LSTA への改正を中心に − 」『日本図書館情報学会誌』Vol.61, No.1, p.1-17, 2015 年 3 月.
2. 橋本麿美「1996 年以降におけるアメリカ連邦政府の図書館政策：図書館サービス技術法に基づく補助金事業の動向」『日本図書館情報学会誌』Vol.61, No.4, p.215-231, 2015 年 12 月.

　本書を刊行するにあたり，論文の転載を許可してくださった図書館情報学会にお礼申し上げる。

　本書のテーマである「アメリカの図書館法」の研究に取り組み始めたのは，図書館情報大学（現筑波大学）の卒業論文の研究テーマとした時に遡る。筆者は公共図書館サービスに興味を持っており，日本における先進的な取り組み事例を制度面から調査しようと計画していた。その時，指導教官である山本順一先生から，より広い視点で日本の図書館に影響を与える事例として，アメリカの図書館法制度というお題をいただいた。その時すでに，山本先生は連邦法，州法，自治体憲章まで網羅された著作・翻訳を記されていた。さらに連邦法の変遷についての研究論文も発表されていた。筆者はそれらの研究成果からアメリカにおける図書館法の立法過程について関心を持った。多くの連邦制定法がそうであるように，図書館サービスに関する法律も時限立法であり，法律の内容が時代の変化に対応するように改正されている。その動きを追うことがおも

しろかった。その結果，卒業論文では1956年に成立した「図書館サービス法」から1996年に改正された「図書館サービス技術法」までの変遷をたどる通史研究を行った。その後筑波大学大学院博士前期課程に進み，研究範囲を1990年代以降に絞った。修士論文は「図書館サービス技術法1996年制定法」と連邦政府の図書館政策の転換をテーマにまとめた。大学院博士後期課程に進学と同時に，福島県原町市（現南相馬市）図書館で司書として勤務することとなった。研究の道を志すと同時に，司書の資格を得たからには，公共図書館での仕事を経験したいという願いがかなった。

　南相馬市立図書館での勤務経験は，何物にも代えられない貴重な機会であった。結果として，アメリカの図書館法制度に関する研究は中断したが，一司書として，また一自治体職員として得た経験がなくては本書の研究テーマの着想には至らなかった。お世話になった方々すべてに感謝の気持ちを伝えたい。

　筑波大学大学院図書館情報メディア研究科吉田右子先生にも感謝申し上げたい。吉田先生には指導教授としてきめ細やかな指導と力強い励ましをいただいた。そのおかげで，私は一度中断したアメリカの図書館法制度の研究に再び取り組むことを決意し，博士論文を提出することができた。そればかりではなく，教育者，研究者としての姿勢に多くを学ばせていただいた。心から感謝を申し上げる。

　平久江祐司教授と呑海沙織教授には，副指導教授として研究開始当初からご指導をいただき研究の目的を明確にすることができた。

　学位論文の審査では，逸村裕教授，平久江祐司教授，白井哲哉教授，呑海沙織教授，千葉大学の竹内比呂也教授に査読の労をとっていただいた。審査の過程でいただいたご意見，ご指導によって論文の完成にいたった。貴重なご指摘の数々は，今後の研究活動において指針として活かしていきたい。心から感謝を申し上げる。

　また，本書のもととなった論文の査読を引き受け，コメントをくださった日本図書館情報学会の諸先生方にもこの場を借りてお礼申し上げる。

　筑波大学大学附属中央図書館および図書館情報学図書館，国立国会図書館議会官庁資料室，アメリカ図書館協会アーカイブズの担当者のみなさまには資料

入手やレファレンスでお世話になった。

さらに，ゼミの際に有意義な指摘をしてくれた山本ゼミ，古田ゼミの諸先輩にも感謝申し上げる。誰のコメントかは思い出せないが，今も手元にある学部当時のゼミ資料に「アメリカ図書館法　通史でまとめる」との書き込みが記されてあった。ずいぶん回り道をしたが，本書にまとめることができた。

本書を刊行するにあたっては，創成社の西田様に大変お世話になった。お礼を申し上げたい。

最後に，常に心の支えとなり多くの喜びを与えてくれている夫と息子に本書を捧げる。

2019 年 11 月 11 日

橋本磨美

索　引

《著者紹介》

橋本麿美（はしもと・まろみ）

神奈川県に生まれる。

1993 年　福島県勤務（行政職）～2001 年

2003 年　図書館情報大学図書館情報学部図書館情報学科卒業。

2005 年　筑波大学大学院図書館情報メディア研究科博士前期課程修了。

2005 年　南相馬市立図書館勤務（司書職）～2013 年

2017 年　筑波大学大学院図書館情報メディア研究科博士後期課程修了。
　　　　　博士（図書館情報学）。

2018 年より　川村学園女子大学文学部史学科講師。

（検印省略）

2020 年 3 月 20 日　初版発行　　　　略称─図書館法─アメリカ合衆国

アメリカ連邦図書館立法の歴史
─1956年図書館サービス法の成立から2010年図書館サービス技術法への変遷─

著　者　橋　本　麿　美
発行者　塚　田　尚　寛

発行所　東京都文京区
　　　　春日 2-13-1　　株式会社　創 成 社

電　話　03（3868）3867　　ＦＡＸ　03（5802）6802
出版部　03（3868）3857　　ＦＡＸ　03（5802）6801
http://www.books-sosei.com　振　替　00150-9-191261

定価はカバーに表示してあります。

©2020 Maromi Hashimoto　　組版：緑 舎　　印刷：エーヴィスシステムズ
ISBN978-4-7944-8095-8 C3032　　製本：エーヴィスシステムズ
Printed in Japan　　　　　　　　落丁・乱丁本はお取り替えいたします。